本书系西南大学高层次人才项目“中国特色社会主义教育理论体系研究”(SWU1909744)阶段性成果。

新中国
教学论发展70年

XINZHONGGUO
JIAOXUELUN FAZHAN 70NIAN

朱德全　徐学福 / 主 编

人民出版社

前　言

教育是一种有目的地培养人的社会实践活动，受社会发展规律的制约，必须符合社会政治、经济、文化发展需要对人才培养的要求，而指导人才培养的教学理论也必然与社会发展息息相关。新中国成立 70 年以来，我国社会建设的重心随着不同时期形势发展的需要有针对性的变化调整，使得社会政治、经济、文化发生了巨大变化，呈现明显的延续性与阶段性。身处现实社会生活情境的我国教学理论工作者，热烈响应时代的呼唤，以敏感的社会形态意识，高涨的社会生活热情，积极投入教学理论与实践的研究中，推动了我国教学理论的形成和发展。在新中国成立 70 周年之际，我们以社会发展不同时期为界梳理教学论的发展历程，希望能突显我国教学论研究与发展的独特性，以期为中国特色教学论学科建设添砖加瓦。

在收集、整理相关文献与资料时，我们坚持以历史唯物主义与辩证唯物主义思想作指导，客观、公正地反映我国教学论发展的历史过程。不是仅从本书作者自己的立场出发，以当今论过去，甚至否定过去，也不一叶障目，以偏概全，而是从当时的社会、教育与学科发展实际背景出发，站在过去研究者的立场思考教学论发展所具有的条件与资源，所面临的问题与困难。本书既以公开出版的相关文献为佐证材料，又参考非公开出版的相关资料；既反映不同时期社会政治、经济、文化对教学论研究的显著影响，展示我国教学论发展的社会制约性与依赖性，又反映研究者对教学论自身问题的反思与重建，体现教学论学科发展的继承性、连续性与独立性；既反映我国教学论发展对国外教育教学理论的模仿、吸收与借鉴，又反映教学论研究者的中国化、本土化尝试与独立探索；既反映学者对教学论学科建设的热衷，又反映他们对教学实践需要的关切与存在问题的反省。努力反映我国教学理论工作者责任心与使命感,揭示教学论发展的历史性、独特性与多样性。

当前,我国教学论研究对象日益明确,从模糊不清到发现教学规律,再到解决教学理论与实践中存在的问题,为教学论发展指引方向和奠定坚实的现实基础;研究主题日益分化,从主要研究教学的目标、任务、方法、原则,到教学的本质与规律,再到教学的各组成要素及其影响因素的交互关系,教学论研究内容日益充实;研究理论基础日益多元,从单一的哲学尤其是马克思主义认识论,拓展到各种哲学、心理学和社会学流派,教学论研究视野更加开阔;研究方法日益多元,从基于认识论进行演绎思辨和经验总结,到定性与定量、演绎与实验、个案与群体等多种研究方法多元互补,形成了具有哲学、科学、艺术等综合性质的方法体系;研究成果日益丰富,从翻译苏联相关成果,到教学认识论,再到向上与哲学、系统科学,向下与教学实践,横向与相关学科如心理学、社会学、生态学等,纵向与学科教学,综合分化出庞大的教学论学科群。

我国教学论发展 70 年历程体现出以下几个特点:一是与我国社会发展尤其是政治与意识形态发展密切相连。我国教学论研究者具有高度的社会政治与意识形态觉悟,并将其自觉地、热情地运用到教学论研究中,为教学论发展提供动力与方向,使我国教学论发展打下了深深的意识形态烙印。二是借鉴与创新相结合。新中国成立初期,我国教学论研究基础薄弱,教学论研究者怀着谦虚心态,虚心向“老大哥”苏联学习,短期内取得大量成果。发现借鉴的不足与问题后,又立足国情与教育实际进行本土化的改造与创新。改革开放时期,学习西方先进的教学理论时也是如此。可以说,借鉴加快我国教学论发展的进程,创新体现我国教学论发展的特色。三是思辨研究与实验研究相结合。受苏联教育学研究思路的影响,我国教学论研究早期以演绎思辨为主,实验实践经验总结为辅。到变革时期,我国教学论研究者越来越重视实验实践,逐步走向二种研究思路的有机结合。可以说,我国社会发展不同时期的国情影响了我国教学论的研究,体现出教学论研究与发展的中国特色。

目　录

总 论

新中国成立的70年,我国教学论研究道路是曲折的,但成绩是辉煌的。教学论实现了从无到有、从弱到强、从借鉴盲从到理论自信的转变。新中国成立初期,教学论研究奉行"以苏为师"的理念,全面引进苏联教学论思想,一时间教学论实现了快速稳定的发展。但在随后的"十年动乱"中,我国教育事业受到了毁灭性打击,教学论也因此止步不前并出现倒退趋势。1949年至1978年,30年间我国教学论虽未形成独立的学科体系,但教学论高度概括性和严密的逻辑性的学科特点初步形成。十一届三中全会的召开,在"解放思想,实事求是"思想路线的指导下,一批批教学论者奋勇追赶,短时间内教学论就成为教育学中一门独立的二级学科。教学论研究队伍不断壮大,研究领域不断拓展,研究成果不断丰富,并在20世纪90年代形成百家争鸣的空前盛况。进入21世纪,伴随着第八次基础教育课程改革,教学论研究进入了一个新纪元,教学论者学科意识逐渐觉醒,理论自信和实践情怀不断增强,具有中国气派的教学论已经初步形成。鉴于此,本书拟就回顾新中国成立70年来我国教学论的发展历程,并就本体论、方法论、认识论梳理总结出70年来我国教学论研究成果,希冀为建设具有中国气派的教学论学科提供借鉴与思考。

一、新中国成立70年教学论发展的实践样态

(一)从"以苏为师"到独立探索(1949—1965年)

新中国成立初期,我国的政治、经济制度发生了重大的变化。在百业待兴

的转折时期,“一边倒”地“学习苏联人民的建国经验”,①在教育战线中同样也掀起了全面学习苏联教育理论的热潮。我国教学论研究坚持“以苏为师”,全面学习苏联的教学论思想。

首先,教学理论的引进全面倒向苏联。新中国成立初期我国大量译介和出版苏联教学论相关著作,其中凯洛夫编著的《教育学》影响最广,全国各师范院校皆以其为教材,城市教师也几乎人手一本凯洛夫的《教育学》。1961年人民教育出版社翻译并出版了达尼洛夫、叶希波夫编著的《教学论》一书,该书成为我国历史上第一本教学论专著。然而,这一时期我国教学论研究对新中国成立前引进的教学思想采取否定质疑的态度,如赫尔巴特传统教学论思想,杜威、克伯屈实用主义教学思想,以及本土教育家陶行知生活教育思想,陈鹤琴“活教育”思想都遭到了严重的批判,这一行为在很大程度上是对教学理论财富的严重破坏与浪费。② 其次,教学论学科体系照搬苏联模式。在苏联教学论学科性质的影响下,教学理论研究成为主流。教学计划、教学大纲、教学法取代了课程的提法,课程理论研究自然而然地退出了历史舞台。③ 并且在苏联的帮助下,我国初步形成了以教学任务、教学过程、教学原则、教学内容、教学方法、教学组织形式、教学效果检查等范畴组成的具有高度抽象性、严密逻辑性的教学论学科体系。④ 再次,教学论学术交流初具活力。苏联教学理论的引进激发了我国教学论者研究的积极性,教学论者纷纷在学术会议或报刊上就教学理论进行公开的学术探讨,其中包括“全面发展与因材施教”“教学质量与学习负担”“知识灌输与独立思考”“教学中师生关系”等问题的讨论。⑤ 同时,1949—1960年间,我国先后聘请了861位苏联教育专家来华指导教育教学工作,直接将苏联先进的教学理论与我国教学实践进行对接。⑥最后,教学论研究初具成果。通过对苏联教学理论和教学实践的学习,我国教

① 中央教育科学研究所编:《中华人民共和国教育大事记(1949—1982)》,教育科学出版社1984年版,第4页。

② 张传燧:《中国教学论史纲》,湖南教育出版社1999年版,第21页。

③ 黄甫全:《新中国课程研究的回顾与展望》,《教育研究》1999年第12期。

④ 王策三:《教学论稿》,人民教育出版社2005年版,第47页。

⑤ 董远骞:《中国教学论史》,人民教育出版社1998年版,第69—71页。

⑥ 高奇:《新中国教育历程》,河北教育出版社1996年版,第35—46页。

学论者开始将苏联经验转化成本土研究成果。其中具有代表性的成果包括傅统先的《教学方法讲话》、陈元晖的《教学法原理》、车文博的《教学原则浅说》以及各版本《教育学》中的教学论部分。① 这一时期,教学论研究成果是苏联教学理论中国化的必然结果,研究成果多与苏联教学理论具有高度一致性。但从成果的名称看,并未出现以教学论命名的专著,由此看出我国教学论研究仍处于萌芽阶段。

苏联教学论理论的引进,对我国教学理论的改进与教学质量的提高起到了巨大的促进作用,教学论学科意识开始萌芽。但随着中苏关系的恶化,教育战线开始出现反对苏联教学理论的趋势,以凯洛夫为代表的教学理论成为被批斗的重点,并被看作是冒牌的马克思主义教学论。② 虽然,这一时期对苏联教学论的批判是在外部政治环境影响下发生的,许多批判不但毫无依据,并且产生了严重的后果,但我国教学论研究从照搬苏联模式中逐渐独立。教学论研究开始从我国传统教学思想中寻求灵感,"因材施教""教学相长""循序渐进"等优秀的传统教学思想重新受到重视,我国教学论开启了独立探索阶段。

(二)在"曲折"中"前行"(1966—1976 年)

1966—1976 年,在"无产阶级专政下继续革命"的错误理论指导下,我国社会各领域发起了无产阶级"文化大革命"。这一时期,"左"倾教育思潮突出,教学论研究走过了极其曲折的道路,并在曲折中不断前行。

首先,采取全盘否定的态度,排斥外来教学理论。这一时期教学论对外来理论的敌视主要表现为批判否定以凯洛夫为代表的苏联教学论思想。造反派认为当时国内存在反革命修正主义教育路线,然而凯洛夫的《教育学》正是这一反动路线的理论基础。③ 造反派企图通过对凯洛夫教学思想的批判彻底同苏联教学论研究划清界限,从此我国教学论研究走上了闭门造车的道路。其次,教学论学科体系遭到破坏。新中国成立初期,我国教学论全面移植了苏联教学论学科体系,但在"文革"期间,教学论学科体系从教学任务、教学过程、教学内容、教学方法以及教学评价都被视为修正主义教育路线的产物,是资产

---

① 董远骞:《中国教学论史》,人民教育出版社 1998 年版,第 68 页。

② 许宗实:《冒牌的马克思主义教学论》,《人民教育》1965 年第 2 期。

③ 董远骞:《中国教学论史》,人民教育出版社 1998 年版,第 73 页。

阶级知识分子统治学校的工具。造反派借此机会，在学校教育中大搞“文化大革命”。初步形成的教学论学科体系在“文化大革命”中遭到破坏。再次，教学论学术交流陷入低潮。“文革”期间，教学理论的“百花齐放、百家争鸣”被批斗会所取代。大批知识分子被划入资产阵营、被认为是修正主义的苗子，教学论研究出现学术“失语”。教学规律被忽视，学校教育中充斥着“知识越多越反动”“读书无用”等违背教学规律的言论。教学论学术术语被“政策解说”“经验汇编”或“导师语录”所取代。① 最后，教学论研究成果出现偏离。随着阶级斗争的扩大化，造反派认为修正主义教育路线不仅是凯洛夫《教育学》带来的恶果，还是几千年来，孔子反动教育思想“荼毒”的历史必然。一时之间，我国出现了诸多批判孔子教学思想的著作，如《批判孔丘反动的教育思想》《孔丘教育思想批判》。② 孔子所提出的教学思想都被打上了没落奴隶主阶级思想的烙印，是走资派复辟的武器。“因材施教”“教学相长”等优秀的传统教学思想都遭到了主观的、片面的否定。教学论研究偏离了发展的航向。

“文革”十年，我国教育事业遭受了比较严重的损失，包括教学论在内的教育学所有学科发展和体系建设受到了阻碍，致使教学论研究在发展的道路上曲折前行。

但在一定程度上，这一场“教育革命”撼动了苏联教学论对我国的统治地位，为今后我国教学论本土创生扫清了障碍。

（三）在“恢复”中“重建”（1977—1985 年）

1977—1985 年是我国改革开放的初期阶段，国家在各个领域实现拨乱反正，各项事业在整顿与恢复中前行，教学论学科也不例外，其主要任务是在恢复中重建并进一步发展。其中，恢复是指在深刻反思“文革”期间教育问题的过程中，批判地继承新中国成立初期至“文革”前教学论研究的理论成果及发展方式以及 20 世纪上半叶我国教学论研究的理论与经验等。重建是指在教学论研究重新恢复的过程中，结合改革开放初期的社会背景、教育实际等重新

---

① 田慧生、李如密：《教学论》，河北教育出版社 1996 年版，第 62 页。

② 1974 年 1 月，江青主持选编《林彪与孔孟之道》，就此社会各领域对孔子展开批判，单对孔子思想进行的批判的著作就超过百本，报纸杂志等更是不计其数，其中教育战线是对孔子思想批判的主要阵地之一。

探讨教学论的基本问题,构建学科的基本框架,探索基本议题等。

首先,教学思想的拨乱反正,重新确立马克思主义的方法论指导地位。1978 年 5 月,《人民日报》发表《实践是检验真理的唯一标准》,彻底否定"文革"时期"两个凡是"的思想方针,并在全国范围内掀起了真理的大讨论。1979 年 8 月,《教育研究》发表《补好真理标准讨论这一课,教育问题要来一次大讨论》,文章指出教育战线要树立"实践是检验教育理论的唯一标准"的实践权威意识,彻底肃清"两个凡是"对教育教学工作的影响。[①] 这一时期,在"解放思想,实事求是"思想路线的引领下,教育教学工作进行彻底的拨乱反正,清除了教条主义、经验主义、"长官意志"等唯心主义思想在教学论研究中的阻碍作用,重新确立了马克思主义在教学论研究中的指导地位。[②] 其次,教学论研究沿用苏联学科体系,但课程研究逐渐兴起。通过 1949—1966 年间教学论研究成果的正确评估,我国教学论者继续学习苏联教学论思想,并形成了教学认识论研究。教学认识论认为教学活动是一种特殊的认识过程,教学论则是研究这种特殊形式的认识的规律的学科。[③] 以王策三教授为代表的教学论者在"特殊认识说"的基础行对教学论学科体系进行了本土建构。然而,这一时期教学论学科体系仍是通过逻辑演绎建立起来的,并未摆脱苏联模式的影响。但从教学论研究主题看,课程研究逐渐凸显,并成为教学论研究新的增长点。再次,教学论者建立了专业的学术交流平台。1979 年 4 月,在教育部和中国社会科学院的共同呼吁下,中国教育学会正式成立。在随后的四年中,中国教育学会先后召开了三届全国教育学研讨会,教学论者分别围绕教学论理论基础、研究方向、研究方法、研究本土化等学科建设问题进行了深入的探讨,初步构想了未来教学论学科建设的蓝图。1985 年 6 月,经过中国教育学会批准,"教学论专业委员会"正式成立,标志着教学论学术研究团体正式形成,教学论研究队伍逐渐壮大。最后,教学论研究有了本土教材和专业期刊。1980 年董远骞教授等教学论者指出,在新的历史时期,要有一本反映我国教学实际、正确阐明教学过程与规律的教学论著作,并且对这本教学论的框架作

---

① 《补好真理标准讨论这一课　教育问题要来一次大讨论》,《教育研究》1979 第 4 期。

② 张传燧:《中国教学论史纲》,湖南教育出版社 1999 年版,第 25 页。

③ 王策三:《教学论稿》,人民教育出版社 2005 年版,第 47 页。

出了尝试性建构。① 1981年,胡克英教授的《教学论研究》出版,标志着我国教学论研究有了本土性专业教材,②随后多个版本的《教学论》专著也相继出版。同年,人民教育出版社创办了《课程·教材·教法》杂志,标志着教学论研究有了自己的研究阵地,各教学论者和一线教师争先发文,研究热情不断高涨。

最关键的是,这一时期在我国教学论者的不懈奋斗中,我国教学论研究终于走出了迷茫,重新确立了马克思主义的方法论指导地位,重新构建了具有本土特色的教学论学科体系,建立了专业的学术交流平台,拥有本土的教学论专著和期刊。从此开始,我国教学论正式脱离教育学母体,成为一门独立的二级学科。

(四)在"开放"中"繁荣"(1986—2000年)

1986年至2000年是我国教学论发展70年历程中承上启下的重要阶段。迎着改革开放的春风,教学论学界再次"睁眼看世界",着力引介、学习并吸收国外先进的理论与学说,不断为教学论学科发展提供"营养"。在此基础上,我国教学论研究者结合本土教学实际对"进口货"进行识别和扬弃,并且扎根本土研究,不断创生新的教学论思想,促进了我国教学论学科的繁荣发展。

首先,在教学论研究上不再唯意识形态论,全面引进域外先进的教学理论。我国先后引进了赞可夫(苏联)的发展性教学理论、巴班斯基(苏联)的教学过程最优化理论。同时,也学习了布卢姆(美国)的教学目标分类学、布鲁纳(美国)的结构主义教学、瓦根舍因(德国)的范例教学、皮亚杰(瑞士)认知主义教学等理论。大量先进教学理论的涌入,一时之间开阔了我国教学论者的眼界,激发了教学论者研究的热情与灵感。其次,教学论学科体系进入全面建设时期。一方面,学科体系不断完善,研究范畴不断丰富。在此基础上,教学论进行跨学科融合形成新兴交叉学科和分支学科,最终建立了庞大的教学

---

① 董远骞等:《要有一本新的〈教学论〉》,《中国教育学刊》1980年第2期。

② 1981年,胡克英教授的《教学论研究》出版,标志着我国教学论研究有了本土性的专业教材。因《教学论研究》为论文集,我国第一本教学论专著实则是1982年游正伦教授所编著的《教学论》。

论有机学科群。[①] 另一方面,课程研究正式从教学论中分离,并成为一门独立的学科。一时之间,我国出现了"大教学(论)"和"大课程(论)"之争,二者究竟谁是上位概念?二者谁包含谁?但随着研究的深入,越来越多的学者意识到"教什么"和"怎么教"的问题是无法分割的有机体,课程论与教学论出现了相互融合的第三条路径。[②] 可喜的是,课程论的独立并未放慢教学论研究发展的步伐,反而使我国教学论的发展摆脱了苏联"大教学(论)"和西方"大课程(论)"的羁绊,走向了独立发展的道路。再次,教学论学术交流出现百家争鸣盛况。自全国教学论专业委员会成立起,1985—2000 年间,我国共举办了六届全国教学论专业委员会学术年会,分别围绕教学论的理论体系建设,加强教学理论与实践结合、提高教学质量、教学论学科体系建设、改善教学论研究方法、提升教学理论研究水平,以及教学论学科面临的主要问题等议题展开讨论。[③] 在学术氛围上,90 年代教学论学术交流更是出现了百家争鸣的盛况。虽然,不同学者在诸多教学理论上存在分歧与争论,但却共同促进着我国教学论的向前发展。最后,教学论研究成果数量与质量并进。本阶段我国出版的关于教学论专著高达百余本,并且其中包括王策三教授的《教学论稿》、刘克兰教授的《教学论》、李秉德教授的《教学论》等经典著作。教学论重要论文及教改实验成果更是数以千计,有力地引领我国教学改革的不断推进。

总体而言,伴随着改革开放的不断深入,我国重新恢复了中断 30 多年的中西教学理论的交流。这一举措促使教学论者从内到外重新审视已经初步形成的教学论学科体系,并将课程论研究从教学论中独立出来。至此,我国教学论彻底摆脱苏联"大教学(论)"的绝对控制,开始走向本土化繁荣。

(五)在"变革"中"创新"(2001—2016 年)

随着教学论学科的日臻完善,在面对教学问题时理应表现得更加自信。然而,在面对外在的否定与质疑时,我国教学论者常常陷入"盲目自大"或者"自我否定"的泥沼中无法自拔。就此,有学者直接指出我国教学论学科发展

---

① 王策三:《教学论学科发展三题》,《北京师范大学学报(社会科学版)》1992 年第 5 期。

② 廖哲勋:《论当代课程论与教学论的关系》,《教育研究》2007 年第 11 期。

③ 吉标:《改革开放 40 年我国课程与教学论学术交流的历程、问题与应对》,《课程·教材·教法》2018 年第 7 期。

的繁荣实际上是一种“低俗的繁荣”和“贫乏的丰富”。① 新世纪到来之际，为改变教学论虚假繁荣的境遇，教学论者开始以建立具有中国特色、中国气派、中国气度的教学论为创新点，②从根本上提高我国教学论的理论自觉与自信。

首先，理论研究由全面借鉴走向本土创生。一方面，中国从古到今从来不缺少先进的教学思想。21 世纪以来，越来越多的教学论者开始积极挖掘中国传统教学文化的精髓，包括“以学论教”的教学本质论，“君子”“成人”的教学目的论，仁、礼、文、行结合的课程论，启发诱导的教学模式论等，从源头为我国教学论寻根。③ 另一方面，本土创生并不是将中国的教学研究与世界剥离，而是两者的融合创生，即从移植引进模式转变为内外教学理论的相互影响，最终实现中国教学论“走出去”的目标。其次，教学论与课程论融合性增强，学科体系逐渐重构。不管是我国传统教学理论还是苏联的教学论思想都重教学而轻课程，重道而轻术；重视建立宏大的学科体系，忽视课堂教学本身。课程论的发展却恰巧弥补了当前教学论研究的不足之处。然而，随着两个学科的不断融合，一门新兴的学科“课程与教学论”已经形成。教学论已有的学科体系已经不能适应学科的发展，必须进行重新建构。④ 学科体系的重构意味着我国教学论将面对学科性质、范畴体系等问题重新审视的挑战。但同时也是教学论走向革新的历史机遇，只有构建起属于中国特色的教学论学科体系，教学论者才能拥有真正的学科自信。再次，教学论学术交流扩大化，影响力不断提升。21 世纪以来，我国互联网和交通事业高速发展，极大地拓宽了人的地域活动空间。这一时期教学论学术交流呈扩大化趋势，教学论学术交流数量增加，交流方式多样，交流对象多元成为发展的新常态。其中最值得肯定的是，教学论学术交流对象多元化的背景下，大量教学一线的教育工作者积极投身教学论学术交流，⑤及时将最先进的教学理念运用到教学实践中，极大提升了

① 张广君：《教学论研究与发展的困境、盲点和误区》，《教育研究》1998 年第 11 期。

② 李乾明：《教学理论要讲中国气派》，《光明日报》2014 年 6 月 3 日。

③ 张传燧、石雷：《论课程与教学论的本土化》，《教育研究》2012 年第 3 期。

④ 安富海、王鉴：《近年来我国课程与教学论研究的回顾与展望》，《教育研究》2016 年第 1 期。

⑤ 吉标：《改革开放 40 年我国课程与教学论学术交流的历程、问题与应对》，《课程 · 教材 · 教法》2018 年第 7 期。

教学论研究成果的实践性和实效性。最后，教学论研究成果的本土性和实践性不断增强。21世纪以来，随着教学论与课程论研究的深度融合，实践指向与本土化研究成为教学论研究的热点领域。一方面，教学论者围绕我国基础教育课程改革、教学方式变革、教学评价标准、教学技术发展等教学实践领域展开深入研究，①并形成了一批具有实践性的专著与学术论文。另一方面，教学论者还重视本土教学经验的研究，通过在课堂教学中开展观察研究、行动研究、叙事研究等方式，②将优秀的教学经验上升为体系化的本土教学理论。

21世纪以来，我国教学论研究坚持从"外生性"发展走向"内生性"发展。教学论的创新不再简单地依赖域外理论的推动，更多依靠本土的教学实践智慧。教学论也由追求普遍价值的"宏大叙事"转向重视课堂生活的"日常生活叙事"，坚持用中国的教学故事来书写中国的教学论。这正是新世纪我国教学论创新的根本所在。

（六）在新时代中走向自觉（2017年至今）

当今世界已进入"互联网+"时代，我国则迈入中国特色社会主义新时代，新使命、新目标、新任务、新特点、新路向都要求教育教学实现变革，教学论学科发展进一步完善。新时代，信息化技术与教学活动高度融合，综合地解决信息化教学实践和教学理论中的各种基本矛盾，建立与"互联网+"思维相适应的开放、系统、完整的综合性的教学论体系，成为教学论走向自觉所要解决的关键问题。

首先，教学论理论研究指向信息化的教学实践。随着"互联网+"计划的不断推进，"互联网+"思维正在以其独特的形式渗透至课程与教学的方方面面。信息技术革新了教学发生所需的场所、内容和手段，建构了"互联网+教学"的新场域。"互联网+"在为教学提供改革动力的同时，也向教学论研究提出了挑战。教学论研究理论创新的速度远远赶不上互联网技术的更新换代，因此，教学论研究只能指向信息化教学实践，在信息化教学实践中不断培养"互联网+教学"的思维方式，才能保障教学论研究享信息技术之所利，而不是

---

① 裴娣娜:《中国教学论学科的当代形态及发展路径》,《教育研究》2009年第3期。

② 朱德全、杨鸿:《新时期教学论研究的现状与走向》,《教育研究》2009年第3期。

被技术所累。其次,教学论学科体系与信息化技术的深度融合。教学目标、教学内容、教学方法、教学评价以及师生观等与人工智能、大数据等新型信息化技术融合焕发出新的活力。在信息技术的辅助下,教学范式由“教为主导”变为“学为主导”成为可能。这一转变意味着教学论者要重新审视已有教学论学科体系,要积极开展信息化时代教学论研究,从信息化教学理论的高度和信息化教学的现实出发,努力开创信息化教学论建设,为信息化时代教学的相关研究奠定坚实的理论基础,指明学科发展的方向。再次,教学论研究者合作不断加强,形成跨学科研究团队。信息化技术与教学论研究学科属性差距较大,要将信息化教学理论与实践结合起来,必须建立跨学科研究团队。最后,教学论研究成果推广性空前,理论与实践并进。本阶段教学论者十分关注信息化教学实践,借助互联网技术和平台产生的微课、慕课、翻转课堂等新兴教学模式,不仅在教学论研究中成为热点,在教学实践中也是在积极开展。与此同时,信息化时代下的新兴教学模式和理论不是对传统课堂教学的颠覆,更多的是一种兼容并包的关系,因此,关于信息化教学研究的成果更容易被学校教学所接纳,并成为学校教学改革的关键组成部分。

新时代,我国教学论者自觉应对了“互联网+”时代教学论研究所面临的机遇与挑战,从学科性质、教学目标、教学内容、教学方法、师生观等学科发展的主要内容去研究信息化技术背景下教学论研究领域的新问题,在信息化教学实践中去落实学生核心素养,尝试去构建适合现代社会发展、学生个性化发展的教学论学科体系。在这一过程中教学论者充满自信,希望通过“互联网+”的机遇,建设好具有中国特色的教学论,实现我国教学论发展的弯道超越。

二、新中国成立70年教学论研究成果回顾

(一)本体论研究:教学理论的思旧革新

教学论的本体论是指教学存在本身的客体理论,就是我们常说的教学理论或教学思想,即研究教学过程的特点与客观规律的理论体系。本体论研究旨在帮助人们树立正确的教学观,并用科学的教学理论来指导实践。因此,在教学论中处于前提、核心的位置。本书拟从教学本质、教学主体、教学目标、教

学内容、教学模式以及教学评价等方面对教学论本体论研究成果进行梳理。

1. 教学本质:由实体论走向实践论

教学的本质就是教学成为其自身,不同于其他事物的本质特征,是本体论研究应该回答的首要问题。对教学本质的研究,既是探讨教学价值的起点,又是构建教学论本体论的逻辑起点。新中国成立70年来,关于教学本质的探讨与争论持续不断,大致形成了十大类教学本质观,分别是认识说、发展说、层次类型说、传递说、学习说、统一说、实践说、认识实践说、交往说和价值增殖说。① 不同的教学本质观从不同视角揭示了教学活动的基本特征与丰富内涵,并且为我国教学实践提供了理论指导。新一轮课程改革至今,关于教学本质的研究转而进入反思创新阶段。其间,有学者指出我国关于教学本质的研究存在一种研究误区,研究者秉持"本质说越科学就越能促进教学实践"的观点,然而这种观点只是一种强烈的主观愿望。② 因为,关于教学本质的已有研究都是遵循自然科学的"主客二分"认知模式,追求教学本质的绝对性与确定性,在很大程度上忽视了现实中的教学活动,教学论因此陷入纯粹形而上的思辨研究。

实际上,关于教学本质的追问,不能将其预设为一个与人无关的"实体"存在,仅仅追问教学的本质是什么,因为这是一种简单的实体论思维。③ 对教学本质的追问最终目的在于指导实践,也就是给教学活动以规范,即实践论思维。对教学本质的追问应该回到课堂教学之中,因为教学活动既是客观的存在同样也是主观的存在。所以,教学的本质不仅要追问教学是什么,同样要回答教学应该做什么。当前教学论者更加愿意走进课堂教学,在教学情境中去研究教学的本质可以是什么或者教学的本质不是什么而不是单纯地在形而上层面通过逻辑演绎构建出最理想的教学本质。就此,关于教学本质的探讨从实体论思维逐渐走向了实践论思维。

---

① 张广君:《教学本体论》,甘肃教育出版社2002年版,第236页。

② 高向斌:《教学本质研究与中国新世纪教学论学科建设》,《课程·教材·教法》2007年第10期。

③ 徐继存、赵昌木:《教学本质追问的困惑与质疑——兼论教学论研究思维方式的变革》,《教育理论与实践》2002年第11期。

2. 教学主体:由知识问题走向价值问题

在教学论本体论研究中教学的主客体关系是一个基础性命题,教学主体与客体之间的关系构成了教学活动的整体形态,对教学主体的把握直接影响教学论研究的价值取向。新中国成立至今,关于教学主体的探讨大致经历了五个阶段。第一阶段,1949—1965 年,教学主体研究呈现一家之言。新中国成立初期,我国全面接受了苏联教学论所提倡的"主动主导说",认为在教学行为的发生过程中教师起主导作用,但同时需要学生发挥主观能动性主动积极的配合。相比"教师中心说"和"学生中心说","主动主导说"更加辩证地反映了教学过程中师生的互动关系。① 但在长期教学实践中,教师权威仍然占据主导,"主导主动说"在我国仍未摆脱"教师中心说"。第二阶段,1966—1976 年,恰逢我国"文化大革命","十年动乱"给师生关系带来了毁灭性的打击,"师道尊严""尊师重教"等观点受到猛烈的批判。虽然,这一时期学校教育极力提倡发挥学生的能动性和主体地位,但却是建立在贬低教师人格、鼓动学生与教师对立的基础之上。② 教师身份受到了严重的污名化,师生关系呈现出一种反历史的潮流。第三阶段,1977—1985 年,此阶段为观点争鸣期。十年"文革"结束,教学主客体问题的探讨成为改革开放初期教学论研究迫切的任务。此阶段出现了"三体说""主体主导说""双主体说""师生符合主体说""教师唯一主体说""学生唯一主体说"等观点。虽然各观点之间相互对峙、攻讦,但整体而言学生主体地位得到彰显。第四阶段,1986—2012 年,反思深化阶段。本阶段学者认为,此前关于教学主客体学说的争论实质上是概念性的争论,并从教学本体论、认识论、方法论、实践观、价值论等层面对教学主体的学说进行反思整理,将教学主客体的争论转向教学主体的内涵与价值的研究。③ 这一时期,教学的主体间性逐渐被教学论者提出和认同。因为教学活动有宏观、中观、微观的划分,所以与之对应,也形成了不同层次的教学主客体关系。不同层次之间,教师和学生主客体关系交替换位,教学主客体

---

① 靳玉乐等:《中国新时期教学论的进展》,重庆出版社 2001 年版,第 127 页。

② 张传燧:《中国教学论史纲》,湖南教育出版社 1999 年版,第 23 页。

③ 李定仁、徐继存:《教学论研究二十年》,人民教育出版社 2001 年版,第 96 页。

不再是静态线性的关系,而是多层动态立体的关系。① 第五阶段,2012 年至今,变革创新阶段。以大数据、云计算、泛在网络、虚拟现实、人工智能等为代表的新技术如今在教学领域广泛运用,学习空间超越了封闭的物理空间的限制,走向虚实融合的无边界学习场域,师生关系获得重构。教师不再是知识的绝对权威,真正从教学活动的施教者变为辅助者,教学活动由命令与执行变为合作学习,师生之间不再是支配与被支配,而是民主的合作者。

教学主体研究从新中国成立初期苏联"主导主动说"的一家之言,"文革"时期师生的绝对对立,到 80 年代观点的争鸣对峙,再到 90 年代以后的反思深化与变革创新。最重要的研究成果不是教学主客体关系理论的丰富与完善,而是教学论研究将教学主客体关系由认识论上的知识问题逐渐转化为一个价值问题、实践问题,最后根植于教学实践中。最终在教学实践中不断弘扬教师与学生的主体精神,促进民主平等的师生关系的构建。

3. 教学目标:由学科本位走向学生本位

教学目标是教育价值观在教学过程中的具体表征,是对学生学习效果的预期和期待。在教学论本体论研究中,教学目标是整个教学活动的出发点和最终归属,教学目标的科学与否直接影响着教学论学科建设的科学性。新中国成立初期,国内各行各业百废待兴,国家亟须培养一批有知识、懂技术的无产阶级劳动者。因此,1952 年教育部颁发的《中学暂行规程(草案)》明确将学生掌握现代科学的基础知识和基础技能作为教学目标,后来被称为"双基"教学目标。"双基"教学是在我国教育基础最薄弱的时期提出的,经过 50 多年的实践改造为我国教育事业做出了巨大贡献。然而,"双基"中的"基础知识"并非人人都需要掌握的基本知识,而是指为研究人类高深知识而必须掌握的基础性知识,②基础技能同样也指的是各个学科的基本操作如语文的阅读、写作与朗诵等文化技能,而非基本的生活技能。最终导致"双基"教学走向以纲为本的价值取向,在教学实践过程中出现单纯的知识灌输和技术训练,忽视学生的主观情感,将其当成学习机器等问题。因此,在 20 世纪末受到广

① 和学新:《教学主客体关系的层次分析》,《上海教育科研》1998 年第 1 期。
② 汪潮、吴奋奋:《"双基论"的回顾与反思》,《课程·教材·教法》1996 年第 12 期。

大教学论者的一致批判。

20 世纪八九十年代，随着西方现代教学思想大量引介，泰勒的教学评价和布卢姆的教学目标分类学理论受到广大教学论者和教学工作者的关注。布卢姆最早在认知领域提出教学目标的分类，克拉斯沃尔和哈罗在布卢姆的基础上增加了情感领域和技能领域。① 我国教学论者则在此基础上进行理论与实践的探索，认为教学目标应该包含两条线索：一是具体的教学内容包括智育、德育、体育、美育和劳动技术教育；二是教学内容所具有的价值和功能，包括基础知识、技能技巧、情感态度、智力和创造力、心理与行为能力。② 最终，形成了知识技能、过程与方法、情感态度价值观三维目标，并在新一轮课程改革中取代"双基"教学目标。

然而，实践过程中教师对三维目标或许是不知所云，又或许存在质疑，导致对三维目标陈述和实施出现混乱不清、牵强附会的现象。同时，在学术界同样存在三维目标究竟是课程目标抑或是教学目标之争。③ 为解决这一问题，2013 年我国引进西方发达国家关于人才培养的核心素养框架体系，教育界一时之间形成万人空巷的场面。相比而言，核心素养是对三维目标的继承与超越。继承之处体现在同样是对学科本位、知识本位的反叛，提倡学生本位、素养本位，将学生的发展和成长作为教学的逻辑出发点；超越之处则体现在核心素养不仅回答了教育应该培养全面发展的人，还回答了全面发展的人应该具有哪些品质。④ 由此看出，教学目标已经脱离了由知识本位取向导致的唯分数论与唯升学论，走上学生本位取向，在培养学生智力与能力时更加重视学生品德修养。

4. 教学内容：由提前预设走向实践生成

教学内容是教学活动最基本的三要素之一，是教与学相互作用与连接

---

① 田慧生、李如密：《教学论》，河北教育出版社 1996 年版，第 77 页。

② 唐文中：《教学论》，黑龙江教育出版社 1990 年版，第 34—35 页；李秉德：《教学论》，人民教育出版社 2001 年版，第 59 页。

③ 李润洲：《继承与超越——"三维目标"与"核心素养"的异同辨析》，《当代教育科学》2016 年第 22 期。

④ 李润洲：《继承与超越——"三维目标"与"核心素养"的异同辨析》，《当代教育科学》2016 年第 22 期。

的纽带。在教学论本体论研究中,教学内容是教学活动顺利开展的物质承担者,因此是教学论研究的核心要素。通过对教学论经典教材和文献的梳理发现,新中国成立后至改革开放前期,全国师范院校教学论课程所使用的教材主要有两个版本,一是凯洛夫的《教育学》,二是达尼洛夫和叶希波夫的《教学论》。这两本书均将教学内容定义为解决教师教什么、学生学什么的问题,并用教学计划、教学大纲或教科书等章节对教学内容进行论述。这一时期教学内容就等同于教学计划、教学大纲、教材等文本材料。十一届三中全会以后,课程论思想在我国教育学界逐渐受到重视,1981 年《课程·教材·教法》杂志创刊,课程论思想逐渐走向成熟,并对教学内容研究产生了巨大的影响,在多本教学论经典教材中关于教学内容的探讨中都使用了课程这一概念,如董远骞版、陆冠英版的《教学论》教材中开始单独设立课程论章节,在课程的视角下探讨教学内容,随后的教学论教材中也普遍沿用这种方式。

教学内容的变革不仅体现在教材编撰上,更重要的是在教学过程中对教学内容的重新审视。受杜威经验课程的影响,我国教学论者意识到教学内容不应该是一堆堆冰冷的教学大纲和教材,而应该是教学过程中为实现教学目标,在师生交互作用下动态生成的素材和信息,具体包括教材内容、教师的引导、价值判断、方法论指导以及学生行为。[①] 教学内容的重新定义对我国教学理论和实践研究均产生了深刻影响,其中最关键的是强调教学内容的非预设性,教学不仅仅是忠实地执行提前预设的教学内容,更是教师和学生在课堂中共同创造的教学事件,并且这些教学事件充满着复杂性和不确定性。正是教学内容的不确定性,要求教师和学生通过民主对话的形式不断生成新的教学内容,最终重建课堂教学的价值观。

5. 教学模式:由同质化发展走向内涵式发展

在教学论本体论研究中,教学模式是为了弥合教学理论与教学实践之间巨大鸿沟而探索出的研究领域。教学模式是指在教学理论的指导下,为完成

---

① 俞红珍:《课程内容、教材内容、教学内容的术语之辨——以英语学科为例》,《课程·教材·教法》2005 年第 8 期。

特定教学目标,在一定教学情境中形成的简洁、稳定、系统的教学结构框架和教学程序。① 1972 年,美国课程论者布鲁斯·乔伊斯等人在《教学模式》一书中,将“模式”这一概念引入教学研究领域,认为教学模式是对许多教师教学实践的研究与改进的基础上,形成的提升教师教学效能的各种模式。② 教学模式就此正式进入教学论本体论的研究范畴,并尝试在教学理论与教学实践搭建起沟通的桥梁。20 世纪 80 年代,我国开始引进“教学模式”这一概念。教学模式一经引入就受到教学界的广泛关注,截至目前以教学模式为主题的学术论文正以每年上万篇的速度不断增加。我国教学模式研究大致经历了三个阶段,一是教学模式的引介与移植(1981—1988),二是教学模式的理论探讨(1989—1994),三是教学模式的本土建构(1995 年至今)。经过前两个阶段的研究积淀,学界在教学模式的本质内涵、功能定位、分类标准、选择运用等方面取得了丰硕成果。到第三阶段,研究动向逐渐从高校层面的理论研究转为学校层面的教学模式建构研究。在此期间,我国教学一线出现了许多本土的、优秀的教学模式:如李吉林的情景教学模式、邱学华的尝试教学模式、卢仲衡的自学辅导教学模式,以及杜郎口中学“三三六”教学模式、洋思中学“先学后教”教学模式、东庐中学“讲学稿”教学模式等。伴随着这些优秀教学模式的成功,全国掀起了创建学校特色教学模式的新风尚。

然而,在实践的过程中,教学模式的构建成为大部分学校的教学任务,并落到教师肩上。每所学校都提出要有自己独特的教学模式,但结果却只能是标签化的发展,仅仅停留在对名校教学模式的“复制”与“粘贴”上。成千上万所学校蜂拥挤向杜郎口中学、洋思中学、东庐中学,短时间内形成一大批新的教学模式,但结果却只是教学模式的同质化发展。如在“先学后教”的教学模式影响下,许多学校对教师的教学时间做了精确的刻度(0—10 分钟),教师要将课堂的主动权交给学生。这一教学模式改革与新课改的目标十分契合,但在“教师课堂占用时间越少,课堂效果越好”的评价标准下,有的学校竟然提

① 何克抗:《建构主义的教学模式、教学方法与教学设计》,《北京师范大学学报(社会科学版)》1997 年第 5 期;李秉德:《教学论》,人民教育出版社 2001 年版,第 256 页。

② Bruce Joyce 等:《教学模式》,中国轻工业出版社 2002 年版,第 7 页。

出"不准教师进课堂"的口号,[1]课堂教学逐渐被教学模式所僵化与异化。因为,教学模式的简单移植不仅不会带来课堂教学的改进,更多的是对模式本身的质疑。就此,研究者提出"后模式"这一概念,[2]重新反思教学模式的可借鉴性,教学模式预设性与课堂教学生成性之间的冲突,[3]教学模式同质性与教师风格独特性的矛盾等问题,提出课堂教学改革应当走出课堂教学模式的迷雾,坚守教学的本质,实现教学模式的内涵式发展。

6. 教学评价:由评价的工具性走向发展的专业性

教学评价在本质上是衡量教学目标的是否达成,教学效果好坏的价值尺度,是教学论本体论研究的重要组成部分与价值保障。我国现行的教学评价理论与评价体系主要向西方发达国家看齐,但如果以教育考核而论,我国教学评价研究可溯源西汉时期,如《学记》就详细地描述了教学评价的思想,并在隋朝以科举考试这样一项人才选拔制度在我国延续了一千多年。由此可见,我国在教学实践中拥有比较丰富的考试制度和教学工作考核制度。同时,我国教学评价也具有浓重的甄别、筛选的功能定位,评价偏重对学生成绩考察的特点。新中国成立初期,我国开始尝试从多元的方式对学生进行评价,并且更加关注对教师课堂教学的评价,如在中小学实行评课制度并沿用至今。十年"文革"时期,我国教学评价制度遭到了严重摧残,教学评价成为阶级斗争的附庸,连最基础的选拔功能都消失殆尽。1977 年,我国恢复了停招十一年的全国高校统一招生制度,极大促进了教学评价的发展,并对教学评价提出了新的要求,十一届三中全会后关于教学评价的理论研究正式开始。[4]

经历了改革开放 40 年的长足发展,目前我国教学评价已经由为了评价而评价走向为了发展而评价,主要体现在教学评价价值取向、功能定位、评价标准的变化。从价值取向看,我国教学评价的价值取向经历了由知识本位到能

① 张良:《反思我国教学实践变革中的简单性思维——以杜郎口中学为个案》,《中国教育学刊》2012 年第 9 期。

② 徐继存:《"后模式时代"课堂教学的选择与重建》,《当代教育科学》2013 年第 23 期。

③ 杨清:《后模式时代的学校课堂教学变革:从标签化多样到内涵式多元》,《中国教育学刊》2016 年第 9 期。

④ 陈玉琨、李如海:《我国教育评价发展的世纪回顾与未来展望》,《华东师范大学学报(教育科学版)》2000 年第 1 期。

力本位再到发展本位价值取向的转变。教学评价重视师生的双向发展,教学评价一方面要促成学生知识技能、过程与方法、情感态度价值观等应与性发展,与此同时还要实现教师的适应性发展。① 从功能定位看,我国教学评价的中心逐渐从甄别、选拔的功能,朝导向、反馈、改进和研究功能转变,正在由指挥棒向服务器转变。并且有学者认为教育评价的选拔功能更多的是用在社会层面上,而在教学过程中评价只能是为了促进教师与学生的发展。② 从评价指标看,受第四代教育评价的影响,我国教学评价逐渐摆脱了一套指标体系或评价量表一评到底的时代,开始尝试在具体的教育情景中,通过一种师生间民主协商的方式共同构建出适合学生发展的,而不是最正确的评价指标。③

(二)方法论研究:教学论方法的历史演进

教学论的方法论是指关于教学研究方法的性质与特点,以及方法背后所隐含的逻辑假设与世界观的理论体系。具体而言,就是探讨教学论研究应该从何处着手、遵循何种规范、如何选择正确的研究方法,如何分析资料,建构理论,以及如何对某种理论进行评价。④ 由此看出,方法论贯穿研究过程始终,是任何一门学科走向科学和成熟的关键。经过 70 年的发展,我国教学论方法论研究取得了可喜的成绩,由新中国成立初期方法的单一匮乏,到今天方法论自觉意识的广泛树立,研究范式的跨越式发展。

1. 研究方法由冷漠忽视走向多元规范

方法是在探索的认识中的工具,是主观层面的某种手段,主观层面通过这一手段和工具与客体发生关系。⑤ 方法既是一门学科开展研究的前提,也是一门学科要想成为真正科学的必要条件。任何一门学科理论的创新与成果的取得,都与研究方法的改革创新息息相关。同样,方法对于教学论的重要性也是不言自明的。但在新中国成立后的相当长一段时间内,我国教学论研究不

---

① 朱德全:《基于行为的问题诊断式教学设计的表征》,《教育研究》2011 年第 2 期。

② 杨启亮:《为教学的评价与为评价的教学》,《教育研究》2012 年第 7 期。

③ 张瑞:《理解与超越:情境适应性教学评价研究》,博士学位论文,西南大学 2011 年,第 25 页。

④ 靳玉乐等:《中国新时期教学论的进展》,重庆出版社 2001 年版,第 60 页。

⑤ 中共中央马克思恩格斯列宁斯大林著作编译局编:《列宁全集》第 38 卷,人民出版社 1959 年版,第 236 页。

重视方法的创新，并且连教学论方法这一命题也没有得到应有的承认和重视，反而用政治方针的演绎和政治工具性的价值判断来取代教学论科学方法的研究。[①]

改革开放后，随着元教学论研究的兴起，学界重新审视教学论研究的方法问题，并在1985年第一届全国教学论专业委员会学术年会上将教学论研究方法作为教学论理论体系建设的一个专题提出。1994年，第五届全国教学论专业委员会学术年会更是把"改善教学论研究方法，提升教学理论研究水平"作为会议的议题。[②] 在具体的研究方法上，王策三教授较早对教学论方法做出总结，指出教学论研究方法主要包括定性与定量的方法、实验的方法、推论—验证法、经验总结法和古今中外法；[③]杨小微教授则将教学论的基本研究方法分为两大类：一是收集资料的方法，如观察、实验、模拟、调查等；二是逻辑思考的方法，如归纳、演绎、分析、综合、比较、抽象等。[④] 21世纪伴随着新一轮课程改革，教学论研究对象扩大，教学经验不断积累，教学论研究呈现出多种研究方法互补的趋势，多种对立的方法之间张力不断扩大。有学者对218篇课程与教学论博士论文进行分析，发现几乎所有论文都采用了多种研究方法，在这218篇博士论文中使用的方法达到100余种，[⑤]并且其中有很大一部分方法是从其他学科借鉴来，如信息方法、模型方法、模糊数学方法、耗散结构方法等。总的来说，教学论研究方法已经由新中国成立初期受到冷漠与忽视到现在形成了具有哲学、科学、艺术等综合性质的方法体系。

2. 从方法的崇拜迷恋走向方法论自觉意识的树立

教学论研究方法的丰富标志着教学论学科不断走向科学与成熟，然而在研究方法繁荣的同时却呈现出许多弊端，如方法移植的"拿来主义"。改革开放初期，鉴于我国教学论研究与西方发达国家之间的差距，大量的教学理论的

---

① 徐继存：《我国教学论方法的反思与前瞻》，《西北大学学报（哲学社会科学版）》1997第1期。

② 靳玉乐等：《中国新时期教学论的进展》，重庆出版社2001年版，第67—68页。

③ 王策三：《教学论稿》，人民教育出版社2005年版，第60—80页。

④ 杨小微：《现代教学论》，山西教育出版社2010年版，第94页。

⑤ 任宝贵、陈晓端：《课程与教学论专业博士学位论文研究方法运用的现状与趋势——基于对2000—2008年期间218篇学位论文的分析》，《教育研究与实验》2010年第3期。

引进，其中不乏教学论研究方法。同时，教学论也借鉴了其他学科的研究方法。然而，由于文化背景和学科背景的差异，许多方法在教学论研究中存在水土不服的现象。再如，教学论研究中存在重术轻学的倾向，将教学论研究的创新等同于方法的创新，正如伽达默尔所批判的为了方法而谈方法。产生这些弊端的原因是研究者将研究方法仅仅看作处理问题的具体方法，没有深入思考方法技术背后所蕴藏的逻辑假设，以及这些逻辑假设背后所持有的学科基本观念乃至世界观。归根到底是研究者一味地对方法的依赖与迷恋，却没有将方法上升到方法论的高度。

直到21世纪初，我国教学论者才开始由对方法的崇拜走向方法论的反思。相对方法而言，方法论是对关于方法的理论，是以方法为研究对象，探究方法本质、特征与功能，最终阐明运用方法的原则和条件。① 虽然，大部分学者都认同教学论要成为一门成熟的学科，必须在教学论研究的方法论上有所突破。然而，截至目前我国教学论仍然没有形成自己的方法论体系。但可以肯定的是，在实践层面方法论的自觉意识作为一种思维形态正在不断地深入研究者的研究成果之中。具体表现在教学论者思维方式的变革，突破了机械反映论的局限，教学论者在做研究之前会反思“我们为什么要去做研究？为什么要这样去做?”研究者的结构意识、问题意识、时空意识、自我意识正在不断提升，②通过不断对方法选择背后所蕴藏原因的不断追问与探索，不断提高研究的品质。

3. 研究范式由学习借鉴到跨越式发展

方法论作为一种观念形态的研究工具，是我国教学论学科不断走向成熟的标志。然而，由于研究者观察理解的角度不同，方法论成为争议颇多的概念。一些教学论者另辟蹊径，尝试以范式为切入点探讨教学论研究的方法论问题。③ 范式原指语法当中词形的变化规则，后来逐渐演变为某一领域既有

---

① 陆明玉：《教学论发展的方法论研究》，博士学位论文，西南大学2012年，第15页。

② 李怡明：《论教学论研究的方法论意识》，《西南大学学报(社会科学版)》2013年第6期。

③ 刘清华、靳玉乐：《教学研究方法论的回顾与前瞻》，《课程·教材·教法》2001年第7期。

的模型和模式，指对某一研究领域或研究方法的研究假设、概念和问题等进行归类整理，使后来的研究者有所参考和凭借。① 1962 年库恩《科学革命的结构》一书出版，将范式研究推向历史高潮。虽然库恩的"范式"理论在社会科学领域也经常受到质疑，但他关于范式的两个观点却被许多学科奉为圭臬：一是关于科学的定义，他认为"科学是一定社会集团按照一套公认的信念所进行的'专业活动'，其中公认的信念指的就是范式"，②既是形而上的精神工具，同样也是形而下的操作准则；二是范式的地位，他认为科学革命就是新旧范式的替换，范式是一门学科成熟的标志。③ 随后，盖奇、舒尔曼等人将范式引入教学论研究，在教学论学科中，范式则是指研究者共同遵守的教学信念，这种教学信念为研究者提供了统一的研究问题和研究方法，并为研究者提供了规范化的研究框架，教学论由此从前科学走向了科学。④

西方教学论研究范式发展经历四个阶段即：前科学阶段（没有形成研究范式）→常规科学阶段（研究范式的确立）→科学革命阶段（新旧研究范式争论）→新常规科学阶段（新的研究范式的确定）。然而，我国教学论关于范式的研究起步相对较晚，具有较强的后发型优势。我国教学论范式研究只需经历两个阶段即：范式适应阶段（范式的移植借鉴）→范式变革阶段（范式的反思和超越）。⑤ 在范式适应阶段，我国学者译介了大量关于教学论研究范式的书籍和学术期刊，对西方教学论研究长达 50 多年的逻辑演绎、实证分析、人文理解等研究范式之争展开深刻的讨论。并以此为基础观照我国教学论研究范式的发展，⑥反思我国是否存在教学论研究范式、为什么与西方发达国家相比

---

① 霍秉坤、黄显华：《课程范式：意涵、应用和争议》，香港教育研究所 2004 年版，第 5 页。

② ［美］托马斯·库恩：《科学革命的结构》，李宝恒、纪树立译，上海科学技术出版社 1980 年版，第 4 页。

③ ［美］托马斯·库恩：《科学革命的结构》，李宝恒、纪树立译，上海科学技术出版社 1980 年版，第 135 页。

④ 迟艳杰：《教学论研究范式探析》，《教育研究》1997 年第 4 期。

⑤ 蔡宝来：《我国教学论研究范式转型的时代境遇与逻辑路向》，《教育研究》2010 年第 8 期。

⑥ 迟艳杰：《教学论研究范式探析》，《教育研究》1997 年第 4 期；李森、崔友兴：《论教学研究范式的历史变革及其当代走向——一种知识型的视角》，《当代教育与文化》2012 年第 3 期。

研究范式的差异体现在哪些方面等问题。①

目前,我国正处于教学论范式变革阶段,借助"后发型"优势,教学论研究直接跨越式发展到多元主义范式阶段,并对教学论学科建设产生了深远的影响。一方面,我国教学论学科建设长期以来都存在最优教学论的情结,在研究范式上以逻辑演绎范式或"目的—手段"范式为主导。学科体系建立在哲学认识论的逻辑演绎之上,追求教学理论的普适性与绝对性。最终导致研究成果的同质化现象严重,不利于教学论学科的发展。多元主义研究范式则为教学论学科建设提供了多元化的思维空间,提升了研究成果的多样性。另一方面,多元主义范式倡导平等对话。不同范式之间地位和作用是相同的,不同的是彼此的价值观和思维方式。不同范式之间通过对话,取长补短,相辅相成,避免了不同话语体系下的相互攻讦。

（三）认识论研究:教学论学科建设的丰富完善

教学论的认识论是指关于教学认识过程与教学研究过程的特点及其客观规律的理论体系。具体而言,就是探讨如何建立科学的教学论学科,具体包括教学论学科体系与研究范畴,教学论学科性质,以及教学论研究对象等问题,既是对教学论学科的主观建构,也包括基于教学论者主观意识觉醒的元研究。

1. 学科体系完善与分化,形成教学论学科群

新中国成立至今,随着教育改革和教学实验的不断推进,我国逐渐形成了具有中国特色的教学论学科体系。我国教学论学科体系的确立主要包括两个阶段。第一阶段是教学论内部结构的不断完善,时间是新中国成立初期到改革开放。我国拥有璀璨的传统教学文化,并且至今仍旧散发着无穷的魅力,教学论学科却是彻底的舶来品。新中国成立初期在我国"一边倒"的外交政策下,我国教育界完全奉行"以苏为师",全面引进苏联的教学论思想,当时全国教育界充斥着凯洛夫、叶希波夫的教学理论。追根溯源,苏联的教学论思想隶属于德国传统教学论流派,因此具有德国教学论哲学思辨的特征。教学论从哲学的高度,从人的整体发展出发,演绎出教育的目的,然后根据教育目的选择教学内容与方法,最终推演出具有高度抽象概括水平和严密内在逻辑性的

① 李长吉:《对"教学论研究范式"的研究》,《教育评论》1999年第2期。

学科框架。[1] 通过对改革开放初期我国教学论相关著作的分析,发现几乎所有的教学论著作都会涉及:教学的目的与任务、教学过程、教学规律与原则、教学内容、教学方法与手段、教学组织形式、教学效果的检查与评价,[2]不难发现我国教学论学科框架仍与苏联具有高度一致性。但随着改革开放的深入,教学论研究始终是指向本土教学问题,立足于本土教学改革的经验,特别是在课程论与教学论分离与融合的过程中,我国已经形成了具有中国特色的教学论理论体系。

第二个阶段是教学论对外不断分化出相对独立的研究领域,最终形成了一个有机的教学论学科群,时间是改革开放至今。一个学科的发展最先是在经验积累的基础上形成个别概念,诸多概念之间相互联系与综合便初步形成了一个学科的学科体系。随着研究的不断深化,研究内容的丰富与更新便会产生出新的概念。当新概念不容于已有的学科体系便会分化出去,并且在此过程中与其他概念再次进行联系与综合产生新的相邻学科,最终形成庞大的学科集群。教学论学科的分化大抵朝四个方向进行。首先,教学论向上与哲学、系统科学方法论综合,分化出教学认识论、教学活动论、教学系统论、教学逻辑学等学科和领域;其次,教学论向下与教学实践综合,分化出教学方法学、教学技术学、教学管理学、教学评价学、教学模式论等学科和领域;再次,教学论向前与相关学科综合,分化出教学社会学、教学生态学、教学美学、教学实验论等学科和领域;最后,教学论向后综合历史上各学科的教学方法和教学思想分化出语文教学论、数学教学论、英语教学论等学科教学论。[3]

2. 学科性质由二元对立走向综合

"教学是什么"是对教学本质的探讨,"教学论是什么"则是对教学论学科性质的反思。教学论学科性质的澄清关乎整个学科的研究方向和研究目的,是认识论研究不可回避的问题。关于教学论学科性质的主要观点概括起来有

---

① 王飞:《教学论传统的流变》,《国家教育行政学院学报》2013 年第 8 期。

② 施良方、崔允漷:《教学理论:课堂教学的原理、策略与研究》,华东师范大学出版社 1999 年版,第 47 页。

③ 裴娣娜:《论我国教学论学科建设与发展》,《中国教育学刊》1998 年第 6 期;王策三:《教学论学科发展三题》,《北京师范大学学报(社会科学版)》1992 年第 5 期。

学术取向、应用取向和综合取向。与教学论学科体系建设一致，我国教学论学科建设初期，深受苏联和东欧教学论者的影响，如苏联教学论界提出教学论就是要认识符合新生一代共产主义教育目的的一般教学规律，南斯拉夫学者鲍良克指出教学论是研究教养的一般规律。① 新中国成立初期我国教学论处于起步阶段，亟须建立具有高度抽象概括力的学科理论体系，因此与苏联教学论重视理论建构相契合。在后期的发展中，以北京师范大学王策三教授为代表的教学论者坚持强调教学论是理论学科，而且必须是理论学科。就在这一时期，教学论逐渐发展成为一门拥有成熟体系的独立学科。但随着教学改革的深入，我国教学论着重教学一般规律的探究，忽视技术层面的具体操作的价值倾向，使教学论研究与教学实践之间形成无法跨越的鸿沟，陷入纯粹的形而上无法自拔。

随着改革开放的不断深入，我国教学论者开始学习以美国、欧洲、日本为代表的教学论思想，如西南师范大学（现西南大学）的张敷荣教授，西北师范大学的李秉德教授，以及华东师范大学的钟启泉教授。一时间，我国出现了教学论学术取向和技术取向的争论，但技术取向在很大程度上只是对学术取向的有益补充，很少有学者认为教学论只是单纯的形而下的技术操作，更多的是将学术取向与技术取向进行综合，如吴也显教授认为教学论既是一门理论学科，又是应用学科，既要研究教学的一般规律，也要研究这些规律在教育实践中的运用。② 李秉德教授则认为教学论既要研究教学的本质和规律也要寻求教学的最优途径与方法。③ 田慧生教授则将教学论同时具有较强的理论性和实践目的性的特征界定为一种外推的理论研究。④

同样，不同学者关于教学论学科性质的认识也在不断发展当中，如王策三教授最开始坚持教学论只能是理论性的学科，但后期的研究中，教学论学科不断发展，在原本的理论体系之中分化出了许多应用学科或领域，形成了教学论学科群，当探讨教学论性质时，则需明确说明是哪种教学论，就教学论整体而

---

① 田慧生：《对教学论学科性质、地位与研究对象的再认识》，《教育研究》1997 年第 8 期。
② 吴也显：《教学论新编》，教育科学出版社 1991 年版，第 14 页。
③ 李秉德：《教学论》，人民教育出版社 2001 年版，第 8—9 页。
④ 田慧生：《对教学论学科性质、地位与研究对象的再认识》，《教育研究》1997 年第 8 期。

言它既是理论的又是应用的，只是比例不同而言。① 由此看出，目前教学论学科性质逐渐从争论走向共识，更多的学者将教学论视为综合性学科。

3. 研究对象逐渐澄明，理论与实践共生

每门学科都应该拥有自己独特的研究对象，这是一个不证自明的前提条件。研究对象是学科认识论研究的一般问题，也是一门学科理论体系构建的基础问题，明确教学论研究对象可以提高研究的效率与效益。然而，在大部分元教学论研究成果中，许多研究者仍坚持认为目前我国教学论研究对象尚不明确。② 但实际上，任何学科的研究对象都会随着学科的发展不断变化。因此，对教学论研究对象的探讨是必需的，但不必急于下定义，更不能定于一论。③ 虽然，学界对教学论研究对象的表述不一，但主要的界说有三种：一是"客观规律说"，坚持教学论必须研究教学的一般规律；④二是"现象说"或"问题说"，坚持教学论是研究教与学的活动，要将教学论研究的对象深入课堂教学中去；⑤三是"活动与规律说"，坚持教学论要研究教与学的双边活动与规律。⑥ 实质上，不同的界说并不是不同学者之间无意义的攻讦，而是历史的问题与发展的问题。

为什么说我国教学论研究对象的变化是历史的问题，实则是因为我国教学论发展过程与辩证唯物主义认识论不符，没有遵循"实践→理论→实践"的认知发展规律。与上文论述一致，新中国成立初期，我国教育界可谓一穷二白。要立足本土教学实践形成本土的教学理论是不现实的，唯一捷径就是模仿苏联，通过学习苏联的教学理论来快速提升教学质量。然而，当我们用几十年的时间构建起教学论宏大的学科体系时，却发现要用教学理论解决我国的教学问题是多么的困难。因为，这样一种理论到理论的直接对接，不能经受我国教学实践的验证。因此，越来越多教学论者坚持认为教学论应该研究教学

---

① 王策三：《教学论学科发展三题》，《北京师范大学学报（社会科学版）》1992 年第 5 期。

② 罗儒国：《世纪初我国教学论学科发展的问题与走向》，《教育学报》2007 年第 2 期。

③ 王策三：《教学论学科发展三题》，《北京师范大学学报（社会科学版）》1992 年第 5 期。

④ 王策三：《简谈教学论的研究对象、任务和方法》，《教育研究》1985 年第 9 期。

⑤ 田慧生：《对教学论学科性质、地位与研究对象的再认识》，《教育研究》1997 年第 8 期。

⑥ 徐勋：《关于教学论的研究对象、任务、方法之我见》，《教育研究》1986 年第 3 期。

现象，特别是教学过程中所遇到的问题，希望将教学论从虚无缥缈的“空中楼阁”拉回课堂教学这一“斗兽场”。这一转变并非对前者的全盘否定，而是对我国教学论的一场“中国化”的历史拷问。但需要指出的是，“现象说”和“问题说”是将教学现象和教学问题作为教学论的研究对象，将揭示教学规律作为教学论的研究目的和最主要的任务，却忽视了教学规律作为一种认识仍然需要到教学实践中接受检验。所以，以徐勋教授为代表的教学论者提出“活动和规律说”，用一种新的视角来审视教学论的研究对象。“活动和规律说”并不是简单地将教学活动与教学规律的简单重组，而是在遵循辩证唯物主义认识论规律的前提下所提出的。希望教学论研究立足我国教学实际，在此基础上生成本土的教学理论。同时，生成的新的教学理论要在教学实践中不断检验与发展，这样教学论研究才能真正做到顶天立地，理论与实践共生。

三、新时代教学论专业化发展的逻辑路向

新中国成立 70 年来，教学论研究所取得的成绩是可喜的、显著的、惊人的。教学论学科的建立与完善，切实提高了教学理论引领教学改革的科学性，指导教学实践的有效性，推动了我国教育事业的蓬勃发展。站在新的历史起点，中国教学论研究要承前启后。教学论要坚持走专业化发展的道路，为继续建设具有中国气派的教学论奋勇前进。

（一）回归课堂教学本身，注重扎根化研究

我国教学改革已经进入了改革的“深水区”，课堂教学亟需教学理论的指导和支持。然而，受传统思维模式的影响，我国教学论研究过于注重逻辑演绎的研究范式，追求宏大叙事结构下的体系完善，[①]轻视问题研究，最终导致许多教学理论成果被束之高阁，教学论的实践品性匮乏。[②] 教学论研究自始至终来源于课堂教学，服务于课堂教学。教学论学科的发展必然要指向课堂教学，实践品性匮乏正是教学论研究脱离课堂教学之弊。因此，新时代教学论研究要回归课堂教学本身，积极开展课堂教学研究，如行动研究、案例研究、课堂

---

① 朱德全、杨鸿：《新时期教学论研究的现状与走向》，《教育研究》2009 年第 3 期。

② 陈君、张姝：《21 世纪以来我国教学论研究历程与学科发展趋势》，《西南大学学报（社会科学版）》2018 年第 3 期。

观察研究、教师叙事研究等，直击课堂教学的深层次问题，[①]提升教学论的实践品性。同时，建设具有中国气派的教学论，首先要解决的就是教学论的原创性问题，数量的增加不是中国气派，质的提升才是中国气派。经过 70 年的发展，我国课堂教学实践已经积累了大量的先进经验，特别是信息化技术与课堂教学的深度融合，可以说我国教学理论在一定程度上滞后于教学实践的发展。课堂教学正是教学论研究原创性的源头活水，唯有注重课堂教学的扎根化研究才能推动教学实践经验向教学理论的转化，促进教学论特别是本体论研究的发展。因此，教学论研究扎根课堂教学不只是教学实践的需求，更是教学论研究永葆科学的必然。

（二）发扬方法论自觉意识，完善学科方法论体系

胡适在《多研究些问题，少谈些主义》中指出，凡是有价值的主张都要经过"分析问题"→"寻求方法"→"验证假设"三步工作。实际上，所有的科学研究都要经历这三个步骤，其中"寻找方法"就是研究过程中的方法论审视。我国教学论研究方法不断丰富革新，常用的研究方法数以百计，研究方法视乎不再会困扰教学论研究的发展。然而，要建设具有中国气派的教学论，必须提升教学论研究的品质。此时，方法论不仅要解决用什么方法的问题，更应该知道为什么用这种方法，力求做到方法选择的最优原则。就目前学科方法论发展而言，与欧美发达国家相比，我国教学论的方法论研究成果相对单一。欧美发达国家教学论研究经历了理性主义、实证主义、人文主义、行为主义等多种思想流派，每一个思想流派都持有各自的方法论，从不同侧面构建教学论的思想体系。[②] 但从全球教学论学科发展情况看，教学论乃至整个教育学均没有自身的方法论体系。教学论者只能借鉴其他学科的方法论来指导教学论研究，学科方法论发展仍处于萌芽时期。虽然，这一时期学科方法论是稚嫩的，不成熟的，但教学论研究过程中教学论者要始终保持对方法论的主动寻求，发扬方法论自我意识，[③]不断完善学科方法论体系，使教学论成为一门真正的科学。

---

① 朱德全、杨鸿：《新时期教学论研究的现状与走向》，《教育研究》2009 年第 3 期。

② 刘旖洁、陆明玉：《从方法论的角度看教学论发展的基本规律》，《西南大学学报（社会科学版）》2013 年第 3 期。

③ 李怡明：《教学论研究问题的方法论审视》，《课程 · 教材 · 教法》2011 年第 10 期。

（三）强化协同攻关研究，提升学术交流的有效性

“独学而无友，则孤陋而寡闻”，学习的进步在于交流，学术的发展同样在于交流。随着教学论学科的不断发展壮大，近年来教学论学术交流呈现出以下特点：首先，学术交流数量扩大，学术会议举办的数量正逐年增加，并且形式多样；学术交流的议题不断丰富，教学论者在学科本体论深入探讨的基础上，不断反思学科方法论的科学性，学科体系的合理性；学术交流主体逐渐多元，教育行政部门、师范类高校师生、一线教师都成为学术交流的活跃分子，促进我国教学论研究话语的多元化。学术交流为教学论学科建设与发展提供了不竭的动力，同样还是建设具有中国气派教学论的助推器。然而，在教学论学术交流如火如荼的情况下，仍然存在学术交流功利倾向突出、形式主义严重，交流效果欠佳等问题。① 学术交流最为重要的就是学术对话，即同质观点的惺惺相惜，异质观点的针锋相对。因为真理没有穷尽性，但会越辩越明，这正是学术交流的魅力所在，教学论学术交流本该如此，但却被固化为一场场的学术汇报。学术交流过程中，交流者大多进行观点陈述，学术交流“述而不论，论而不争”，学术交流表现出一片祥和，缺乏学术批判的精神。因此，教学论研究要改革学术争论匮乏的不良学术生态，强化多元研究主体的协同攻关，提高学术交流的有效性，最终实现教学论学科的百家争鸣。

（四）重视教学论史的研究，增强传统“教育文化”融入感

黑格尔在《哲学史讲演录》中提出“哲学史本身就应该是哲学的”，并由此发展出“哲学史就是哲学”的哲学史观和“哲学就是哲学史”的哲学观。② 黑格尔认为哲学史的发展是从低级到高级的过程，一个时代最后一种哲学是哲学发展的成果，是精神的自我意识可以提供的最高形态的真理，包含此前各阶段的哲学在自身内，是一切先行哲学的产物和成果。③ 同样，在教学论研究中

---

① 吉标：《改革开放 40 年我国课程与教学论学术交流的历程、问题与应对》，《课程·教材·教法》2018 年第 7 期。

② 江怡：《如何理解哲学与哲学史的关系》，《哲学分析》2010 年第 1 期。

③ ［德］黑格尔：《哲学史讲演录（第 4 卷）》，贺麟、王太庆译，商务印书馆 1978 年版，第 378 页。

也有学者秉持这种哲学史观,认为“教学论就是教学论史”,①最新的教学理论是教学论研究中物竞天择的真实写照,是一切先行教学理论的产物与成果。目前,我国教学论史的研究主要零星地散落在学术论文中,关于教学论史的专著极少。教学论学科史的研究缺乏系统性,反过来导致教学论学科缺乏系统性,教学论史相关研究的匮乏,也是教学论学科不完整的体现。与此同时,教学论史也是一部教学文化史。当前我国教学实践中存在反教学理论的倾向,关于教学理论无用的说法更是甚嚣尘上。② 教学论研究出现的生存危机,正是因为教学论学科缺乏历史自觉和文化自觉。教学论史作为教学文化研究的历史,不仅包括教学思想研究,还包括教学实践研究。历史上的教学理论从来都不单是形而上的规律与结论,而是历史性的教学思想和教学实践升华而成的教学文化现象。中国传统教学文化则是在几千年教学实践中持续形成的教学思维方式、教学价值观念和教学行为习惯的类型或范式,浓缩了教学有关的知识、信念、艺术、价值观等精华,③是教学论研究的宝贵财富。所以,教学论研究唯有不断增强学科的历史自觉和教学文化融入感,我国传统教学文化才有返魅的可能性。

---

① 赵鑫、李森:《教学论研究实践转向和理论创新的历史自觉——兼谈“教学论就是教学论史”》,《西南大学学报(社会科学版)》2013 年第 3 期。

② 赵鑫、李森:《教学论研究实践转向和理论创新的历史自觉——兼谈“教学论就是教学论史”》,《西南大学学报(社会科学版)》2013 年第 3 期。

③ 李志厚:《论教学文化的性质》,《课程·教材·教法》2008 年第 3 期。

第一章 从“以苏为师”走向独立的教学论探索(1949—1965年)

新中国成立后,在全面建设社会主义事业的历史潮流中,我国教学论的发展也进入了新时期。从1949年到1965年,我国教学论的发展经历了从“以苏为师”的全面学习与移植,到摆脱苏联意识形态影响而独立探索的曲折过程。十七年的艰辛探索历程,可以分为两个阶段:第一阶段从1949年到1955年,这是我国教学论在全面学习苏联方针指引下学习与移植苏联教学理论与经验的七年;第二阶段从1956年到1965年,这是我国教育学者探索教学论中国化的十年。经过两个阶段的探索,我国教学论从“以苏为师”逐渐走向了独立探索,并对未来几十年教学论的发展产生了深远影响。

第一节 “以苏为师”的学习与移植(1949—1955年)

从1949年到1955年,我国的政治、经济制度发生了重大的变化。在百业待兴的转折时期,“一边倒”地“学习苏联人民的建国经验”①,即成为新中国成立初期社会主义建设的重要方针。这一时期,我国的教育与教育学,开始全面学习苏联。特别地,对学校教学和我国教学理论的改造、探索、实践也在学习苏联的过程中快速全面地展开。

① 中央教育科学研究所编:《中华人民共和国教育大事记(1949—1982)》,教育科学出版社1984年版,第4页。

一、“以苏为师”的时代背景

(一)社会背景

1949 年 10 月 1 日中华人民共和国成立,这标志着沦为半殖民地半封建社会的中国,进入了逐步由新民主主义向社会主义过渡的历史新时期。在这百废待兴的历史转折点,带领中国人民完成民主革命的中国共产党,又将面临怎样建设新中国的重大考验。以当时的形势而论,新生的中华人民共和国面临诸多困境。在政治上,新中国的社会主义制度决定了我们在社会主义和帝国主义两大阵营中,只能站在以苏联为首的社会主义阵营一边,这导致了帝国主义对新中国的不承认,甚至是封锁;在经济上,刚刚成立的新中国经济落后、工业发展迟缓、民生凋敝,面临着艰巨的经济建设任务。针对这样的困境,中国共产党已经清醒地认识到,帝国主义只会封锁和制裁我们,不可能为我们提供任何帮助,我们只有向苏联学习、寻求援助才能有出路。对此,在新中国成立之前的 1949 年 6 月,毛泽东在《论人民民主专政》一文中就明确指出,“我们在国际上是属于以苏联为首的反帝国主义战线的一方面的,真正的友谊的援助只能向这一方面去找,而不能向帝国主义战线一方面去找”。毛泽东还从历史角度分析了新中国社会主义建设不仅要学习苏联,而且还应采用“一边倒”的学习方针,把苏联共产党当作我们的“先生”。

至 1952 年,经过新中国成立初期的民主改革和经济恢复,我国的国民经济已有所好转,人民民主专政政权得到巩固。从 1953 年起,我国在苏联的帮助下开始逐步实施经济建设的第一个五年计划,即进入了大规模地对生产资料私有制实行社会主义改造和有计划地进行社会主义建设时期。基于已有的经验,以及国际国内具体形势,毛泽东在 1953 年 2 月的全国政治协商会议第四次会议上号召全国人民学习苏联,他指出“我们要进行伟大的五年计划建设,工作很艰苦,经验又不够,因此要学习苏联的先进经验。……把他们所有的长处都学来,不但学习马克思列宁主义的理论,而且学习他们先进的科学技术”,“应该在全国掀起一个学习苏联的高潮,来建设我们的国家”。因此,“学习苏联”“加强抗美援朝的斗争”与“反对各级政府机关和领导干部中的官僚主义”一起，成为当年的三大任务。此后，在毛泽东同志的号召下，全国各行各业掀起了全面学习苏联的高潮。

（二）教育背景

1949 年 12 月 23 日至 31 日，新中国第一次全国教育工作会议在北京召开，会议提出：“建设新教育要以老解放区新教育经验为基础，吸收旧教育某些有用的经验，特别要借助于苏联教育建设的先进经验。”①从历史发展来看，这次会议对开启我国全面学习苏联教育经验发挥了导向作用。随后，在党和国家的号召下，学习苏联教育经验成为我国建设社会主义教育的重要方针。

这一时期的学习过程，大致可以分为两个相对有差异的阶段：“借鉴”阶段与“全面系统学习”阶段。第一阶段主要集中在 1952 年前后，第二阶段则从 1952 年延续至 1956 年。

在 1948 年 10 月，东北的旅顺中学就开始与苏联中学建立联系，学习苏联教育经验。在随后一年的学习中，旅顺中学通过参观苏联教学，听取苏联教育专家的报告，学习翻译过来的凯洛夫的《教育学》，以及要求教师将学习所得应用于实践并组织教师相互观摩②等形式，在旅顺地区掀起了学习苏联教育经验的热潮。新中国成立后，教育部在总结和推广东北地区学习苏联教育经验的同时，还采取了一系列措施推进学习深入进行。

聘请苏联专家。1949 年 10 月，俄罗斯联邦共和国人民教育部副部长杜伯洛维娜就到北京、上海等地向我国教育工作者介绍苏联教育经验。1950 年到 1952 年，教育部又先后聘请了阿尔辛节夫、福民、达拉巴金、顾思明、戈林娜五人担任教育部顾问。另有在北京师范大学的苏联专家二人，兼任教育部普通教育与幼儿教育的顾问。这期间，受聘专家的主要工作是：参加部务会议、部工作会议和专业会议，介绍情况，提供意见，解答问题；开各种讲座，为训练班讲课，到各地视察，帮助各级教育干部和学校教师提高业务水平等③。据不

---

①　中央教育科学研究所编：《中华人民共和国教育大事记（1949—1982）》，教育科学出版社 1984 年版，第 7—8 页。

②　新华书店东北总分店编审部编：《怎样向苏联学习教育》，新华书店东北总分店 1950 年版，第 57—78 页。

③　中央教育科学研究所编：《中华人民共和国教育大事记（1949—1982）》，教育科学出版社 1984 年版，第 71 页。

完全统计,从 1949—1960 年,在我国高等学校工作的苏联专家帮助我国培养教师、研究生共 14132 人;亲自讲授的课程有 1327 门,指导中国教师讲授的课程有 653 门;编写讲义和教材 1158 种,指导建设教研室 384 个,实验室 807 个,资料室 217 个,实习工厂 40 个[①]。由此可见,当时苏联专家对我国教育建设产生了极大的积极影响,做出了很大贡献。

建立苏联模式新型学校,树立典范。1949 年 12 月 16 日,政务院第十一次政务会议决定,以老解放区华北大学为基础,筹建一所新型大学——中国人民大学。在中国人民大学开学典礼上,吴玉章作为第一任校长,说明了中国人民大学的任务是为国家培养干部,改革旧的高等教育,树立一个新型大学的典型。建校之后,学校就聘请了苏联专家,帮助学校培养教师,指导教师编写讲义和教材。据统计,从 1950 年到 1957 年,由苏联专家直接编写的和在苏联专家指导下编写的讲义、教材共达 101 种。同时,学校还在苏联专家的帮助下建立了一套高等教育制度和教学方法。[②] 1950 年 4 月 29 日,按照刘少奇副主席的指示精神,教育部出台的《哈尔滨工业大学改进计划》指出,要效仿苏联改造哈尔滨工业大学,使之成为培养重工业部门的工程师和国内大学的理工科师资的新型多科性工业大学。10 月,我国正式接管学校。学校先后从苏联 26 所学校聘请了 67 位专家来校讲学,引进苏联高等工业学校的教育制度、教学计划、教学大纲和教材,建立五年制本科专业及二年制研究生部。[③] 如此,在党和国家的直接领导下,这两所仿效苏联模式的新型学校,成为高等教育学习苏联经验的典范。

向苏联派遣留学人员。为了提升向苏联学习的效果,我国在 1951 年 8 月 19 日向苏联派遣了首批 375 名留学人员。自此以后,我国每年都会选派数量不等的留学生前往苏联,深入理工、财经、农医、师范等领域学习。据统计,至 1959 年,我国总共向苏联派遣了留学生 7891 人,占我国派遣出国留

---

① 刘英杰主编:《中国教育大事典(1949—1990)》,浙江教育出版社 1993 年版,第 1675 页。

② 顾明远:《论苏联教育理论对中国教育的影响》,《北京师范大学学报(社会科学版)》2004 年第 1 期。

③ 顾明远:《论苏联教育理论对中国教育的影响》,《北京师范大学学报(社会科学版)》2004 年第 1 期。

学生总数的 91%①。这些留学生在学成归国后，不仅将苏联的科学技术带了回来，而且日后从事教育事业的留学生，还将苏联的教育思想、教育理论和教育教学方法也一并带回国，成为我国利用苏联教育经验和教育学理论的重要力量。

到 1952 年，我国已提前完成了恢复发展国民经济的重大任务，同时在土地改革、镇压反革命、抗美援朝等方面也取得了巨大成就，这些都为我国由新民主主义向社会主义过渡、开始全面系统学习苏联教育经验提供了条件。

1952 年 6 月 9 日，为适应社会主义改造和经济建设的需要，我国开始效仿苏联的高校建设，大规模调整全国高等学校的院系设置，改造旧时期效仿英式、美式构建的高等教育体系。这次调整以"培养工业建设人才和学校师资为重点，发展专门学院，整顿和加强综合大学"②为方针，根据国家建设规划布置学校网，全盘规划全国公私立高等院校，适当合并同类系科，或组建专门学院，增加人力财力投入，扩大工科、师范和综合大学理科规模，加快其发展速度。1953 年 6 月 15 日，毛泽东在中央政治局会议上正式提出了党在过渡时期的总路线；9 月 25 日，政协全国委员会正式向全国人民发布了过渡时期总路线。在学习贯彻总路线的过程中，1955 年，我国又开始了具有战略转移性质的第二次院系调整。这次调整以发展内地高校为重心，从战略角度协调了沿海和内地高校的规模和专业设置。到 1957 年，我国的高等学校院系调整基本结束。在这六年中，我们完全按照苏联高等学校的模式，调整院系结构、设置专业，走了一条全盘"苏化"的道路。③

与高等学校院系调整相应，政务院于 1951 年 10 月颁布了新学制，以中等

① 中华人民共和国教育部计划财务司编：《中国教育成就统计资料（1949—1983）》，人民教育出版社 1984 年版，第 126 页。

② 何昌东主编：《中华人民共和国重要教育文献（1949—1975）》，海南出版社 1998 年版，第 376 页。

③ 编者注：两个阶段的调整涉及了 229 所高校，其中综合大学 17 所，工业院校 44 所，师范院校 58 所，医药院校 37 所，农林院校 31 所，语言院校 8 所，财经院校 5 所，政法院校 5 所，体育院校 6 所，艺术院校 17 所，其他院校 1 所。参见中国教育年鉴编辑部编：《中国教育年鉴（1949—1981）》，中国大百科全书出版社 1984 年版，第 965 页。

专业教育取代了旧中国的职业教育，确立了全新的中等专业教育制度。从1952年起，教育部会同政务院财经委员会和中央各主管业务部门，对全国中等专业学校进行了全面调整。此次调整，主要根据国民经济发展对中等人才的需求设置学校，统一规划公私高级职业学校、职业补习学校和中等技术学校等。同时，采用同类合并、停办初级职业技术学校等方式，将原有综合设科的学校改组为单科性学校。在这过程中，我国参照苏联中等专业学校的专业目录，确定学校的专业设置，在划科为专业的基础上，增设了大批国家建设需要的专业。到1954年调整结束为止，我国建立了一批旧中国教育体系没有的中等学校，如地质学院、石油学院、矿业学院、钢铁学院、邮电学院等，培养人才涵盖地理、机电、铁路交通、石油化工等领域，这对培养国民经济发展需要的人才起到了很大作用。

这段时期，我国全面系统学习苏联教育经验还表现为，各级各类学校采用苏联教材、效仿苏联教学模式与方法等开展教学工作。

在高等教育领域，1952年11月12日，教育部要求各学校制订编译苏联教材的计划，首先翻译苏联高等学校一、二年级基础课的教材，以及某些必要且有条件解决的专业教材，然后逐步翻译其他教材。11月27日，为有组织、有计划、有步骤地推进这一计划，教育部颁发了《关于翻译苏联高等学校教材的暂行规定》，要求译稿须经过教材编审委员会审批后，以"教育部推荐高等学校教材试用本"的名义出版。① 据统计，到1954年底，我国已经翻译出版苏联高等学校和中等专业学校教材共736种。1956年，翻译出版苏联高等学校教材更是达到了1393种。② 1953年9月，高等教育部在上海召开了高等工业学校重点修订教学计划座谈会。在苏联专家的指导下，这次会议制订或修订了包括机械制造工业在内的七个专业的教学计划。至1955年上半年，我国先后共制订和颁发了193个统一的高等学校专业教学计划。同时，按照苏联的教育学体系，我国也一并引入了苏联高等学校的教学大纲，以便统一各学科的

---

① 中央教育科学研究所编：《中华人民共和国教育大事记(1949—1982)》，教育科学出版社1984年版，第68页。

② 中国教育年鉴编辑部编：《中国教育年鉴(1949—1981)》，中国大百科全书出版社1984年版，第965页。

教学目的、教学内容和教学方法等。

在中小学,我国学习苏联教学经验更为全面系统。《人民教育》从 1954 年开始连续对苏联中小学校教学教育工作基本任务做介绍,主要内容涉及教学计划、教学大纲和教材。① 在苏联的影响下,我国中小学也采用统一教学计划、统一教学大纲和统一教材。其中,我们使用的教材是以苏联教材的思想体系和主要内容为基础,结合中国实际情况适当改编的编译本。在教学方法层面,我们则依据苏联教学理论,普遍按照苏联课堂教学的五个环节,提倡直观教学、自制和使用教具等。此外,当时的中小学校中还普遍采用了苏联学校的考试制度和评价方式,比如"五级记分法"。

同时,效仿苏联学校的教研制度,我国高等学校建立了教研室,中小学形成教研组。在高等学校,以专业为单位成立教研室,教师按专业被分配到不同教研室,他们在教研室里共同备课,讨论学问,编写教材和讲义。在中小学,以学科为单位成立教研组,教师依据自己的学科进入不同教研组,共同备课,互相听课,集体参加学校的教育教学活动。在当时我国教师水平总体不高的情况下,教研室和教研组制度对发挥教师的集体力量、提高教师能力、保证教育教学质量发挥了积极的作用。

(三)学科背景

在全国掀起学习苏联先进教育经验的浪潮中,我国教育学科的发展也进入了学习苏联教育思想与理论阶段。

苏联教育思想传入中国,可以追溯到五四运动以前。俄国十月革命之后,早期的马克思主义者在传播俄国革命经验与成果时,将苏俄的教育思想和经验也一并介绍到了中国。但是,这些努力都被 1919 年杜威来华讲学的影响所淡化。此后,随着我国国内革命斗争形势的发展,在解放战争后期苏联教育思想开始在东北解放区大量传播开来。其时,东北人民政府教育部在 1949 年就组织力量开始大量翻译介绍苏联教育文献,并开始以苏联十年制中学的自然科学各科教科书为蓝本,编译本地区的中学教科书,从初一、初二年级开始逐

① 参见《一九五四——一九五五学年度中、小学校教学与教育工作的基本任务》,《人民教育》1954 年第 11 期;《一九五五——一九五六学年度俄罗斯苏维埃联邦社会主义共和国小学、七年制学校、中学新的教学计划、教学大纲和课本及采用办法》,《人民教育》1955 年第 11 期。

步施用。新中国成立以后,我国又以多种方式从不同渠道学习苏联的教育学。

大量翻译苏联的教育学著作。1949年11月14日,《人民日报》发表了题为《苏联国民教育制度》的节译文章,其实为苏联凯洛夫主编的《教育学》(1948年俄文版)中的第二十章《国民教育制度》。在1950年3月28日《人民日报》又刊发了题为《苏联的劳动教育》的节译文章,其同为凯洛夫《教育学》的第十二章《劳动教育》。此后,《人民日报》还相继刊登了翻译的冈察洛夫《教育学原理》(1947年俄文版)的“序言”,凯洛夫《教育学》第一章《教育学的对象与方法》的第五节《教育学是科学》等章节。1950年12月和1951年2月,由沈颖、南致善等翻译的凯洛夫主编的《教育学》(1948年版,上、下册)由新华书店出版,1951年12月又由南致善、陈侠共同修订,由人民教育出版社再版发行,该书后面还增列了中俄名词对照表。其发行量之大是空前的,至1953年4月已经是第十六版。

在学习苏联教育学的翻译浪潮中,具有代表性的译著还有:

冈察洛夫著,郭从周等译:《教育学原理》,人民出版社1951年版;

叶希波夫、冈察洛夫主编,于卓、王继麟等译:《教育学》,人民教育出版社1952—1953年版;

斯米尔诺夫著,陈侠、丁酉成译:《教育学初级读本》,人民教育出版社1953年版;

申比廖夫、奥哥洛德尼柯夫著,陈侠、熊承涤等译:《教育学》,人民教育出版社1955年版;

凯洛夫总主编,冈察洛夫、叶希波夫、赞科夫主编,陈侠、朱智贤等译:《教育学》,人民教育出版社1957年版。

据统计,从1951年到1957年,人民教育出版社翻译出版的苏联教育著作就有303种,总发行量达1262.8万余册①。

邀请苏联专家讲授教育学。1953年,苏联教育专家普希金、加里宁、倪克勤等到北京、上海、西安、武汉、成都、重庆等地为教育干部、教师开办教育学和教学法讲座。同期,国内多所大学也邀请苏联教育学专家讲学。如中国人民

---

① 《教师报》1957年11月8日。

大学、北京师范大学、华东师范大学等先后邀请苏联教育学专家到校，以教师进修班或学生研究班的形式，讲授苏联教育学。在整个五六十年代，我国大量的教育理论工作者，几乎都参加了苏联教育学专家的进修班或研究班①。通过学习苏联教育理论，我国广大教育工作者的理论修养有了极大的提高，对我国学习苏联时期的教育事业的发展和提高教育质量多有益处。

出版苏联专家的教育学讲义和报告。这也是我们学习苏联教育学的途径之一。举例而言，人民教育出版社 1953 年出版了波波夫的《共产主义教育思想》，1954 年出版了崔可夫的《教育学讲义》（上册）。北京师范大学出版社 1952 年出版了普希金的《教育学讲义》。华东师范大学出版社 1957 年出版了杰普莉茨卡娅的《苏维埃教育学讲义》。中央教育行政学院 1957 年出版了安娜斯达西耶娃的《教育学辅导和专题报告记录汇编》，如此等等。

在这段特殊的历史时期，人们满怀激情地学习苏联教育学，主要原因是认为：第一，我们的社会制度，不是走资本主义道路，而是由新民主主义走向社会主义的道路，因而资产阶级那一套教育理论、制度、内容、方法等，对于我们根本不适用，只有苏联的先进经验，足以供我们借鉴；第二，苏联的教材、教法以及教育理论、教育制度，不只是在社会性方面与我们最接近，并且在科学性方面也是最进步的②；第三，苏联的教育学是以马克思列宁主义哲学为基础，是苏联三十多年的教育探索总结而成的先进经验和科学成果，是内容丰富、体系严密，且富有战斗性的真正科学。因此，当时的主流观点是“苏联教育学，由于它的科学、哲学基础，崇高的目的任务，理论与实际一致的原则和对儿童年龄特征的照顾，使其成为教育学的最高发展阶段，成为真正科学的教育学”③。从这层意义分析，我们学习苏联的教育学具有历史必然性。

让人欣喜的是，在我国教育学全面学习苏联时期，国内教育学界也不乏积

---

① 顾明远：《论苏联教育理论对中国教育的影响》，《北京师范大学学报（社会科学版）》2004 年第 1 期。

② 社论：《进一步学习苏联的先进教育经验——迎接中苏友好月》，《人民教育》1952 年第 11 期。

③ 北京师范大学教育系教育学教研室编：《教育学讲义》（上册），北京出版社 1957 年版，第 13 页。

极探索者。

早在 1949 年 11 月,东北人民政府教育部教科书编审委员会编写了《教育学参考资料(师范学校适用)》;1951 年生活教育出版社出版了程今吾的《新教育体系》(第二版);1953 年,曹孚的《小学教育讲座》在人民教育出版社出版(1954 年更名为《教育学通俗讲座》再版)。此外,教育部于 1952 年印发了《师范学校教育教学大纲》供中等师范学校教学参考用,其体例主要模仿了苏联的教育学体系,特别是叶希波夫和冈察洛夫合编的苏联师范学校《教育学》。此后,经教育部组织专家依据《大纲》编写了供中师使用的《教育学》。同时,不少高师编写了《教育学》以供教学使用。例如,沈阳师范学院教育教研室教育学研究组编写的《教育学讲义》(1956 年);北京师范大学教育系教育学教研室编的《教育学讲义》(上、下册,1955 年);陈友端、郑其龙编的《教育学》(上、下册,1954 年);华东师范大学教育系教育学教研室编的《教育学讲义》(上、下册,1955—1956 年);哈尔滨师范学院教育学教研室编的《教育学讲义》(上、下册,1956 年);开封师范学院教育学教研室编的《教育学讲义》(湖北人民出版社 1957 年版)①;陈侠、胡毅编的《教育学》(1954 年);罗景濂编的《教育学讲义》(上册,1957);杨汉清编的《教育学讲义》(下册,1957 年),等等。

在上述尝试中,我们的教育学成果有明显的苏联痕迹,比如讨论的主题、论述的体系等都可以从苏联教育学著作中找到原型,这表明当时我国的教育学是建立在苏联教育理论和经验基础之上。但是,与翻译的苏联教育学著作和教材相比,我国教育理论工作者的成果更加联系中国教育实际,也更通俗易懂,更有利于教育工作者联系实际改进自己的工作。②

在学习苏联教育学的过程中,苏联的教学论作为重要的内容也一并被引进我国。

---

① 郑金洲等:《中国教育学百年》,教育科学出版社 2002 年版,第 109 页。

② 编者注:例如程今吾编写的《新教育体系》所论述的就是我国实践中的教育与教学问题,就当时的背景而言,具有一定的实用性。罗景濂编写的《教育学讲义》(上册)也是立足于建设社会主义国家,培养建设者和保卫者。因此,作者在论述中始终和我国教育现状与需要紧密相连,这与纯粹翻译苏联的教育学著作大相径庭,更能被实践所接受、理解。

然而,在学习苏联教学论初期,教学论并不是以独立的主题形式出现,而是以所翻译教育学著作的一个章节被引入我国。比如,在我国近代教育学史上影响最大的凯洛夫所著《教育学》[①]中共包含了三篇二十一章,其中第二篇——"教学理论"包含了"教学过程""教育和教学的内容""上课是苏维埃学校里组织教学工作的基本形式""教学法"和"学生知识的测验方法和评定方法"共五章。在这一时期所翻译的其他苏联教育学著作中,也大都采用同样的体系,把教学理论作为必要章节加以论述,即使有学者如方德厚以《教学法原理》为题,翻译了杜贺夫内伊的著作,但其实质为杜贺夫内伊所著《教育学概论》中的一部分。[②] 此外,还有一些关于教学理论的汇编,如1955年正风出版社编译委员会翻译了四篇苏联教学论文章,整理成《教学过程的本质和规律》一书出版。

引入苏联教学理论后,我们在实践中却出现了理解偏差、应用失当的问题。因此,我国的一批教育学者结合实际需要,尝试对苏联教学理论进行本土化"改造",以使其更好地指导我国的教学实践。这类成果除了前述所提及的,公开发行或内部使用的教育学著作外,还包括我国学者对教学论的相关论题的集中论述。举例而言,这类著作包括北京师范大学教务处教导科编写的《学习苏联先进的教学方法——课堂讨论》,1951年由北京师范大学出版部出版;曹孚著的《小学教育讲座》[③],1953年由人民教育出版社出版;王静编著的《学习苏联课堂教学》,1953年由大众出版社出版;傅统先编著的《教学方法讲话》,1954年由山东人民出版社出版;蔡君启著的《怎样运用教学原则》,1954年由山东人民出版社出版;陈元晖主编的《教学法原理》,1957年由湖北人民出版社出版;车文博主编的《教学原则浅说》,1958年由湖北人民出版社出版,如此等等。这些成果一方面将苏联教学论的思想与理论通俗化、浅显化,另一方面还结合广大教师的学习过程进行细致、详尽的解释与指导。因

① 参见[苏]凯洛夫:《教育学》(上册),沈颖、南致善等译,新华书店1950年版;[苏]凯洛夫:《教育学》(下册),沈颖、南致善等译,人民教育出版社1951年版。

② [苏]杜贺夫内伊:《教学法原理》,方德厚译,作家书屋1952年版,译序。

③ 编者注:此书虽名为《小学教育讲座》,但是其主要章节为"全面发展的教育""苏联先进的教学基本原则""苏联的课堂教学制度""教学法(上、下)"以及"学业成绩考查与五级制记分法"。

此,学者们的“尝试”成果在当时颇受教师欢迎,对教学实践也起到了很好的指导作用。①

回顾这段历史,虽然新中国成立初期学习苏联教育学是历史的必然,但是其中仍有值得我们深思的地方。在当时的国际国内形势下,我们“一边倒”地学习苏联是必然选择,然而在实践中因此而盲目地对苏联的教育学全盘接收,这就值得商榷。我们学习苏联教育学的一个明显特征,是具有很强的政治倾向。很多带有“崇拜”意味的表述,更是将苏联教育学视作绝对和唯一的先进科学,这是不顾实事求是精神的表现。缺少批判性的学习只能让我们的教育实践与教育学研究陷入机械模仿和教条主义。曾有学者对此提出过异议,但是都被批判做了检查。② 在此以后,便没有人敢于提出不同意见。不过,这点“插曲”也更好地证明了在学习苏联教育学的过程中,我们主要关心的是如何获得和传播苏联教育学知识与思想,如何在实践中运用苏联教育学结论,而不去关心我国教育学自身的建设。

因此,客观地分析,学习苏联教育学帮助我们完成了教育学理论模式的转化,填补了我国教育理论研究的空白,并对确立我国成立初期学校教育与教学制度,提高教育质量,都有一定的促进作用。但是,我们过早地、轻易地确定了路径,片面地接收和批判不同理论模式,使我们的教育学研究失去了张力,这并不利于我国教育学研究的长远发展。

二、“以苏为师”的主要议题

新中国成立伊始,我国教学理论研究就由以前借鉴和学习日本、欧美教学思想,转向了学习苏联教学理论,并根据具体情况对一些教学论问题进行了探索,这对我国此后七十年教学论发展产生了不小的影响。

---

① 编者注:这一点从著作动辄上万的发行量可以窥见一斑。

② 编者注:1957年4月30日,陈友松在《文汇报》上发表了《教育工作中的教条主义和官僚主义》,认为我们的教育学是没有儿童的教育学,是缺乏独立思考的教育学,他认为我们要正确对待资本主义的教育思想,不能将资本主义的一切都“扣上唯心主义的帽子”。此文一出,陈元晖、顾明远相继在《人民教育》上发文进行驳斥,认为陈友松的文章是在向党和国家的教育政策和马克思主义教育学进行攻击,是在为实用主义教育学辩护。

(一)教学论的元研究

1. 教学论的研究对象

在学习苏联教育学时期,虽然"教学论"是以其他形式的概念出现在不同的教育学著作中,但是其仍然有明确的内涵和研究对象。在凯洛夫编的《教育学》(上册)中,他认为"在教育学中讲述教学理论的部门,叫作教学法。教学法研究的问题是:关于教学过程的本质及实施教学时所依据的原则,关于教学的内容、方法及其组织形式"①。在叶希波夫所著的《教育学》(上册)中,他用"教学法原理"指代对关于教学的研究。其中,他认为"教学法所研究的问题是:需要教儿童一些什么东西,教学过程的本质是什么,以及用什么方法和手段才能使儿童的学习受到良好的效果。……教学法提供有关整个教学过程,有关所有学科的原理和法则"②。总体而言,苏联教学论在经过 30 多年的发展后,基本确立了固定的研究对象,就是探索教学过程的本质,进而确立教学的原则、内容和方法等。

在国内,受苏联教学论的影响,我们对教学论研究对象的认识也能形成共识。如北京师范大学教育系教育学教研组编的《教育学讲义》(中册)将教学论称为教学法,其内容包括教学过程的本质、教学原则、教学内容、教学方法和教学组织形式。它的研究对象是学校教学过程的一般规律性③。同样,罗景濂编的《教育学讲义》(上册)也认为"教学理论又称教学论,也称教学法。它是教育学整个理论体系的重要组成部分之一。教学论是研究教学过程的本质、目的任务、内容以及组织形式和方法的理论。它揭露教学过程的一般规律"④。这里,我们对教学论研究对象的认识,基本与苏联教学论是一致的,从当时的历史背景分析,这是不难理解的,因此不再赘述缘由。

对于教学过程的本质具体是什么,当时的普遍观点认为,"教学过程是在

① [苏]凯洛夫:《教育学》(上册),沈颖、南致善等译,新华书店 1950 年版,第 53 页。

② [苏]叶希波夫、冈查洛夫:《教育学》(上册),于卓、王继麟等译,东北教育出版社 1952 年版,第 139 页。

③ 北京师范大学教育系教育学教研组编:《教育学讲义》(中册),北京出版社 1957 年版,第 2 页。

④ 罗景濂编:《教育学讲义》(上册),华中师范学院出版社 1957 年版,第 146 页。

教师领导下和学生自觉与积极参与下，以系统的科学知识、技能和技巧武装学生，并在这个基础上培养学生的共产主义意识、行为和发展学生认识能力的过程”①。这种观点与凯洛夫的教学过程本质观类似，他认为教学过程“是教师在学生们自觉与自动的参加之下，以知识、技能和熟练技巧的体系去武装学生的过程”②。不过，在探寻教学过程本质的时候，一个与其意义相当的问题出现了，即我们是以演绎的逻辑方式描述了教学过程的本质与规律，而不是从社会主义建设实践中探索出的教学过程的本质是什么，这就为后来教学理论与实践关系的论争埋下了种子。

2. 教学论的理论基础

如冈察洛夫所言，“教学论，如果从历史的观点来研究，它常是和认识论相联系的。在教学论里面必然要具体地表现出某些教育家的认识论原理。变更着的社会生产条件、社会关系和社会意识，通常对于学校和教育内容，都要提出种种新的要求，因此也出现了新的教学论”③。在对教学论的认识基础进行了历史分析后，冈察洛夫肯定“马列主义的认识论给自然界和人类社会的发展提供了正确的、科学的说明。我们学校的任务是在于赋予学生们关于自然界和社会发展的基本规律的知识，引导他们从无知走向有知。……在我们苏联的教育学里，关于马列主义的认识论是教学论的基础这一点已经是没有争论了”④。纵览这一时期的苏联教育学著作，冈察洛夫对教学论理论基础的理解和论述是时代的共识，故不再赘述。

在国内，我们也可以“听到”同样的声音。学者们普遍认为，马克思列宁主义认识论揭示了人类认识客观世界的一般规律，是各种形式的认识活动的基础，通过它，人们可以深入地理解各种事物的内在规律。因此，对教学本质的认识需要借助于马列主义的认识论。不仅如此，学者们还从毛泽东对辩证

① ［苏］叶希波夫、冈查洛夫：《教育学》（上册），于卓、王继麟等译，东北教育出版社 1952 年版，第 2 页。

② ［苏］凯洛夫：《教育学》（上册），沈颖、南致善等译，新华书店 1950 年版，第 53 页。

③ ［苏］冈察洛夫：《教育学原理》初译稿，郭从周等译，人民出版社 1951 年版，第 375 页。

④ ［苏］冈察洛夫：《教育学原理》初译稿，郭从周等译，人民出版社 1951 年版，第 402 页。

唯物主义反映论的发展中找寻理论依据。① 毛泽东在《实践论》中详尽地表述了人们认识过程的两个阶段:感性认识与理性认识。前者是人们认识客观世界的感觉和印象的阶段,是人们认识客观事物的基础;后者是认识的高级阶段,它能反映事物的本质和内在规律,是主观和客观、抽象和具体的统一。基于实践的认识过程,就是从感性认识上升到理性认识的过程,是"实践—认识—再实践—再认识"的循环往复过程。因此,人们从无知到有知,就需要经过上述认识过程,教学过程也不例外。不过,教学过程有别于一般的认识过程,它有其特殊性:"第一,在教学过程中,学生是在教师的指导下获得知识的。第二,在教学过程中,学生在短时期内,系统地掌握人类在长期历史过程中所积累的已知的真理。第三,在教学过程中一定要巩固学生的知识,训练学生的技能和熟练技巧。第四,在教学过程中不仅具有认识的性质,而且具有教育的性质。"②

以马列主义认识论为基础的教学论研究,在 20 世纪 80 年代逐渐获得教学论研究者的关注。③ 就影响而言,基于认识论的教学研究是我国教学研究的独特贡献。

3. 教学论的结构

在凯洛夫的《教育学》中,教学理论共有五部分。(1)教学过程。包括教学过程的概念,学习是学生自觉与积极地掌握知识的过程,教学原则,鼓励学生热心学业。(2)教育和教学的内容。主要论述了教学大纲内涵与制订原则,教科书的定义、基本要求。(3)学校教学基本组织形式。论述了班级授课制的概念、产生与发展,苏联学校课堂教学的基本原则,课堂教学的环节与过

① 编者注:同样的认识在罗景濂编的《教育学讲义》(上册),华中师范学院出版社 1957 年版,第 162—175 页间有论述;也在北京师范大学教育系教育学教研组编的《教育学讲义》(中册),北京出版社 1957 年版第 8—17 页有说明;此外,陈元晖编著的《教学法原理》一书,也是根据马列主义的认识论和巴甫洛夫的条件反映学说来阐述教学论研究的各个内容。

② 沈阳师范学院教育教研室教育学教研组编:《教育学讲义》,沈阳师范学院出版社 1956 年版,第 91 页。

③ 编者注:1979 年,在第一届全国教育科学规划会议上,于光远做了《教育认识现象的"三体问题"》的讲演,提出既要把教育作为社会现象来研究,也要把教育作为认识现象来研究。1982 年,邹有华在《课程 · 教材 · 教法》第一期发表了题为《教学认识论》的文章。此后,更多的学者参与了基于认识论的教学研究。

程,传授新知识的过程,对课堂教学中学生独立作业的指导,课堂中的考查、复习和总结过程,对每节功课的基本要求和授课的准备,对于学生完成家庭作业的指导工作。(4)教学法。主要包括教师对教学法的选择依据,作为教师讲解知识方法的叙述和学校讲演,作为教学法的谈话、演示、参观,学生阅读书籍的作业、实验室作业和观察、练习、复习的方式。(5)学生知识的测验方法和评定方法。包括测验知识的意义和要求,日常用的测验方法,五级记分法,如何帮助落后学生,年终总结与考查。①

以苏联教学理论为样板,我国的教学理论的基本结构主要包括:(1)关于教学过程的学说。包括教学过程的概念,教学过程的本质以及教学过程也是学生认识活动的过程。(2)教学原则。包括教学原则的概念,主要原则如系统和循序渐进原则、学生自觉地掌握知识的原则、巩固原则、量力性原则和直观性原则。(3)教学内容。包括教学内容的概念,教学计划,教学大纲和教科书,还有学校教学科目的教育教养意义。(4)教学方法。包括教学方法的概念和选择依据,学校常用的教学方法,以及学生学业成绩的考查与评定。(5)教学基本组织形式。包括班级授课制的概念、结构类型、环节与要求,教师的备课和学生家庭作业的检查与辅导建议。② 也有学者将之划分为:(1)教学过程;(2)教学原则;(3)教学内容;(4)教学组织形式;(5)教学方法;(6)学生学业成绩的考查与评定。③

总体而言,我国教学论的结构沿袭了苏联模式,但也有独立的尝试。比如我们将“教学原则”作为与其他内容并列来论述,更体现其在教学研究与教学实践中的重要地位。

4. 教学论的体系

关于教学论的体系,当时中苏教学理论都没有对此进行明确阐述。但是,在凯洛夫的《教育学》以及国内学者的教育学著作中,却都对不同学科教学的教育意义系统描述。因此,当时的教学理论研究包括了普通教学论和学科教

---

① [苏]凯洛夫:《教育学》(上册),沈颖、南致善等译,新华书店 1950 年版,第 53—218 页。

② 罗景濂编:《教育学讲义》(上册),华中师范学院出版社 1957 年版,第 146—302 页。

③ 北京师范大学教育系教育学教研组编:《教育学讲义》中册,北京出版社 1957 年版,第 2—117 页。

学论两个体系。从20世纪50年代开始,我国在学习苏联教学理论的同时,也从苏联引进了大量的学科教学法方面的著作。其中包括卡诺托娃的《小学阅读教学法》、阿达莫维奇的《小学语文讲读》、鲍格大诺娃的《小学地理教学法》、卡尔曹夫的《中小学苏联历史教学法概论》等。同期,国内也出版了相应的学科教学论研究成果,如张东正的《俄语教学法》、蔡宾牟的《中学物理教学法》、于同隗的《语文教学法》等。

对于两者的关系,有研究者认为"一方面分科教学法是建立在普通教育学教学论的基础上,教学论指导分科教学法的研究与发展,分科教学法用教学论的一般原理去揭露本门学科教学过程中的具体规律;另一方面,分科教学法又为教学论的研究和发展提供具体材料,教学论从分科教学法中吸取材料,使其内容更充实更丰富,揭露教学过程的一般规律更为深刻。它们的关系之所以如此紧密,是因为教学论是研究过程的一般规律,而分科教学法,则是研究每一门具体学科的教学过程的具体规律"①。

综上所述,这一时期,我国教学论发展的主要途径是模仿,重点任务是介绍和吸收,相对而言属于自己的思考要少一些。但是,从当时的历史背景和事物发展的客观规律分析,这也在情理之内。而且,我们可以看到,国内很多教学论著述结合我国当时的教学实践,对基于学习苏联教学经验中出现的问题进行了理论分析与求解,从而强化了理论与实践的关系,更有利于对旧教学理论与实践的改造。所以,我们应对学者们就如何"学好"和"用好"苏联教学经验与理论所做出的努力给予充分的肯定。

(二)教学论的基本问题

1. 教学的教育性

在苏联的教育学里,教育、教养和教学是经常被一起讨论的三个概念。凯洛夫在《教育学》(上册)中阐述了三者之间内在的必然联系:教育必须贯彻到全部的教养和教学中去,教育主要是在教养的基础上实现的,教学则是实现教育和教养的基本途径。因此,教学是具有教育性的教学。对于教学的教育性,凯洛夫认为其包含两个层面:第一,教师以严格规定的、系统的知识范围,来教

① 罗景濂编:《教育学讲义》(上册),华中师范学院出版社1957年版,第146页。

给学生,武装青年对自然界与社会现象及其规律新的正确理解;第二,在教学过程中培养学生的共产主义高尚情感和热情,培养他们的意志和理想。总体而言,教学的教育性的意义,体现于教学对个性在智力、道德、意志等方面全面发展的有力促进。

当时,我国有研究者认为,社会主义改造与建设是与广大劳动人民和年轻一代的共产主义教育密不可分,只有广大劳动人民具有新的精神面貌,年轻一代能成为全面发展的人,才能担负这一任务。① 因此,我国学校的教学过程,应该也必须根据社会主义建设的需要,根据党和国家对年轻一代所提出的要求而建立起来。既然,党和政府为教学过程提出了总的目的和要求,要求把我国年轻一代培养成为社会主义的建设者和保卫者,那么,我们的教学过程也应该以系统的科学知识、技能和技巧武装学生,以共产主义的政治思想教育学生,使他们建立社会主义的政治方向和辩证唯物主义世界观的基础,以及共产主义道德品质,并发展学生的认识能力和创造才能。这样,我们的教学才能完成教育的任务。

因此,教学的教育性就是为着培养全面发展的人的目的,“在教学过程中,不但要以科学知识、技能和技巧来武装学生,还应该培养他们的辩证唯物主义世界观、共产主义意识和品行,发展他们的认识能力”②。

2. 教师的主导作用

在苏联的教育和教育学中,非常重视教师在教学中的领导作用。凯洛夫在《教育学》中指出,“教师本身是决定教学的培养效果之最重要的、有决定作用的因素”③,其在教学过程中具有领导作用。

承袭苏联教育理论,我国学者在教学论研究中,也充分强调了教师在教育与教学中的主导作用和领导地位。基于教学的教育性属性,研究者们认为,教学过程受社会主义社会发展的制约,应反映社会主义建设的需要。因此,教师作为党和国家教育年青一代的“受托人”,要依据党和国家对教育教学所提出

---

① 罗景濂编:《教育学讲义》(上册),华中师范学院出版社1957年版,第149页。

② 北京师范大学教育系教育学教研组编:《教育学讲义》(中册),北京出版社1957年版,第6页。

③ [苏]凯洛夫:《教育学》(上册),沈颖、南致善等译,新华书店1950年版,第58页。

的基本要求，有目的、有组织地培养年青一代成为社会主义社会的建设者和保卫者，成为社会主义社会全面发展的成员①。同时，教师还应以知识拥有者身份，负责将知识“给予”或“传递”给学生，“并领导学生掌握和运用这些知识”②。这就决定了教师在教学中应发挥主导作用。

为更好彰显教师的主导作用，在教学活动中，教师应该从共产主义教育的目的出发，根据党和政府的政策认清教育目的与任务，并坚决地去实现这个目的与任务；应以科学性的要求了解全部教材内容；还应关注和依据学生的年龄特征和接受水平进行讲授。③

在理论探讨中，虽然国内研究者沿袭苏联的教育理论，认为教师在教学中起着主导作用，但是他们“并不是忽视学生学习的积极性”④而一味强调教师的主导作用。他们认为，学生的学习是一种充满了思想的劳动，需要学生自己主动地努力地思考钻研，在此过程中，教师能提供知识，启发思维，却不能代替学生的学习。而且，激发学生积极参与学习是教师的工作任务之一，这也更彰显了教师的主导作用。

3. 教学原则问题

教学原则是客观存在的教学过程的规律性反映，也是教师开展教学活动应遵循的指导性原则，它既应反映社会所需培养的人的品质的要求，也应反映给予学生的知识的性质的要求，更应反映如何帮助学生更好地掌握知识、形成观点、发展认识能力的要求。因此，教学原则研究是教学论研究的重点之一。在凯洛夫《教育学》中，教学原则包括直观原则、学生自觉性与积极性原则、巩固性原则、系统性和连贯性原则、通俗性和接受性原则⑤；在叶希波夫的《教育学》中，则有直观性原则、学生的自觉性和积极性原则、教学的系统性原则、可

---

①　罗景濂编：《教育学讲义》（上册），华中师范学院出版社1957年版，第147页。

②　沈阳师范学院教育教研室教育学教研组编：《教育学讲义》，沈阳师范学院出版社1956年版，第87页。

③　北京师范大学教育系教育学教研组编：《教育学讲义》（中册），北京出版社1957年版，第3—4页。

④　沈阳师范学院教育教研室教育学教研组编：《教育学讲义》，沈阳师范学院出版社1956年版，第87页。

⑤　［苏］凯洛夫：《教育学》（上册），沈颖、南致善等译，新华书店1950年版，第76—90页。

接受性原则、巩固性原则等[①]。总体而言，苏联教学理论中的原则是比较一致的，这与苏联教育以马列主义认识论为基础有直接关系。

在学习苏联教学理论的过程中，我国教育学者主要沿袭了苏联教学原则理论[②]，但也有研究者根据我国具体情况提出不同的教学原则。比如，北京师范大学教育系教育学教研室编写的《教育学讲授纲要》中，就增加了“思想性和科学性统一原则”“理论与实践相结合”以及“因材施教”三个原则。在陈元晖主编的《教学法原理》中，教学原则包括：直观性原则、逻辑性原则、实践性原则、通俗性原则、巩固性原则和学习自觉性原则等。其中，逻辑性原则与系统性原则有关，但又有自己的特点，它主要是作为对直观性原则的补充，希望通过逻辑性原则让学生从对事物外部联系的观察，深入到对内在联系的思维，侧重于对学生抽象思维能力的培养；而实践性原则包含两层含义：一是学生只有通过实践才能获得知识；二是学生所获得的知识只有通过实践的考验，并应用于实践，才能成为真正的知识。[③]

对教学原则的重新阐释与发展，是我国教育理论与实践发展的客观需要。一方面，我们在学习苏联教学原则的过程中，出现了认识偏差，对一些教学原则的使用机械化、刻板化。比如，教师在使用直观性原则时，认为将实物搬进教室，直观教具越多越好，以为直观性原则的目的就是引起学生的兴趣，同时忽视了间接的直观。[④] 另一方面，我们在学习和使用苏联教学论的同时，也坚持了实践论中关于理论与实践关系的学说，并将其作为基础和指导性理论加以使用。

4. 教学法的理解与使用

学习苏联教学经验是新中国成立后改造旧的教学制度、方法、内容等的重要途径。但是，由于在实践和理论认识层面存在极大的差距，我们在学习苏联

① ［苏］叶希波夫、冈查洛夫：《教育学》（上册），于卓、王继麟等译，东北教育出版社 1952 年版，第 145—164 页。

② 编者注：曹孚著《小学教育讲座》（1954 年版）中就直接将凯洛夫的教学原则作为介绍和学习对象加以论述。在沈阳师范学院教育教研室教育学教研组编《教育学讲义》（1956 年版）中，稍作改动精练为“直观性原则、自觉性原则、巩固性原则、系统性原则和量力性原则”。

③ 陈元晖：《教学法原理》，湖北人民出版社 1957 年版。

④ 蔡君启：《怎样运用教学原则》，山东人民出版社 1954 年版，第 4—21 页。

教学理论与经验的过程中，对苏联教学方法的认识与使用出现过偏差。对此，有研究者进行了特别的关注。

1953年8月，大众出版社出版的《学习苏联课堂教学》中，提及了作者的一个疑惑："苏联的教学法到底是怎么回事呢？怎么又是两段法又是五段法呢？"经过作者亲自考查后，并在苏联专家的解释下，才明白了前面说的是教学过程，而不是教学法。① 傅统先先生在《教学方法讲话》中，也指出了同样的问题，他强调，"不能把教学方法和教学组织混为一谈"②，"五段教学法"的提法是错误的。曹孚在《小学教育讲座》中也明确"组织教学、检查复习、讲授新课、巩固新课、布置家庭作业"是课堂教学的五个环节，而不是教学方法。

为了澄清认识，研究者们探析了出现偏差的原因，以及如何正确理解苏联的教学方法。对教学法的认识出现偏差的原因，在于部分教师未在明确教学目的和内容的基础上改进教学，而是直接想用什么样的教学方法。这是明显的工具主义思想，缺乏对教学方法的价值审视。因此，研究者指出，学习苏联教学理论与经验，需要先理解领会教学目的和教学内容的精神实质，然后再钻研教学方法，这样才能达到教学目的所包含的意义。具体而言，理解教学方法的需要关注教学方法是否符合社会主义、共产主义的教育目的；是否能够使学生很容易地接受知识、学会本领；是否能够唤起学生的自觉性和积极性；是否能够保证学生掌握系统的知识、技能和熟练的技巧，以及培养学生优秀的道德品质。③

总体而言，在学习苏联教学论的时候，研究者认识到了教学方法必须为教学目的服务，教学方法和教学目的、教学内容是有着内在联系的，单纯地谈论教学方法，必然会使学习苏联经验流于形式。不仅如此，我们在学习苏联教学经验的过程中，还要密切地结合中国的实际情况进行解释和理解，才能更好地使用苏联教学理论指导和改造我们的教学实践。

---

① 王静：《学习苏联课堂教学》，大众出版社1954年版，第3、4页。

② 傅统先：《教学方法讲话》，山东人民出版社1954年版，第2页。

③ 傅统先：《教学方法讲话》，山东人民出版社1954年版，第1—9页。

第二节　曲折蹒跚的独立探索(1957—1965年)

至1956年,我国基本上完成了对生产资料私有制的社会主义改造,这意味着我国社会主义基本制度初步建立。同时,遵循党和国家对各项社会主义事业的总体规划,我国的教育学与教学论逐步开启了独立探索的序幕。

一、独立探索的时代背景

(一)社会背景

1956年9月15日到27日,中国共产党第八次全国代表大会在北京举行。这是中国共产党执政后的第一次全国代表大会,也是我国探索社会主义建设之路的一次标志性事件。此次会议形成了一系列主要成果,具体而言:在经济建设方面,党的八大提出了以经济建设为中心,集中力量发展社会生产力,以实现国家工业化,以逐步解决人民大众对于建立先进工业国的要求同落后农业国的现实之间的矛盾,以及经济文化发展与人民大众需求之间的矛盾;在政治建设领域,党的八大提出党的建设的基本任务就是全面提高全党的马克思列宁主义理论水平,坚持理论联系实际和实事求是的基本原则,将马克思列宁主义的普遍真理与中国革命的具体实践密切相连,反对主观主义、官僚主义和宗派主义;在社会主义法制建设方面,党的八大提出要认真地、有系统地改善国家机关,精简机构,明确各自职责,加强并改进工作作风,加强各级人民代表大会对政府工作的检查、批评和讨论,进一步鼓励和支持人民群众对机关工作人员的监督和批评①;在文化建设方面,党的八大的政治报告还对“百花齐放、百家争鸣”的文化工作方针作了进一步的强调与说明。此外,党的八大在重新认识我国社会主义建设主要矛盾的基础上,提出了社会主义建设的战略目

---

① 中共中央党史研究室编:《中国共产党党史(第二卷)》上册,中共党史出版社2011年版,第398页。

标与基本构想:第一,用三个五年计划的时间初步实现现代工业化;第二,再用几十年的时间接近或赶上世界最发达资本主义国家①。因此,党的八大可视为我国独立探索社会主义建设的转折点,我国由社会主义革命阶段向社会主义建设阶段转向的历史坐标。

1957 年 11 月,中共中央派出以毛泽东为首的代表团,出席在莫斯科举行的十月革命 40 周年庆典和世界各国共产党工人党代表大会。苏联领导人赫鲁晓夫在莫斯科的庆祝大会上宣布,通过和平竞赛,苏联要在今后 15 年内赶上并超过美国。受此影响,毛泽东在 18 日的会议发言中也提出中国 15 年内赶上和超过英国的目标。因此,在"鼓足干劲、力争上游、多快好省地建设社会主义"的总路线的指导下,1958 年整个中国出现了工农业生产和科学文化教育事业各方面的"大跃进"局面。② 但是,由于忽视客观经济规律,片面强调主观能动作用,没有注意到有计划、按比例、综合平衡等原因,总路线指导下的"大跃进"给我国社会主义建设事业造成了严重损失,其结果事与愿违,产生了相反作用。在"大跃进"严重后果影响下,从 1961 年到 1965 年,我国对国民经济进行了以"调整、巩固、充实、提高"为方针的大调整。通过几年的调整,我国国民经济得到迅速恢复和发展,到 1965 年,我国社会主义事业出现了蒸蒸日上、欣欣向荣的景象。

概而言之,这一阶段的十年社会主义建设探索,奠定了我国社会主义物质文明和精神文明建设的初步基础,并为我国的现代化建设打下了初步物质技术基础;培养了一大批经济文化建设的骨干力量;积累了全面建设社会主义的正、反两方面的经验,为今天的现代化建设提供了重要借鉴。因此,在我国社会主义建设历史上,虽然这十年的路途有迂回曲折,但终归还是我们独立探索社会主义建设的十年。

(二)教育背景

进入 20 世纪 50 年代末,随着党对我国经济社会发展规划的调整,教育领域也经历了激变式的发展。

---

① 中共中央党史研究室编:《中国共产党党史(第二卷)》上册,中共党史出版社 2011 年版,第 397 页。

② 河北北京师范学院教育教研室编:《教育学讲义》,河北人民出版社 1959 年版,第 3 页。

1958 年 3 月 24 日,在全国工农业生产“大跃进”,以及我国文教事业建设高潮开始出现的情况下,第四次全国教育行政会议在北京开幕,共有来自全国各省(自治区、直辖市)市教育厅、局和部分中小学代表 119 人参加会议。在会议开幕词中,教育部副部长董纯才指出:这是一次促进教育事业“大跃进”、促进我国“文化革命”早日实现的大会。① 以此拉开了教育事业“大跃进”的序幕。

为贯彻毛主席提出的“培养有社会主义觉悟的有文化的劳动者”的教育方针和“多快好省”的社会主义建设方针,教育“大跃进”主要完成五大任务:②

一是大力开展识字运动,扫除青壮年文盲,同时积极发展工农业余小学和业余中学,进一步提高工农的文化水平和技术水平,并且通过业余教育来培养工人阶级自己的知识分子和红色专家,这是教育建设中贯彻阶级路线的一项重要措施;

二是大力普及小学教育,使新生一代都受到国民基础教育,成为有社会主义觉悟有文化的社会主义建设的劳动后备大军;

三是大办农业中学、工业中学和手工业中学,把新生一代培养成为有社会主义觉悟有文化又有一定生产技能的劳动者,这些举措既满足农民学习文化科学和高小毕业生升学的要求,同时也适应生产技术革新的要求,还要适应提高国家的文化科学水平的要求,发展普通中学;

四是积极发展和改进各级师范学校,培养“又红又专”的工人阶级自己的教师队伍,以适应普通教育大发展的需要,同时还要改造提高现有教师,使他们变成“又红又专”的人民教师,这也是教育建设的根本;

五是改革教育制度、教育内容和教育方法,以适应社会主义建设的需要。

可以说,教育“大跃进”的指导思想和初衷都是好的,但是,在教育失去相对独立性而依附于政治,进行政策阐释的时代,“大跃进”难免产生一些严重的问题。

---

① 《促进全国教育大跃进》,《教育报》1958 年 3 月 25 日。

② 贵阳师范学院教育课教研组编:《教育学学习资料》第二分册,贵阳人民出版社 1958 年版,第 111—112 页。

以高等教育大革命为例，教育“大跃进”的过程和结果难以与初衷相应。

第一，盲目地扩大高等教育数量和规模。全国高校的数量从1957年的229所，激增到1960年的1289所①，其后果是师资与教学设备严重不足，招生质量大幅下降，教学质量急剧降低，国家经济负担超出其承受能力。

第二，正常教学秩序被打乱。1958年，在《关于教育工作的指示》的规定下，所有学校把生产劳动列为正式课程。为贯彻指示精神，全国各地的高校大办工厂、农场，甚至停课参加大炼钢铁活动。这使得师生将大量时间和精力投入到生产实践，导致了教学计划改变，教学时间缩减，教学秩序混乱。同时，在教育为无产阶级政治服务、教育与生产劳动相结合的方针下，教学体系和教学内容发生了明显变化，一些学校还“创新地”开发出了一些有违教育规律的教学模式，使得对学生的基础训练严重不足。② 此外，教育革命过分强调学生的积极性，造成了教师的教与学生的学之间的矛盾，极大地影响了教育教学质量。

1960年，国民经济严重困难，教育大革命在随后的下半年也暴露出了教育事业的发展大大超出国民经济承受能力的问题。为改变这一局面，1960年11月24日至12月12日，中央文教小组在北京召开了全国文教工作会议。会议讨论了在文教战线贯彻执行以农业为基础的方针问题，检查和批判了“共产风、浮夸风、强迫命令风、干部特殊风和瞎指挥风”，集中研究了在教育工作中贯彻执行“调整、巩固、充实、提高”八字方针的问题。会议强调要正确处理文教事业建设和生产发展特别是农业生产发展的关系，以及数量和质量、政治和业务等关系，解决好教育事业发展过快、战线过长、占用劳动力过多的问题。③

1963年3月23日，中共中央批准试行《全日制中学暂行工作条例（草案）》和《全日制小学暂行工作条例（草案）》。《条例》在调查研究的基础上总

---

① 中国教育年鉴编辑部编：《中国教育年鉴1949—1981》，中国大百科全书出版社1984年版，第93页。

② 周姣姣：《二十世纪六十年代中国高等教育的调整》，《红河学院学报》2014年第6期。

③ 中央教育科学研究所编：《中华人民共和国教育大事记（1949—1982）》，教育科学出版社1983年版，第285页。

结了新中国成立以来,特别是1958年“教育革命”以来教育方面正反两方面的经验教训,对于使全国教育工作逐步走向正轨、稳定讲稿教学秩序、改进教学工作、提高教育质量、调动知识分子积极性,发展国家教育事业,起了积极作用。

(三)学科背景

在上一时期,即使在全面学习苏联经验的方针指导下,中国教育界仍然有诸多学者尝试从中国实际出发,探索符合我国具体国情的教育学理论。进入50年代后半期,伴随新中国社会主义建设取得了一系列成果,党和政府综合国内国际形势,对社会主义道路的探索与规划进一步深入,教育研究领域也逐步开始讨论“教育学中国化”等问题,并探索建立中国自己教育学的可能路径。

早在1955年夏,教育部在上海召开高师教育学教学大纲的讨论会,提出“创建和发展新中国的教育学”①。随后两年,在探讨教育学中国化的问题上,出现了更多学者的声音。几年前主张宣传学习苏联教育学的曹孚,此时有了完全不同的观点,他在学术报告《教育学研究中的若干问题》中,对以凯洛夫的《教育学》为代表的苏联教育学提出了质疑,他从教育与社会结构等基本问题入手,阐述教育学研究中的方法论,反对教育理论中的僵化观念,批评把马克思主义教育理论教条化,否定把社会主义教育模式化与孤立化,从而在方法论方面丰富了教育学中国化的理论基础。② 1957年7月30日,《人民教育》刊发了《为繁荣教育科学创造有利条件》一文,发表了我国当时教育界一些教育学者的意见,学者们提出,我国教育科学发展最迫切的是教育学的中国化问题。③ 同年,瞿葆奎在《华东师范大学学报(人文科学版)》第四期上发表《关于教育学“中国化”问题》,就教育学“中国化”的含义和如何使教育学“中国化”等问题进行了探讨。④ 但是,高涨的探索热情并没有得以真正的延续。

---

① 程谪凡:《对教育学教学大纲的意见》,《光明日报》1956年11月26日。

② 郑金洲等:《中国教育学百年》,教育科学出版社2002年版,第139页。

③ 孟宪承等:《为繁荣教育科学创造有利条件　上海南京高等师范院校部分教授对教育科学研究工作的意见》,《人民教育》1957第7期。

④ 张忠华:《教育学中国化百年反思》,《高等教育研究》2006年第6期。

1957年6月开始的反右斗争,最后严重地扩大化了,这场规模大、发展快的政治运动,几乎使教育学中国化的探索戛然而止。

1957年4月15日至24日,中共中央在北京召开教育工作会议,讨论了我国的教育方针,批评了教育部门的教条主义、右倾保守思想和教育脱离生产劳动、脱离实际,并在一定程度上忽视政治、忽视党的领导的错误。① 因此,会议主张中国要有自己的教育学。6月10日至28日,会议继续进行。会议传达了刘少奇6月8日、20日的关于教育工作的指示,主要内容是:一、我们的教育,解放前是新民主主义教育,现在它的内容是社会主义、共产主义。我们的大、中、小学都是共产主义的学校。二、我们要用阶级观点、群众观点、劳动观点(生产观点)、唯物观点和辩证观点、集体观点教育学生。三、全日制、半工半读两种教育制度,都是正规制。四、乡村普及小学,大中城市普及初中,初中毕业后进工厂半工半读。实现这样要求,教育可以大大跃进,大大超过计划。五、过去教育分三段:1949—1953年,比较好,学习苏联结合中国,并以此与资产阶级作斗争;1954—1955年,无产阶级教条主义很严重,照搬苏联的经验;1956年,搬资产阶级教条。过去成绩是主要的,缺点是严重的,在一个时期内有方针性的错误。六、政治教育很重要。资产阶级对教育影响不小。贯彻教育与劳动结合还要想很多办法,现在教育还没有走出来。七、要研究体制问题。②

会议讨论的结论,经过8月中央北戴河会议研究同意,形成了《关于教育工作的指示》。《指示》规定,党的教育工作方针,是教育为无产阶级的政治服务,教育与生产劳动相结合。并强调教育是改造旧社会和建设新社会的“强有力的工具之一”,为消灭一切剥削阶级和一切剥削制度的残余服务,为建设消灭城市与乡村的差别和消灭脑力劳动与体力劳动的差别的共产主义社会服务。《指示》还规定:在一切学校中,必须把生产劳动列为正式课程,今后的方向,是学校办工厂和农场,工厂和农业合作社办学校。

---

① 中央教育科学研究所编:《中华人民共和国教育大事记(1949—1982)》,教育科学出版社1983年版,第221页。

② 孟宪承等:《为繁荣教育科学创造有利条件 上海南京高等师范院校部分教授对教育科学研究工作的意见》,《人民教育》1957年第7期。

会后,陆定一根据教育工作会议的结论,写了《教育必须与生产劳动相结合》的文章,于8月16日发表在《红旗》杂志。

同时,这一时期,国内又出现了对凯洛夫《教育学》的批判声音,认为它不要教育与生产劳动相结合,不要教育为无产阶级政治服务,不要共产党的领导,也批判它的书本中心、课堂中心和教师中心。① 明显,这样的批判带有浓重的政治意味。虽然,这证明了教育实践与教育研究必须为社会主义建设服务,应同社会需求相应,但是,这也抹杀了教育实践与教育学研究的独立、科学的属性,而逐渐走向对政治解释与响应的边缘。

1958年,北京师范大学编的《教育学教学大纲》(修订稿)在肯定新中国成立后学习苏联教育学所取得的成就的同时,也批判了“过去教育学的教学,不是从毛主席的教育思想出发,不是从党的教育方针政策出发,不是从我国的教育实际出发”,“而是从苏联的教育学出发,引用党的教育方针政策和我国的实际经验来说明苏联教育学中的某些原理原则。这样,便使教育学的教学,严重地脱离我国的教育实际,形成了教育学教学中严重的教条主义”。② 从50年代全面学习苏联的过程来分析,当时的批判是具有合理性的,而且早年就有研究者对此提出了自己的看法,只是孤掌难鸣没了回应。同时,此时的研究者的愿望也是好的,他们认为教育学必须作彻底的改革,以适应我国的政治经济和文化革命、技术革命的要求,并需在最短时期内建立起我国的教育学。

在“鼓足干劲,力争上游,多快好省地建设社会主义”总路线的指导下,研究者们认为对旧的教育学的改革和新教育学的建立,必须以毛主席的教育思想为纲,在毛主席的教育思想和党的教育方针政策的指导下,系统地总结老解放区和全国新中国成立后,特别是教育大改革和“大跃进”的中的宝贵经验,这是“创建中国教育学的根本关键”。因此,教育学的任务,就是以毛主席的教育思想和党的教育方针政策武装学生,在于使学生学习和掌握教育的理论知识和技能、技巧,在于培养学生全心全意为人民教育事业服务的专业思想,

---

① 郑金洲等:《中国教育学百年》,教育科学出版社2002年版,第140页。

② 北京师范大学编:《教育学教学大纲》(修订稿),北京师范大学出版社1958年版,第1页。

以便有效地完成党和国家所赋予的教育工作任务。① 在这股思潮中，教育学俨然成为一门有高度党性的社会科学，成为阶级斗争的工具，逐步走上了方针政策学、方针政策诠释学的道路，这就与建立我国教育学的学术理想多少有些出入了。

这一时期，产生了诸多教育学著作。包括，由华东师大、上海师院、上海市教育局、共青团上海市委和上海教育学会等组成的上海教育学编写组编写的《教育学（初稿）》（1960年），贵阳师范学院教育课教研组编的《教育学学习资料》（共5册，贵州人民出版社1958年），北京师范大学教育系教育学教研组编的《教育学参考资料（第一部分关于教育方针）》《教育学参考资料（第二部分关于教育与生产劳动相结合）》（北京师范大学出版社1958年），河北北京师院教育教研室编的《教育学讲义》（河北人民出版社1959年），南京师院教育系编的《教育学》（江苏人民出版社1959年），华东师大教育学教研组、上海师院教育学教研室《教育学讲义》（上、下册，1959年），上海师范学校教育学教材编写组编《教育学讲义（试用稿）》（上、下册，1959年），华南师院教育系教育学教研组编《教育学讲义》（1959年），吉林师范大学教育系教育学教研室编《教育学参考资料》（上、下册）（吉林师范大学出版部1960年），等等。这些著作在很大程度上都受"教育大革命"思潮的影响，采用了相似的观点和理论。

1961年，党和政府总结"大跃进"中出现的问题，对我国国民经济进行了"调整、巩固、充实、提高"为方针的大调整，这遏制了教育领域"左"倾思想的蔓延，教育学中国化建设看到了走上正轨的希望。其中，1961年4月11日至25日，中共中央宣传部会同教育部、文化部在北京召开全国高等学校文科和艺术院校教材编选计划会议。会议结束时，中共中央宣传部部长陆定一讲话强调："不但在自然科学里边不要随便去贴标签，说这个是社会主义，那个是资本主义，这个是资产阶级，那个是无产阶级，而且我看在社会科学里边也不能随便贴标签。"②他认为，贴标签，简单粗暴，不但无益，而且有害。

---

① 北京师范大学编：《教育学教学大纲》（修订稿），北京师范大学出版社1958年版，第4页。

② 中央教育科学研究所编：《中华人民共和国教育大事记（1949—1982）》，教育科学出版社1983年版，第291页。

此次会议后，刘佛年受托主编了一本《教育学》，历时三年修改完善，于1964 年印刷试用。对于这本《教育学》，人们自有议论，有认为它以提高理论水平和“古今中外法”的方法论原则，力求从“政策汇编”与“工作手册”式的教育学模式下解脱出来。也有人认为，虽然它曾以努力探讨教育规律为己任，并在联系我国当时实际上迈出一步，但毕竟不可避免地留下了“以阶级斗争为纲”的一些时代痕迹。①

这一时期的教育学著作还有，北京师范大学教育学教研室编的《教育学讲授纲要（初稿）》（1961 年），江西教育出版社 1962 年版的《师范学校教育学讲义》，福建教育出版社 1962 年版的《教育学讲义》（试用本），华中师范学院教育系教育学教研组编的《教育学》（1962、1963 年），吉林师范大学教育系教育学教研室编《共同课教育学》（吉林师范大学出版部 1963 年），等等。

二、独立探索的主要议题

在这一时期，教学论仍然是以组成部分的身份，出现在各种教育学著作中，是教育学理论体系的一个重点领域。

（一）教学论的元研究

1. 教学论的研究对象

这一时期，教育学研究者们对教学论研究对象的讨论，没有上一阶段明显。但分析来看，有研究者认为，“从实践中概括出来的教学理论是学校教学所使用的一般性的规律、原则和方法”②。因此，研究者们仍然是以教学的规律为研究对象。此外，也有研究者提到，教学理论不仅阐明了教学规律，同时也研究教学当中的教育问题。这点变化看似不起眼，却也蕴含了更深层的意义：我国教学实践才是探索中国化教学论的立足点。在学习苏联时期，我国教学论研究主要以演绎的方式，对马列主义和苏联教学论进行阐释。在实践中，虽有对教学实践具体问题的关照，但也只是个别行为，并未将“教学中的教育问题”明确作为教学论研究的对象。提出这个观点，符合我国教学论独立探

① 郑金洲等：《中国教育学百年》，教育科学出版社 2002 年版，第 144 页。

② 华南师范学院教育系教育学教研组编：《教育学讲授提纲》，华南师范学院 1963 年版，第 19 页。

索的愿景,也是对马列主义基本原理在我国教学研究领域的具体运用。

2. 教学论的任务

对于教学论的任务,研究者主要立足于我国教育学的任务,通过理论演绎而来,这与当时我国教育学的独立探索是一脉相承的。具体而言,在研究者看来,中国教育学的任务包括:(1)研究马克思列宁主义教育理论、毛泽东同志的教育思想和中国共产党的教育方针政策,并以此武装我国教育工作者,使他们懂得我国的教育工作方针与教育目的的精神实质,明确我国教育事业必须由党来领导,必须贯彻群众路线,必须使教育为无产阶级的政治服务,必须使教育与生产劳动相结合,总之,明确教育工作方向。(2)研究和总结我国多快好省地发展社会主义教育事业的规律性和经验。(3)指导学生学习和掌握教育学的基本知识、技能和技巧。① 总之,中国教育学的任务,主旨是研究怎样更好地贯彻党的教育方针②。因此,研究者从教育与社会政治的关系,以及教育与教学的关系出发,认为"科学的教学论是为实现共产主义教育目的服务的"③。

3. 教学论的理论基础

这一时期,我国教学论独立探索的一个关键行为,是对教学理论基础的选择与讨论。虽然,多数研究者仍然认为教学论的理论基础是马列主义④,但也有研究者在关注马列主义的基础上,将毛泽东思想和党的教育方针作为中国教学论的理论性基础。部分研究者认为,毛泽东同志的革命理论是马列主义的普遍真理与中国革命实践相结合的典范,是马列主义的教育理论同中国教育实践相结合的典范。⑤ 毛主席在《实践论》中指出了"从感性认识而能动地发展到理性认识,又从理性认识而能动地指导革命实践,改造主观世界和客观

---

① 广东师范学院教育学教研组编:《中国教育学讲义》,广东师范学院1959年版,第12页。

② 南京师范学院《教育学》编写组编:《教育学》,江苏人民出版社1959年版,第6页。

③ 华南师范学院教育系教育学教研组编:《教育学讲授提纲》,华南师范学院1963年版,第19页。

④ 参见华东师范大学教育学教研组、上海师范学院教育学教研组编:《教育学讲义》上册,华东师范大学教材出版供应所1959年版,第32—33页;南京师范学院《教育学》编写组编:《教育学》,江苏人民出版社1959年版,第8页。

⑤ 广东师范学院教育学教研组编:《中国教育学讲义》,广东师范学院1959年版,第5—6页。

世界。实践、认识、再实践、再认识,……这就是辩证唯物论的全部认识论……”,真正地揭示了人类认识客观世界的过程的规律,也成为组织教学过程的指导原理[①],掌握毛主席的哲学思想,即实践论和矛盾论的原理,也是掌握马列主义其他原理的基础。虽然,这一时期也有研究者表示,自己的教学理论是“以毛泽东教育思想为唯一指导思想,以党的教育方针为红线,从理论上和实际上阐述了毛泽东教育思想和党的教育方针政策”[②],但是,从毛泽东思想同马列主义的内在联系分析,其对教学论理论基础的探讨并未完全隔断与马列主义的联系,而是希望用中国化的马列主义哲学理论来指导中国化的教学理论。

4. 教学论的结构

总体而言,我国在探索建立自己的教育与教学理论时,仍然保留了明显的苏联痕迹。就这一时期教学论的结构而言,一般还是包括“教学过程”“教学原则”“教学内容”“教学方法”和“教学的组织形式”[③]等主要部分。但是,也有个别研究者增加了“教学研究工作”[④]一节,这在之前的研究中没有出现过,它从一个侧面反映出教学研究者对自身工作的元认知的萌发。此外,前面没有出现过的对课程的讨论也在这一时期显现。在刘佛年所编写的《教育学》中,专门有一章关于“课程与教材”,对课程的设置与教材的选择、各门课程的目的与任务、课程的安排等进行了说明。[⑤] 这点变化为我国以苏联模式为主的“大教学论”研究走向课程论与教学论研究奠定了基础。

(二)教学论的基本问题

1. 教学的任务

在“教育大革命”时期,对于教学任务的讨论,基本观点是:教学是贯彻毛

---

① 华南师范学院教育系教育学教研组编:《教育学讲授提纲》,华南师范学院1963年版,第21页。

② 刘佛年主编:《教育学》,人民教育出版社1964年版。

③ 华东师范大学教育学教研组、上海师范学院教育学教研组编:《教育学讲义》上册,华东师范大学教材出版供应所1959年版,第147—287页;华中师范学院教育系教育学教研室编:《教育学》,华中师范学院教务处出版科1962年版,第131—219页。

④ 华南师范学院教育系教育学教研组编:《教育学讲授提纲》,华南师范学院1963年版,第43页。

⑤ 刘佛年主编:《教育学》,人民教育出版社1964年版。

主席提出的教育方针，培养有社会主义觉悟、有文化的劳动者的重要途径，是以阶级斗争和生产斗争的基本知识和技能武装学生，并注意贯彻社会主义政治思想教育，以培养学生成为有社会主义觉悟的劳动者。这里有明显“以阶级斗争为纲”的印记，缺少对教育自身的关照。

而在经过“八字方针”的大调整后，研究者们更理性地审视了教学的基本任务，他们认为，教学是实现教育目的的重要途径之一，其任务由教育目的所决定。基于我国学校教育培养有社会主义觉悟有文化的劳动者的目的，教学必须担负起德育、智育、体育几方面的任务。具体而言：第一，教学应以系统的、比较完全的和比较广博的知识武装学生，形成其运用知识的技能和技巧，发展学生的智力等；第二，培养学生辩证唯物主义的世界观和共产主义道德品质；第三，促进学生身体的正常发育，增强学生的体质。①

2. 教学的性质

对于教学的性质，研究者多数认为其具有阶级性。例如，在教学内容方面，研究者认为，“教学内容总是从属于一定阶级的政治原则的”②，无论是社会学科，还是自然学科，当它们作为一种教育的手段被规定在教学计划之中时，就不可避免地要服从于一定的政治目的，反映一定的阶级要求。在阶级社会里，教学内容不曾也不可能是某种超越阶级利益的单纯的知识、技能和技巧的体系。再如，在教学原则方面，研究者们以阶级分析的手段，分析了一系列资产阶级教学原则倡导者的身份、所处的时代背景、代表的阶级利益，总结出“教学原则是有阶级性的”③。而在我国，教学的性质体现在贯彻党的教育方针，落实党的教育目的，发展学生的认识能力，培养学生辩证唯物主义的世界观。因此，我国的教学应兼具党性和阶级性。

3. 学校的教研工作

学校教研制度是学习苏联教育经验时期的舶来品，在上一时期的教学论

① 吉林师范大学教育系教育学教研室编：《共同课教育学》，吉林师范大学出版社 1963 年版，第 94 页。

② 华中师范学院教育系教育学教研室编：《教育学》，华中师范学院教务处出版科 1962 年版，第 134 页。

③ 戴景曦：《教学原则的阶级性及其体系的构成》，《福建师范学院学报》1962 年第 1 期。

研究中，并未将教研制度作为教学论的议题进行探讨。进入独立探索阶段后，有研究者将其作为教学理论的一个组成部分加以讨论。研究者的探讨维度包括：

在教研工作的意义方面，教研工作是提高教师业务水平和教育理论水平的重要环节，是教师在个人与集体相结合下进行教学与科学研究的机构，是与资产阶级学校教学上的个人主义有着根本分歧的特征；

在教研工作的基本任务方面，教研工作是组织教师以多种方式研究党的教育方针，有系统地提高教师的思想水平和业余水平，以达到提高教学质量的目的；

在教研工作的内容方面，教研工作包括教师学期开始前的备课，以形成教学课时计划，还包括结合教学与教育实际进行的科学研究，编写教学参考资料等；

在教研工作的形式方面，学校教学研究工作可以是教师个人行为，也可以是集体行为；

在教研成果展示方面，教研成果应在教研组或全校性的教育或教学会议上报告讨论。①

4. 教师的作用与任务

这一时期，在我国教育学界对教学理论的讨论中，教师的作用和任务是一个重要议题。具体而言，研究者们从党对教育的高度领导出发，认为教师是在党的领导下，贯彻党的教育方针的专业教育工作者，教师应遵照党的方针政策，按照共产主义方向性来组织教学工作，他们在教学工作中发挥怎样的作用，都是服从于党的教育工作方针的。② 因此，研究者们进而认为，在党的领导下，教师的主要任务是教，学生的主要任务是学，只有在党的领导下积极贯彻党的教育方针，执行国家的教学计划和教学大纲，启发学生自觉地学习，学生才能学到知识，在教学过程中教师的教对学生的学所发生的这

---

① 华南师范学院教育系教育学教研组编：《教育学讲授提纲》，华南师范学院1963年版，第44—46页。

② 华东师范大学教育学教研组、上海师范学院教育学教研组编：《教育学讲义》上册，华东师范大学教材出版供应所1959年版，第150—151页。

种专业职能的作用，就教与学的关系来说就是主导作用。① 特别地，教师的主导作用，集中体现在培养全面发展新人的过程中。这要求教师以共产主义的思想教育学生，以社会主义革命和社会主义建设所需要的知识、技能，以及世界上最新的科学成就来武装学生，发展他们的认识能力和各方面的才能。②

5. 教学原则的基本问题

1958 年开始的“教育大革命”，推动了教育战线的“大跃进”。特别地，陆定一在《教学必须改革》一文中对资产阶级量力性原则的批判，激发了学界对教学原则诸多基本问题的讨论。

第一，教学原则的依据及其制约范围。对于教学原则提出的依据，研究者们的观点主要包括：教学原则应当符合教育目的，反映教学过程的规律；教学原则的制定，必须符合学生的认知规律及心理特点。③ 在这里，我们可以发现一个明显的变化，研究者开始将心理学的理论引入对教学原则合法性的讨论，这是具有开创意义的。对于教学原则的制约范围，有人认为教学原则只对课堂教学的组织起制约作用；有人则认为教学原则是教学论的原则，对教学内容和教学方法都起着直接的指导作用；也有人认为，教学原则制约着整个教育工作，包括教育制度等。④ 可以发现，研究者对教学原则的制约范围的认识存在较大的差异，这可能是由研究者对“教育”与“教学”内涵理解不同造成的。

第二，教学原则的性质。对于教学原则性质的讨论，主要集中在教学原则的主客观性与阶级性两个维度。首先，关于教学原则主客观性的讨论，有人认为教学原则反映教学过程的特殊规律，它本身就是一种规律，是客观存在的；有人认同教学原则反映教学过程的特殊规律，但认为教学原则是广大教师和

---

① 河北北京师范学院教育教研室编：《教育学讲义》，河北人民出版社 1959 年版，第 144 页。

② 河北北京师范学院教育教研室编：《教育学讲义》，河北人民出版社 1959 年版，第 128—129 页。

③ 司徒汉贤：《教学原则的心理依据》，《华南师范学院学报（社会科学版）》1958 年第 2 期。

④ 徐家杰：《对教学原则若干争论问题的看法》，《武汉体育学院学报》1962 年第 1 期。

教育工作者总结出来的,是主观的;也有人认为教学原则既反映了教学过程的规律,又符合一定的教育目的,是主客观的统一。其次,教学原则阶级性是当时一个热议的论题。对此,有三种不同观点:有人认为教学原则具有阶级性,理由是教育学的有阶级性的社会科学;有人认为教学原则是没有阶级性的,资产阶级的教学原则,社会主义也可以用,不同的是理解、掌握和运用教学原则的人不同而已;也有人认为教学原则有无阶级性,应具体问题具体分析,不能一概而论。①

第三,教学原则体系问题。1960 年教学改革批判了资产阶级量力性原则以后,对原有教学原则持怀疑态度的研究者,提出了诸如“知识归类”“突出本质原则”“循序渐进与跃进性相结合原则”“巩固与提高相结合的原则”②,等等。经过一段时间的争论,学界对教学原则体系的认识趋于统一,大致包括:(1)在党的领导下共产主义方向性原则;(2)马列主义的科学性和系统性原则;(3)理论和实践相结合原则;(4)教学直观性原则;(5)巩固地掌握知识技能、技巧的原则;(6)考虑学生年龄特征和教学的可接受性原则;(7)统一要求与因材施教原则;(8)教师主导作用和调动学生积极性相结合的教学相长原则。③ 但是,对于“量力性”“精讲多练”“少而精”等能否列入教学原则行列,还存在争论。

对于量力性原则,有观点认为其是一定客观规律的反映,应列入教学原则,另有观点认为其是资产阶级教育学的东西,是建立在唯心主义形而上学的基础上,为资产阶级服务的,列出量力性原则就容易混淆资产阶级教育学与无产阶级教育学的区别。④ 产生这种分歧的原因,可能是研究者们对陆定一在《教学必须改革》中对量力性原则进行批判的断章取义。在《教学必须改革》中,陆定一并未对量力性原则全盘否定,而是指出了其减轻学生负担和因材施教等方面的优点,而争论中的学者们则主要关注了量力性原则“不把学生当

---

① 《华南师院讨论教学原则的阶级性问题》,《人民教育》1961 年第 8 期。

② 徐家杰:《对教学原则若干争论问题的看法》,《武汉体育学院学报》1962 年第 1 期。

③ 戴景曦:《教学原则的阶级性及其体系的构成》,《福建师范学院学报》1962 年第 1 期。

④ 《上海等地讨论“量力性原则”》,《人民教育》1961 年第 8 期。

作有自觉性、主动性的人看待”“把劳动者的子弟当作劣等儿童看待”①等观点,这实质是一种误解。

“精讲多练”是在1958年的教育革命中提出来的,从实际教学效果来看,“精讲多练”可以有效地提高教学质量。② 但是,就其能否成为教学原则,有不同的观点:一种观点认为,这是教育革命中解决实际问题,提高教学质量的产物,应该列为教学原则;另一种观点认为,精讲多练是一种教学方法,而非教学原则;还有一种观点认为,这是贯彻教学原则的原则,不是教学的原则。③

对于“少而精”的原则地位,有研究者认为,其不仅能够减轻学生学习负担,发挥学生学习主动性,集中力量把基本理论、基本知识和基本技能切切实实地学到手,培养学生独立思考独立工作能力和实事求是踏踏实实的学习态度;而且有利于对学生进行思想政治教育、劳动教育,使学生劳逸结合。所以,“少而精”教学原则是社会主义学校中,教师的教学实践不可违反的准则。④也有研究者认为,“少而精”并不能制约教学方法。例如,在一堂课中,为了顺利完成教学任务,教师要采用多种教学方法,特别是低年级儿童,“少”就行不通。不仅如此,“少而精”作为教学原则,还缺乏理论依据。⑤ 但是,从这一时期教育教学实践来分析,教师更倾向于把“少而精”作为一项教学原则来指导自己的实践。⑥

这一时期,对教学原则的研究还涉及了“理论联系实际原则”⑦与对我国古代教学原则的探讨。⑧

---

① 陆定一:《教学必须改革》,《人民教育》1960年第4期。

② 姜乐仁:《关于小学算术教学中的精讲多练问题》,《科学研究论文集》1963年第3期。

③ 徐家杰:《对教学原则若干争论问题的看法》,《武汉体育学院学报》1962年第1期。

④ 潘懋元、王增炳:《少而精教学原则初探》,《厦门大学学报(社会科学版)》1964年第2期。

⑤ 陆定一:《教学必须改革》,《人民教育》1960年第4期。

⑥ 参见《贯彻少而精,改进教学方法,调动学生学习的主动性》《学习毛泽东思想在教学中贯彻少而精的原则》《漫谈少而精的教学原则》等同期文章。

⑦ 许宗实:《理论联系实际是教学的根本性原则》,《人民教育》1961年第7期。

⑧ 章陆:《试论我国古代儒家的教学原则思想》,《浙江师范学院学报》1963年第1期。

第三节　教学论曲折发展的特征与影响

从新中国成立后全面学习苏联到1966年以前的独立探索,新中国教学论的诞生与发展走过了一段曲折的路程。在特殊的时代背景下,初创期的中国教学论研究具有自己鲜明的特点,以及对我国教学理论与实践的重要影响。

一、教学论研究的特征

(一)意识形态主导价值取向

新中国成立后,我们全面学习苏联的教学理论与经验,其主要的原因是我国和苏联在意识形态上都奉行马列主义和社会主义。这就决定了新中国建立初期,我国教学论研究的价值取向深受意识形态的影响。从全面学习苏联时期以教学培养学生“辩证唯物主义世界观、共产主义意识和品行”①,到独立探索时期教学论为实现共产主义教育目的服务②,我国教学论研究都紧密地与党和国家的政治要求保持一致,在一定程度上扮演了政策诠释者的角色。在新中国教学论初创的背景下,这有其合理性。第一,能快速实现新中国教学论从无到有的转变,并根据时代需要确定教学论研究重心。第二,能积极发挥教学论在新中国教育改造中的作用,并以积极培养社会主义建设者的方式服务于新中国建设。尽管如此,意识形态主导下的教学论研究也有其不可回避的弊端。首先,过度强调意识形态限制了教学论的发展趋势。这一时期,我国教学论发展明显依附于意识形态,是以迎合政治要求的态度蹒跚前进,因此,虽然研究者们尝试建立中国化的教学论,但是一直未能取得突破性的成就。其次,过度强调意识形态削弱了教学论的科学性。这一时期,人们主要从马列主义认识论的视角看待教学论的科学性,并以阶级分析法对立了社会主义与资

---

① 北京师范大学教育系教育学教研组编:《教育学讲义》中册,北京出版社1957年版,第6页。

② 华南师范学院教育系教育学教研组编:《教育学讲授提纲》,华南师范学院1963年版,第19页。

本主义教学论,否定了既往资本主义教学论中的一切成果,这既不是实事求是的态度,更不是科学的态度。

（二）理论演绎与经验总结并行

新中国成立后,我国系统地引进了苏联成熟的教学理论与实践模式,这对改造旧的教学实践与理论起到了关键作用,同时,这也决定了当时教学论研究偏重理论演绎与经验总结的基本特征。在全面学习苏联阶段,我国教学论研究以苏联教育学和教学论为基础,从马列主义认识论出发,确立了新中国教学论的雏形;在独立探索阶段,我国教学论研究又主要立足于毛泽东思想,构建中国化的教学论。因此,在这一时期,理论演绎成为我国教学论研究的主要方式。不过,在探索教学论中国化的过程中,学者们也并非完全沉溺于理论演绎,仍有众多研究者坚持了理论联系实际的基本原则,从我国的教学实际出发,运用理论、检验理论,总结经验。其中包括众多一线教师基于自己教学实践的反思与总结。从当时的背景分析,教学论研究中理论演绎与经验总结并行是由一些客观因素决定的。首先,新中国教学论的产生是我国自上而下全面改造旧社会的一部分。这就决定了新中国教学论的产生与发展,不仅不能脱离社会主义制度,而且还要受其指导思想的制约。其次,新中国教学论的发展不能脱离我国教育实际。无论是学习苏联教学理论与实践模式,还是探索教学论中国化,其目的都是改造旧的教学建立新的教学。因此,这一时期教学论研究的基本原则之一就是立足于我国教育教学实践,理论联系实际。但是,在全面否定新中国成立前不同教学论研究范式的情形下,以及我国教学论研究的方式又囿于理论思辨,经验总结便成为一个主要的研究手段。

（三）多元主体参与

新中国对旧教育的改造是一项全民参与的社会历史活动,其性质决定了不同的主体都必然包括其中。教学论领域亦如是。在意识形态的影响下,新中国教学论的初创与发展不是由教育学者所倡导,而是由政策决策者所决定,他们因而也直接参与了对旧教学论的改造和对新教学论的引进。比如,新中国成立初期的1949年到1951年,时任东北人民政府教育部副部长的董纯才直接领导了关于苏联教育教学理论书籍的翻译出版。1961年,时任中共中央宣传部副部长周扬对刘佛年主编的《教育学》提出修改意见。这是我国政策决策者对教育学包括教学论研究的直接关注。在建立中国教学论的艰难岁月里,自然包含了众多教育学理论工作者的智慧与心血,这里自不待言。同期,参与教学论中国化的一个重要群体就是广大的一线教育工作者,他们以满腔的革命热忱,全情地投入新中国对旧教学的改造。在实践中,他们的疑惑、尝试都成为新中国教学论建立的重要经验基础。同时,如《人民教育》等新中国建立后创办的期刊,也为教学理论的传播、教学经验的交流提供了重要平台,使多元主体参与新中国教学论建设成为可能。

二、教学论研究的影响

(一)形成了我国教学论的基本框架

由于全面学习苏联的总方针,我国对苏联教学论进行了系统的介绍与引入。同时,经过30多年的发展,苏联教学论已经形成了完备的理论体系,因此,新中国教学论是站在较高的起点上开始走向独立,这就决定了我国教学论在初创期就具有了较为完整的体系架构。虽然,在20世纪60年代初期,我国教育学研究者结合政治社会具体情况,提出并探索了教学论中国化的路径,但这也没有能突破苏联教学论为我们所设定的理论架构。在改革开放后,我国教学论发展迎来了春天,研究者们开始思考与探索教学论学科化问题,并相继出版了多个版本的教学论著作。然而,我们从中仍然清晰可见60年代教学论的身影,教学过程、教学原则、教学方法、教学组织形式、课业的评价、教师的主导作用等仍是研究者们所热议的话题。由此可见,这一时期教学论研究对我国教学论发展的影响是深远的,也是深刻的。

(二)奠定了我国教学论的理论基础

马克思主义教学理论从产生以来,经过苏联20年代的教学改革和30年代的调整,在总结苏联学校广大教师教学实践经验的基础上,得到了极大的发展。以凯洛夫为代表的苏联教育学家,在形成社会主义教育教学理论的过程中,明确地提出以辩证唯物主义认识论作为自己教育教学理论的基础,进而阐述了教学过程是一种特殊的认识过程,它遵循列宁所指出的“实践—认识—实践”的普遍路线,但同时它与科学的认识过程又是不完全相同的。在引入苏联教学理论后,我国学者对此也持同样的观点。虽然,在教学论中国化的过程中，我们曾坚持尝试以毛泽东思想来为教学理论奠基，但是，这本质上并没有脱离辩证唯物主义认识论的范畴。因此，从一开始，我国教学论研究的理论基础就已被设定。

这种影响也未因“中国化”和“十年动乱”而中断。改革开放后，1979年，在我国第一次全国教育科学规划会议上，于光远发表了《教育认识现象中的“三体问题”》的演说，以此提出了教育认识现象中的“三体问题”，即教育者、受教育者和环境三者在认识论上的关系。这将一般认识论中研究的是认识主体和认识客体之间的“二体”关系，转换到特殊的教育认识现象中进一步研究环境而构成的“三体”关系，也是对很长一段时间由于用一般认识论取代了教育这种特殊认识过程，而导致教育遭受损失的错误做法的尝试纠正。① 此后，学者们以辩证唯物主义认识论为基础，相继发表了一些成果。特别地，王策三先生在《教学论稿》中论述教学过程本质问题时，得出结论：“教学过程确实是一种特殊的认识过程。其任务、内容和整个活动，都是认识世界或对世界的反映。”②同时，他也强调，“为了获得这一结论，曾经经历了很长的岁月，可谓来之不易；而要坚持这个结论，把它贯彻到底，更不容易”③。在后续的教学论研究中，以辩证唯物主义认识论为基础，我国学者相继讨论了教学本质、教学主体、教学客体等主题，丰富了我们对教学的认识，以及积累了大量的成果。

（三）确立了我国学校基本教学制度

在苏联教学论中，教学内容一般包含“教学计划”“教学大纲”和“教科书”，三者紧密联系，是学校安排整个教育工作，以及教师进行教学工作的依据。具体而言，教学计划是由国家规定的有关教学内容的法定文件，它体现了学校培养的目的和任务，因此它是学校教育工作的基本纲领；教学大纲是根据教学计划的要求，以纲要的形式，规定有关学科教学内容的体系和范围的文件，它同样由国家颁布发行，是教学计划的具体化；教科书则是教学大纲的具体化，它需要符合教学大纲的基本原则，在编制和叙述方式上体现教学大纲的基本要求。在新中国成立初期，我国引入苏联教学论的同时，也开始仿效苏联

① 于光远：《教育认识现象学中的“三体问题”》，《中国社会科学》1980年第3期。
② 王策三：《教学论稿》，人民教育出版社2005年版，第128页。
③ 王策三：《教学论稿》，人民教育出版社2005年版，第109页。

建立苏联模式的学校教学制度。从 1951 年开始,以《人民教育》为代表的国内期刊连续刊载译文,介绍苏联的学校教学计划、教学大纲和教科书。经过从 1949 年到 1956 年全面学习苏联教育教学经验,我国中小学已经开始“实行统一的教学计划、统一的教学大纲、统一的教材”①,基本的教学制度得以确立。在改革开放后,虽然学者们以自己的理解开始重新讨论“课程”“教学计划”“教学大纲”“教科书”等的内涵,但是,这一时期所确立的学校基本教学制度从根本上仍得以延续。此外,这一时期学习苏联而形成的学校教研制度,也一直延续至今。

① 顾明远:《论苏联教育理论对中国教育的影响》,《北京师范大学学报(社会科学版)》2004 年第 1 期。

第二章　教学论在曲折中前行（1966—1976年）

从1966年5月开始至1976年10月结束的“文化大革命”，使党、国家和人民遭到新中国成立以来严重的挫折和损失。1981年，中共十一届六中全会一致通过的《关于新中国成立以来党的若干历史问题的决议》指出：“历史已经判明，‘文化大革命’是一场由领导者错误发动，被反革命集团利用，给党、国家和各族人民带来严重灾难的内乱。”[①]在“文化大革命”的十年动乱时期，教育是“重灾区”，教育事业遭受到破坏，教育教学理论和实践也陷入了混乱。这一时期，受“左”倾教育思潮影响，我国教学论在曲折中前行。

第一节　教学论在曲折中前行的时代背景

实践证明，“文化大革命”并不是革命或社会进步。这场“大革命”之所以冠以“文化”二字，是因为它是由文化教育领域的“批判”开始的。[②] 由于毛泽东对社会阶级矛盾的错误判断，加之当时的时代背景，使得文化教育事业在极左思想下运行，导致教育领域成为“文化大革命”的“重灾区”，我国的教学论也在多重背景下曲折前行。

---

① 中共中央文献室：《〈关于新中国成立以来党的若干历史问题的决议〉注释本》，人民出版社1983年版，第30页。

② 王炳照、阎国华：《中国教育思想通史》第八卷，湖南教育出版社1994年版，第161页。

一、社会背景

1966年,正当国民经济的调整基本完成,国家开始执行第三个五年计划,我国的经济条件得到改善的时候,毛泽东认为,要发展中国,首要的任务是继续完成政治革命,应以正确的政治意识和革命热诚,建立为无产阶级服务的精神来促进国家的发展,而不是用物质鼓励和满足欲望的方法去刺激生产,由此毛泽东发动了意在彻底改造人民意识的"文化大革命",以便建立符合无产阶级意识形态的价值体系和行为标准,使人们积极投身于社会主义经济建设。①

我国出现长达十年之久的"文化大革命",在于毛泽东晚年对国内政治形势错误的估计和判断。鉴于国际共产主义运动中出了修正主义的深刻教训,如何培养和选拔革命事业的接班人,使政权永远掌握在马克思主义者手中,如何维护党的纯洁性和探索中国自己建设社会主义的道路,防止中国出现修正主义与"和平演变",成了马克思主义者必须认真对待的问题,也成了毛泽东经常考虑的头等大事。另外,毛泽东在"文化大革命"前夕,对中国当时的阶级斗争形势以及执政党和国家的政治状况,做了不符合实际的判断。他认为,中共党内存在着一大批"走资本主义道路的当权派",并在中央形成了一个"资产阶级司令部",同时有一条"修正主义的政治路线和组织路线",各省、直辖市、自治区和中央各部门有其"代理人"。过去的各种斗争都不能解决问题,因此只有实行"文化大革命",公开地、全面地、从下而上地发动广大群众来揭发上述的黑暗面,才能把所谓"走资本主义道路当权派"篡夺了的权力重新夺回来。②

另外,"文化大革命"之所以能够发动,除了毛泽东同志领导上的错误这个直接原因以外,还有其复杂的社会历史原因。中国共产党在经过长期残酷的战争后迅速进入社会主义建设的领导阶段,对于如何在一个经济文化落后的国家建设社会主义,缺乏充分的思想准备和科学认识。马列著作是我们行动的指针,但不能给我们社会主义事业的各种问题提供现成的答案。过去革

---

① 程晋宽:《教育革命的历史考察 1966—1967》,福州教育出版社2001年版,第28—29页。

② 方晓东、李玉非:《中华人民共和国教育史纲》,海南出版社2002年版,第206页。

命战争时期积累下来的丰富的斗争经验，使人们在观察和处理社会主义建设的许多新矛盾时容易去沿用和照搬，因而把在一定范围内存在的阶级斗争视为在当时的社会中仍然占主要地位，并运用大规模群众性政治运动的方法来加以解决。战争时期在革命队伍里行之有效的经验，也容易用来作为规划理想社会的某种依据。这就使我们把阶级斗争扩大化的迷误当成保卫马克思主义的神圣事业。同时，毛泽东在全党全军和全国人民心目中的威望达到高峰，党内个人专断和个人崇拜现象逐渐滋长。再加上新中国成立以来党和国家政治生活民主化、法制化的进程没有能够顺利发展，或者虽然制定了法律，却没有应有的权威。① 这就提供了一种条件，即权力过分集中于个人，这就使为人民尊重的领袖所犯的错误难以得到纠正，也使林彪、江青这些野心家能够受到信用而得势横行。② 由此，种种复杂的因素导致了十年"文化大革命"的发生。

"文化大革命"是1966年5月发动的，但是在这之前，已经做了舆论准备和组织准备。1965年11月，批判新编历史剧《海瑞罢官》时，在学术批判的掩饰下，已酝酿着一场政治风波。1966年5月4日至26日，中共中央召开了政治局扩大会议，批判了彭真等人所谓的"反党错误"，并决定停止和撤销他们的职务。5月16日，会议通过了由毛泽东主持起草的标志发动"文化大革命"的《中国共产党中央委员会的通知》（以下通称《五·一六通知》）。《五·一六通知》提出了一整套"左"的理论、路线、方针、政策，标志着"左"倾方针在中央占据了主导地位。它错误地估计了当时的国内形势，认为学术界、教育界、新闻界、文化界、出版界等文化领域，都是资产阶级专了无产阶级的政，都是"黑暗统治"，断言我国当时从中央到各省、市、自治区都有一大批反党反社会的资产阶级代表人物，错误地规定了"文化大革命"的目的、对象及方针，提出"文化大革命"的性质是"一场你死我活的阶级斗争"，其任务是要"彻底揭露那些反党反社会主义的所谓'学术权威'的资产阶级反动立场，彻底批判学术界、教育界、新闻界、文化界、出版界的资产阶级反动思想，夺取在文化领域的领导权"，这就把党的大批干部和学有专长的知识分子都错误地当作"革命对

① 《中国共产党中央委员会关于建国以来党的若干历史问题的决议》，人民出版社1981年版，第31—33页。

② 中共中央党史研究室：《中国共产党简史》，中共党史出版社2010年版，第103—107页。

象”,从文化教育领域找到突破口,发动群众运动,彻底揭露和批判混进党内、军内、政府内和文化教育内的“资产阶级代表人物”,并“清洗这些人”。① 在这样的背景下,“文化大革命”从文化教育领域发动并向全社会蔓延,受极左的思想影响,使得社会主义教育发展遭受了严重的挫折。

二、教育背景

这一时期,由于受极左政治思想的影响,教育成为无产阶级专政的工具,被“四人帮”把持、利用,形成了极左教育思潮,进而影响了教学论学科的发展。

(一)“以阶级斗争为纲”的教育指导思想的影响

1962年9月,中共八届十中全会召开,毛泽东在会上重提“阶级斗争”,确立了“阶级斗争为纲”的基本路线。会议认为,城乡资本主义在猖狂的进攻,意识形态领域的阶级斗争也尖锐激烈。毛泽东据此提出在全国城乡进行社会主义教育运动,从而使阶级斗争无限扩大化。1964年2月13日,毛泽东在春节座谈会上的谈话影响很大。涉及教育的内容大致如下:“学制可以缩短;课程可以砍掉一半;现在的考试……是考八股文的方法,要完全改变;旧教学制度摧残人才,摧残青年,我很不赞成;课程讲得太多,是繁琐哲学。繁琐哲学总要灭亡的。”②由此可见,毛泽东的谈话涉及教学的各方面,有教学内容问题,也有教学方法问题。他的讲话总的精神是教学要改革,学制要缩短。但是,他把教学中的问题估计得过于严重了。1966年5月7日,毛泽东在审阅中国人民解放军总后勤部《关于进一步搞好部队的农副业生产的报告》后,给林彪写了一封长信(以下简称为《五七指示》),真切地描绘了未来社会主义的蓝图,以及社会主义新人培养的道路。信中说到:“学生也是这样,以学为主,兼学别样,不但要学文,还要学工、学农、学军,也要批判资产阶级。学制要缩短,教

① 中共中央文献研究室编:《〈关于建国以来党的若干历史问题的决议〉注释本》,人民出版社1983年版,第389—390页。

② 中央文献研究所编:《建国以来毛泽东文稿》第11册,中央文献出版社1966年版,第22—23页。

育要革命,资产阶级知识分子统治我们学校的现象,再也不能继续下去了。"①毛泽东在1964年春节的讲话和1966年5月的《五七指示》里,对教育的现状进行了一系列的抨击。他认为,当时的教育脱离了生产劳动、脱离了阶级斗争、理论脱离了实践,而这都是"资产阶级知识分子统治学校"的结果。于是,他提出了教育要革命,要夺取"资产阶级知识分子"对学校的"统治权";打破小学校,建立"大学校",而"大学校"的思想就是要打破学校与社会的界限,打破学习活动与社会实践、生产实践的界限,打破学生与工农兵干的界限,打破教育与社会生活的界限,社会就是学校,学校就是社会。毛泽东认为这样做了,就可以消灭工人、农民、知识分子之间的差别,消灭城市与农村之间的差别。同时,也只有这样做了,才能使每个人成为全面发展的人。从此,贯彻《五七指示》,把全国教育办成毛泽东思想大学校,成为全国的目标。1966年8月8日,中共八届十一中全会通过《中国共产党中央委员会关于无产阶级文化大革命的决定》,这个决定后来被简称为《十六条》。在《十六条》中,第十条"教学改革"提出:"改革旧的教育制度,改革旧的教育方针和方法,是这场无产阶级文化大革命的一个极其重要的任务。在这场文化大革命中,必须彻底改变资产阶级知识分子统治我们学校的现象。在各类学校中,必须彻底贯彻执行毛泽东同志提出的教育为无产阶级政治服务、教育与生产劳动相结合的方针,使受教育者在德育、智育、体育几方面都得到发展,成为有社会主义觉悟的有文化的劳动者。学制要缩短。课程设置要精简。教材要彻底改革,有的首先删繁就简。学生以学为主,兼学别样。也就是不但要学文,也要学工、学农、学军,也要随时参加批判资产阶级的文化革命的斗争。"②

(二)"左"倾教育思潮的影响

"文化大革命"中,"左"倾教育思潮突出,这与"文化大革命"前在教育界、学术界业已存在的"左"倾观点不无关系。1958年,伴随着中苏关系的恶化,教育领域展开了全面批判苏联修正主义教育理论的运动,在教育教学改革

---

① 金一鸣:《中国社会主义教育的轨迹》,华东师范大学出版社2000年版,第320页。

② 中央教育科学研究所编:《中华人民共和国教育大事记(1949—1982)》,教育科学出版社1984年版,第405页。

理论上也同样由“全盘苏化”骤变为“全盘否定”,但是这种“全盘否定”并非是由于对苏联教育教学理论的直接不满而引发的,而主要是由于政治原因,这说明教育改革政策是随着政治、意识形态的变化而变化的。伴随着对苏联教育理论的全盘否定,我国教育建设既不学欧美西方国家,也不学苏联,开始步入尝试探索阶段,这一时期是进一步探索适合我国国情的社会主义教育理论的重要时期。但是,由于我国教育教学改革的理论与实践中断了与外部世界的联系,导致在整个教育指导方针上出现了“左”的错误。在教育工作方针上,单纯讲为无产阶级政治服务,从而在实际工作中,政治运动可以冲击一切,代替一切;在教育与生产劳动相结合的问题上,批判了教育脱离生产劳动、忽视劳动的现象,却出现了师生过多地参加生产劳动的问题,用劳动代替学习,从而打乱了正常的教学秩序,影响了教学质量;在教学改革问题上,缩短学制,以为中小学学制越短越好,大搞九年一贯制或十年一贯制。把教学改革的不同主张、不同意见,说成是两个阶级、两条路线的斗争,等等。总之,在“文化大革命”之前,由于中央在整个指导方针上出现了“左”的错误,因而在教育工作上,同样出现了一些“左”的观点、“左”的做法,特别是在 1958—1960 年期间,教育上的“左”的错误有所发展,“左”的情绪比较强烈。1961 年以后,改变了一些“左”的做法,使教育、教学工作重新走上正轨,教育质量有所回升。但到 1962 年八届十中全会进一步把阶级斗争扩大化以后,教育上的“左”倾错误思想又有所抬头和发展。大造所谓资产阶级在教育阵地上向无产阶级进攻的舆论,大讲教育领域的两个阶级、两条道路、两条路线的斗争。① 由此,“文化大革命”中的“左”倾教育思想逐步形成、逐步发展,到 1971 年召开全国教育工作会议,已基本上达到了系统化、制度化的程度。由于“左”倾教育思潮的泛滥,“文革”前的教学论在指导思想的科学性上一度出现偏差,呈现出要么肯定一切,要么否定一切,不是从客观实际出发,而是凭主观臆断行事。因此,到了“文化大革命”时期,非理性、非科学的教育指导思想使得教学论逐渐走向低谷。

---

① 王炳照,阎国华:《中国教育思想通史》第八卷,湖南教育出版社 1994 年版,第 190—191 页。

三、学科背景

进入现代以来,由于社会的政治、经济等方面发生了剧烈的变化,中国的教育教学一直处于变革之中。从1956年到1966年,新中国教育不断向社会主义现代教育推进,规模上、质量上都取得了巨大的成就。但是,新中国教育已经实现的社会主义跨越,毛泽东同志未能正确地给予确认。因此,从20世纪60年代初期起,毛泽东就针对教育领域的一些弊端多次提出了教育要改革的问题。1964年10月16日,在会见古巴党政代表团,他说:"资产阶级掌握文化、艺术、教育、学术,可顽固啊!"①1966年3月17日在政治局常委会议上说,"现在学术界和教育界是资产阶级知识分子掌握着实权"。② 他认为,在上层建筑的意识形态领域,社会主义革命和社会主义改造没有成功,还是资产阶级盘根错节的世袭领地,共产党没有实现领导权,所以要补课,要进行"社会主义文化革命"。在"文化大革命"中,正如前述毛泽东在《五七指示》中提出的,除了要解决"资产阶级知识分子统治我们学校的现象"、开展"革命"大批判外,还要"改革旧的教育制度、改革旧的教学方针和方法","缩短学制,精简课程,彻底改革教材"。③ 于是林彪、江青一伙,利用"教育革命"搞极左路线。在1971年《全国教育工作会议纪要》中说到发动"教育革命"的原因:"1958年,毛主席号召'教育必须为无产阶级政治服务,必须同生产劳动相结合'。于是,广大革命群众和革命干部在党的总路线的指导下,掀起了一场教育教学革命,许多革命的社会主义新生事物,冲破了刘少奇修正主义路线的压迫和破坏,蓬勃地生长出来。"④"1962年党的八届十中全会上,毛主席及时发出了'千万不要忘记阶级斗争'的号召……这一时期,毛泽东对革命教育教学问题

---

① 转引自周全华:《"文化大革命"中的"教育革命"》,广东教育出版社1999年版,第37页。

② 转引自周全华:《"文化大革命"中的"教育革命"》,广东教育出版社1999年版,第37页。

③ 转引自周全华:《"文化大革命"中的"教育革命"》,广东教育出版社1999年版,第5页。

④ 中央教育科学研究所编:《中华人民共和国教育大记事(1949—1982)》,教育科学出版社1984年版,第405页。

作了一系列指示,并且尖锐地指出‘旧教学制度摧残人才,摧残青年,我很不赞成。’”①在这种“左”的思潮的冲击下,全国各地的学校和科研机构都受到了极大的影响,知识分子的地位也急剧下降,心理学、文化学、哲学、历史学、数学等教育学赖以发展的学科基础也遭到极大的冲击和影响,进而也在很大程度上制约了这一时期教学论的发展。

第二节　教学论的主要议题

从1966年到1976年“十年动乱”时期,对教育、教学理论进行过大规模的批判,是我国教学论学科发展的曲折时期。② 与当时的社会背景相呼应,这一时期,在教育教学培养目标、教育教学制度、课程与教材、教学方法与形式、招生考试制度、教师队伍、教学实验等诸多方面都进行了相应的改革,进而构成了这一时期教学论的主要议题。

一、教育教学培养目标:为巩固无产阶级专政而斗争的战士

对于“文化大革命”中教育改革所要实现的教育教学培养目标,《关于无产阶级文化大革命的决定》重申了毛泽东在1957年提出的教育方针和目标,即“我们的教育方针,应该使受教育者在德育、智育、体育几方面都得到发展,成为有社会主义觉悟的有文化的劳动者”。③ 仅从公布的文字来看,似乎无可厚非,然而,如果与当时的社会背景相联系,考察一下当时的教育教学实践,人们就不难得出这样的结论。为了满足他们的政治需要,“四人帮”一伙将教育视为重要的斗争工具,认为教育教学的目的是培养他们的所谓的路线斗争的战士。在被看作“文化大革命的纲领性文件”的《关于无产阶级文化大革命的决定》中,把“斗垮走资本主义道路的当权派”列为“文化大革命”的首要任务。

① 转引自周全华:《“文化大革命”中的“教育革命”》,广东教育出版社1999年版,第6页。
② 董远骞:《中国教学论史》,人民教育出版社1996年版,第73页。
③ 毛泽东:《毛泽东文集》第七卷,人民出版社1999年版,第226页。

所以,夺权是最大的政治需要,为了满足这一政治需要,教育就成为林彪、“四人帮”一伙夺权活动中的一支别动队。① 这一时期确立的服务于政治需要的培养目标主要表现在以下方面:首先,把“培养有社会主义觉悟的有文化的劳动者”歪曲成首先是培养“头上长角”“身上长刺”的“反修防修的战士”。由于在“文化大革命”中,处处强调和突出两个阶级、两条道路和两条路线的斗争,因此在教育教学的培养目标上也突出首先要懂得阶级斗争和路线斗争,认为只有“头上长角”“身上长刺”,“敢于大批判修正主义,大批资本主义,大干社会主义”,“为巩固无产阶级专政而斗争的战士”才是国家的培养目标,才是最需要的接班人。② 有一篇“学朝农”的文章写道:“朝农的经验集中起来就是为无产阶级革命事业培养接班人,这一点反映了两条教育路线最本质的区别。学校应成为无产阶级专政的工具,我们培养的接班人就是要搞无产阶级专政。”“无产阶级首先是要革命、是社会主义道路、是无产阶级的革命接班人。”③“社会主义大学固然要使学生学到必要的专业知识,但最根本的是把他们造就成为‘要搞马克思主义,不搞修正主义’的无产阶级革命战士。”④其次,把大学培养工程师、技术人员,说成是宣扬“读书做官”,搞“业务挂帅”,培养“工人贵族”或资产阶级精神贵族,由此,宣传大学毕业生应与工人农民画等号。“文化大革命”中,大学不敢再提培养工程师这样的目标。另外,把大学应培养干部、科学家,反对与工人农民划等号的主张,说成是“反对批判‘读书做官’”“反对培养普通劳动者”“是要扩大资产阶级法权和三大差别”,主要培养“那种以知识为资本,凌驾于工农之上的资产阶级精神贵族”。⑤ 1975 年 4 月 23 日,《辽宁日报》登载两张观点针锋相对的大字报,题为《我们决不单纯做普通劳动者》和《这个口号意味着什么?》。这两张大字报是沈阳机电

---

① 陆有铨:《躁动的百年》,山东教育出版社 1997 年版,第 869 页。

② 王炳照、阎国华主编:《中国教育思想通史》第八卷,湖南教育出版社 1994 年版,第 165—166 页。

③ 《为加强无产阶级专政改革大学教育——认真学习朝阳农学院的新鲜经验》,《教育革命通讯》1975 年第 2 期。

④ 《坚持党的基本路线,巩固和发展教育革命的成果》(1974 年 1 月 13 日),载《无产阶级教育革命破浪前进》,人民教育出版社 1976 年版,第 137 页。

⑤ 《论当前教育战线上的两条路线争斗》,《人民日报》1976 年 3 月 15 日。

学院在开展学习无产阶级专政理论运动中,由自动化专业三班七名学员和铸造专业二班十二名学员于二十四日和二十六日先后贴出的。中共辽宁省委书记毛远新知道后,即要求组织全省大专院校展开讨论,讨论着重批判了"大学毕业生不能同普通劳动者划等号"的观点,宣传知识分子、大学生"要和工农兵划等号"。同年十二月,《人民日报》又对这一讨论作了报道,使其影响及于全国。①

二、改革教育教学制度:缩短学制,大力发展全日制中小学

在"文化大革命"中,把改革教育教学制度作为教育革命的一项重要任务,其主要包括以下两方面:首先,缩短学制。1966年5月15日,中共中央批转毛泽东5月7日给国防部长林彪的信,提出"学制要缩短,教育要革命"。②1967年3月27日,陈伯达在北京大学师生代表座谈会上提出:"教育制度要搞个大革命。我们的教育组织制度是从清末演变来的,后来又接受苏修一套东西。教育制度、教学内容、教学方法基本上是资本主义……我们一定要大破大立。"③11月28日至12月5日,他再次提出:学制可以缩短,小学4年、中学4年、大学4年。陈伯达的这些言论很快影响全国。1969年5月12日,《人民日报》发表了吉林省梨树县的《农村中、小学教育大纲(草案)》,提出"农村中小学实行九年一贯制,学年分段可因地制宜"。同年6月16日,由"四人帮"一伙控制的上海市革命委员会讨论通过了《上海市中、小学教育革命纲要》,决定在上海市实行"中、小学试行九年普及教育。一般为五四分段,即小学5年,中学4年。有条件的也可试行9年一贯制"。④此后,各地中小学纷纷试行缩短学制。农村中小学把重点放在普及5年小学教育上,从总体上看,中小学学制一般缩短了2至3年。据国务院科教组1973

① 中央教育科学研究所编:《中华人民共和国教育大事记(1949—1982)》,教育科学出版社1984年版,第473页。

② 中央教育科学研究所编:《中华人民共和国教育大事记(1949—1982)》,教育科学出版社1984年版,第399页。

③ 中央教育科学研究所编:《中华人民共和国教育大事记(1949—1982)》,教育科学出版社1984年版,第412页。

④ 转引自《中国教育思想通史》第八卷,湖南教育出版社1994年版,第183页。

年9月11日的资料显示,全国各地中小学学制改革的实验,有14个省、市、自治区实行9年制(小学5年、初中2年、高中2年);7个省、市、自治区实行10年制(小学5年、初中3年、高中2年或小学6年,中学4年);9个省、自治区农村学校实行9年制,城市学校试行10年制;西藏自治区实行小学五年制和六年制并存,初中实行三年制。① 1968年7月21日,毛泽东指出:“理工科大学还要办,但学制要缩短。……要从有实践经验的工人农民中间选拔学生,到学校学几年以后又回到生产实践中去。”②后来大学学制一般也由四年改为二年或三年。1971年,《全国教育工作会议纪要》规定“大学学制暂以二年或三年试行”。由此可见,这一时期广泛开展了缩短学制的试验。其次,大力兴办全日制中小学。刘少奇在1958年提出了两种教育制度、两种劳动制度,即全日制的学校教育制度和劳动制度、半工半读的学校教育制度和劳动制度。半工半读的学校教育制度在1964年至1965年逐步形成和发展,成为当时我国教育制度的一个组成部分。但是“文革”期间,却把“两种教育制度”思想说成是资产阶级“双轨制”的翻版。由此,“文革”中全国各地普遍不顾客观条件,盲目追求中小学尤其是中学的发展速度,很多小学附设初中班,原有农业中学、职业中学、半工(农)半读技术学校几乎都变成了普通中学,公社也办起了高中③,最终使得中小学只有一种形式——全日制。从下面的统计数据,就可以看出“文革”时期中学高速发展的情况。对此,有学者指出“中等教育结构的单一和畸形发展,使教育事业严重不适应国民经济发展的需要,使大量中学生无法适应劳动就业的需要,给国家、家庭和学生本人都带来了极大的损失”④。“文革”时期普通初、高中的学校数、招生人数见表1。

---

① 金铁宽主编:《中华人民共和国教育大事记》,山东教育出版社1995年版,第936页。

② 中共中央文献研究室编:《毛泽东思想年谱:1921—1975》,中央文献出版社2011年版,第942页。

③ 王炳照、阎国华主编:《中国教育制度通史》第八卷,湖南教育出版社1994年版,第473—474页。

④ 王炳照、阎国华主编:《中国教育思想通史》第八卷,湖南教育出版社1994年版,第185页。

表1　“文革”时期普通初、高中的学校数、招生人数①

年份	学校(所)		招生人数(万人)	
	高中	初中	高中	初中
1965年	4112	13990	45.9	299.8
1976年	60535	131617	861.1	2344.3
1981年	24447	82271	327.8	1412.7

三、改革课程与教材:删繁就简,突出政治思想性

1966年,依照中共中央、国务院批转教育部党组《关于1966—1967学年度中学政治、语文、历史教材处理意见的报告》和批示精神,指出“目前中学所用教材,没有以毛泽东思想挂帅,没有突出无产阶级政治,违背了毛主席关于阶级和阶级斗争的学说,违背了党的教育方针,不能再用,教育部……重新编辑中学各科教材”,“小学语文、历史教材,问题也很多,教育部也应组织力量着手重新编写和审查……”②。在这种背景下,中小学的政治、语文、历史教材进行了改革。1966年8月8日,《关于无产阶级文化大革命的决定》中第十条“教学改革”提出:“课程设置要精简。教材要彻底革命,有的首先删繁就简。学生以学为主,兼学别样,也就是不但要学文,也要学工、学农、学军,也要随时参加批判资产阶级的文化革命的斗争。”③由此,1967年初,在中共中央发布的关于中小学“文化大革命”的《通知》和《意见》中规定,小学课程为:1—4年级学习毛泽东语录、兼学识字,学唱革命歌曲,学习算术、科学常识;5—6年级学习毛泽东语录、老三篇、《三大纪律八项注意》、《十六条》,学唱革命歌曲。中学生学习毛泽东著作,学习党中央关于“文化大革命”的文件,批判旧教材和教学制度,必要时间复习数、理、化、外语和各门必要常识,在农忙时期下乡

① 《中国教育年鉴》(1949—1981),中国大百科全书出版社1984年版,第1000—1001页。

② 中央教育科学研究所编:《中华人民共和国教育大事记(1949—1982)》,教育科学出版社1984年版,第401页。

③ 中央教育科学研究所编:《中华人民共和国教育大事记(1949—1982)》,教育科学出版社1984年版,第401页。

劳动。至于教材怎么改变,从中央到教育部门都没有明文规定。从 1968 年开始,上海、北京等地自编中小学教材,在本地区发行试用。没有自编教材的地区暂时也借用这些课本。1969 年以后,为了贯彻《五七指示》中“学生以学为主、兼学别样”的原则,广泛开展“学工”“学农”“学军”,持续地开展“批判资产阶级”教育,许多地方的小学开设了政治语文、算术、革命文艺、军事体育、劳动等课;中学开设了毛泽东思想教育、农业基础(“三机一泵”和四大农作物等)以及工业基础(电工、化工等)、革命文艺(语文、音乐、美术)、军事体育、劳动等课。[①] 总之,这一时期,中小学的文化基础知识课被大力削减,由原来课程十几门、二十几门,减少到小学 6 门、中学 8 门或 9 门。同时,在“删繁就简”原则的指导下,删去各门学科基础知识的讲授和基本技能的训练,而诸如写大批判文章,如何丈量土地,如何估产,如何使用化肥、农药即“三机一泵”等成了主要的内容。另外,课程与教材还具有很强的政治思想性。在“毛泽东思想统帅文化课”思想的影响下,学科知识的逻辑性、系统性受到了较大的冲击。历史课只讲农民起义,通过讲授政治口号进行识字教学,用毛泽东诗词、著作大批判文章作为中学语文教材等做法非常常见。同时,数学、物理、化学等学科也必须实施政治思想教育。而“工农兵学员”进入大学以后,为了与“旧的”教育彻底决裂,进行了彻底的课程改革。[②] 根据 1970 年 6 月《北京大学、清华大学关于招生(试点)的请示报告》,设置的课程为“以毛泽东著作作为基本教材的政治课;实行教学、科研、生产三结合的业务科;以备战为内容的军事体育课”。此外,各科学生都要参加生产劳动。[③] 同年 7 月,清华大学工宣队、军宣队在《红旗》杂志发表文章,提出创办“社会主义理工科大学”的 6 个方面的问题,其中提到彻底改革教材要大破买办洋奴哲学、爬行主义,要打破旧的教材体系,以毛泽东思想为武器,以工农兵的需要为出发点、三大革命为源泉,编写无产阶级新教材。[④] 由此可见,这一时期的课程与教材突出强调

---

① 方晓东、李玉非:《中华人民共和国教育史纲》,海南出版社 2002 年版,第 239—240 页。

② 陆有铨:《躁动的百年》,山东教育出版社 1997 年版,第 871 页。

③ 中央教育科学研究所编:《中华人民共和国教育大事记(1949—1982)》,教育科学出版社 1984 年版,第 429、434 页。

④ 中央教育科学研究所编:《中华人民共和国教育大事记(1949—1982)》,教育科学出版社 1984 年版,第 429、434 页。

政治思想性,并被大量删改。

四、改革教学方法:注重实践,提倡"开门办学""走出去、请进来"等

"文化大革命"时期,在教育教学过程中,往往把理论学习与实践对立起来,片面强调"在斗争中长才干,实践中学真知",批判"三中心""三脱离"和"理论至上"[①],提倡"开门办学""走出去,请进来"等方法。主要形式有如下几种:首先,强调学生接触社会,让学生走出去,把课堂搬到工厂、农村。"文化大革命"中,许多文章、讲话常常引用列宁的这样一段话:"如果学习、教育和训练只限于学校以内,而与沸腾的实际生活脱离,这样的教育我们是不会相信的"[②],进而特别强调只有开门办学,走五七道路,把教育和三大革命运动实践结合起来,才能造就无产阶级革命事业接班人。于是,许多学校组织师生到工厂、工地、农村、部队、商店等地实行开门办学,与工农兵"一起战斗",将课堂搬到工厂、农村等地。而实际上,不少学校的所谓开门办学,实际是开门不办学。有的大学三年期间安排学生参加生产劳动实践的时间占总学时三分之二,而教学时间仅占三分之一。医学院校,走赤脚医生的道路,学生刚进校报到,就忙着安排到人民公社、生产大队开门办学,提倡"一根针、一把草(中草药)","一身汗,两腿泥"。而教师则是在学生劳动之余辅导学习一点专业知识。[③] 其次,请工农兵进学校上讲台。1970年9月22日,《光明日报》以《改造学校教育阵地的一支重要的革命力量》为题,加编者按发表调查报告,介绍了北京市香厂路小学举办的工农兵讲师团。香厂路小学举办的工农兵讲师团成立于1968年11月,讲师团有工人33名,贫下中农和解放军战士各2名,共37名。讲师团成立后,"工人师傅结合工厂的斗争实际讲课,贫下中农则在田间地头给学生讲活的农业基础知识课,并负责对专职老师进行'再教育'。"

---

① 王炳照、阎国华主编:《中国教育思想通史》第八卷,湖南教育出版社1994年版,第169页。

② 中共中央马克思恩格斯列宁斯大林著作编译局编译:《列宁全集》第31卷,人民出版社1985年版,第262页。

③ 中央教育科学研究所编:《中华人民共和国教育大事记(1949—1982)》,教育科学出版社1984年版,第419页。

"建立了工农兵、教师、革命小将三结合的备课、讲课新制度，改变了知识分子独占讲台的现象。"①"文化大革命"中，除了上述教学形式，教师还组织学生做社会调查，写调查报告，组织学生参加工厂、农村的大批判活动，写大字报、办墙报。再次，让学生上讲台演讲教学内容。1969年11月18日，《光明日报》发表了题为《小将上讲台》的调查报告，介绍北京草场地中学军宣队组织学生讲课的经验。草场地中学把学生分为十人一小班，每个小班分别包两门课程，在教师的帮助下，学生轮流上讲台讲课，有的班级上讲台的学生占百分之八十左右。《光明日报》为此发表评论员文章说：这是教育革命的一条好经验。这样做，"打破了旧制度加在学生身上的桎梏"，"是无产阶级专政条件下教育领域的一场革命"。② 有研究者指出："与数理化比较，这种教学形式在语文教学中采取更多。绝大多数情况是，师生一起备课之后，由学生按老师的意图，按教师对课文的理解'上讲台'教课。只有在少数情况下——主要在中学里——有以学生个人翻检资料为主备课上课的。这类课教学方法基本上是演讲式。对于执教的学生来说，通过独立备课、上课，可能得到一定的锻炼和提高。但是由于这种课并没有发挥学生之所长，教学方法也谈不上什么'改革'或'革新'，因此，教学效果也不可能有什么超过一般教师的'突破'"③。

五、改革招生考试制度：取消高考，实行推荐和选拔相结合

1966年6月18日，《人民日报》全文公布中共中央、国务院十三日发出的《关于改革高等学校招生考试办法的通知》（以下简称《通知》）。《通知》认为："现行高等学校招生考试办法基本上没有跳出资产阶级考试制度的框框，不利于贯彻执行党中央和毛主席提出的教育方针，不利于更多地吸收工农兵革命青年进入高等学校。这种考试制度，必须彻底改革。"同日，《人民日报》社论指出："现行招生考试制度的改革，是彻底搞掉资产阶级教育路线的一个

---

① 中央教育科学研究所编：《中华人民共和国教育大事记（1949—1982）》，教育科学出版社1984年版，第435页。

② 中央教育科学研究所编：《中华人民共和国教育大事记（1949—1982）》，教育科学出版社1984年版，第429页。

③ 陈必祥：《中国现代语文教育发展史》，云南教育出版社1987年版，第296页。

突破口。”[①]由此,1966年7月24日,在中共中央、国务院发出的《关于改革高等学校招生工作的通知》中提出:从本年起,高等学校招生工作下放到省、市、自治区办理,取消考试,采取推荐与选拔相结合的办法。[②] 本来只是计划取消考试,但因“文化大革命”,当年各省、市、自治区未能办理招生工作。1968年7月22日,《人民日报》发表了《上海机床厂培养工程技术人员的道路》的调查报告,在“编者按”中引述了毛主席的一个指示:“大学还是要办的,我这里说的是理工大学还要办,但学制要缩短,教育要革命,要无产阶级政治挂帅,走上海机床厂从工人中培养技术人员的道路。要从有实践经验的工人农民中间选拔学生,到学校学几年以后,回到生产实践中去。”[③]“四人帮”将此变成了大学招生的唯一途径,提出“必须实行彻底的无产阶级教育革命,走从工农兵中培养技术人员及其他知识分子的革命道路,从有生产实践经验的工人、农民和解放军战士中选拔学生”[④],进而否定从应届高中毕业生中招收大学生的必要性。自此,从1966年起,全国高等学校完全停止按计划招生达6年之久。1970年6月27日,在中共中央批转《北京大学、清华大学关于招生(试点)的请示报告》中,明确招生办法是“实行自愿报名,群众推荐,领导批准和学校复审相结合”,招收学生的条件是“政治思想好、身体健康、具有三年以上实践经验、年龄在二十岁左右、有相当于初中以上文化程度的工人、贫下中农、解放军战士和青年干部。有丰富实践经验的工人、贫下中农,不受年龄和文化程度的限制。还要注意招收上山下乡和回乡知识青年”[⑤]。在1971年发表的《全国教育工作会议纪要》中则明文规定:“大专院校招生的主要对象是具有二至三年以上实践经验的优秀的工农兵”,“选拔工农兵学员要严格坚持自愿报名,

---

① 中央教育科学研究所编:《中华人民共和国教育大事记(1949—1982)》,教育科学出版社1984年版,第450页。

② 转引自王炳照、阎国华主编:《中国教育思想通史》第八卷,湖南教育出版社1994年版,第181页。

③ 中央教育科学研究所编:《中华人民共和国教育大事记(1949—1982)》,教育科学出版社1984年版,第399页。

④ 《关于知识分子再教育问题》,《人民日报》1968年9月12日。

⑤ 中央教育科学研究所编:《中华人民共和国教育大事记(1949—1982)》,教育科学出版社1984年版,第434页。

群众推荐,领导批准,学校复审"。[①] 此后,每年就通过上述做法进行招生,一直到"文革"结束。在此期间,尽管周恩来总理为了纠正"左"的错误,提出要直接从高中毕业生中进行招生,但在当时复杂的背景下,周总理的指示没有得到执行。但就是在这种背景下,高校招生工作重新提出了重视文化考查的问题。1973 年,国务院批转的当年招生意见中指出,本年除继续采取前一年办法外,"要全面掌握入学条件,保证学生质量",特别是文化质量要"重视文化考查,了解推荐对象掌握基础知识的状况和分析问题、解决问题的能力。保证入学学生有相当于初中毕业以上的实际文化程度"。[②] 但是"四人帮"抓住辽宁省兴城县白塔公社生产队长张铁生在参加当年高考招生文化考试时,物理、化学交了白卷,并在试卷背面写了一封不赞成文化考核的信而大做文章,一时竟将张铁生誉为"优秀工农兵的样板""反潮流"的英雄。该信经"四人帮"精心删改后,在 1973 年 7 月 19 日刊登于《辽宁日报》上,并加了题为《一份发人深省的答卷》按语,说张铁生物理、化学课考试,似乎交了白卷,然而对整个招生的路线,交了一份颇有见解、发人深省的卷。此后,"四人帮"控制下的宣传工具大肆攻击"文化考查"是"旧高考制度的复辟,是对教育革命的反动",是"资产阶级向无产阶级反扑"。[③] 此后,高校招生考试又沿用了以前的方法,实行推荐和选拔相结合。

六、改革教师队伍:对教师进行改造、再教育

1966 年 5 月 7 日,毛泽东在给林彪的信(简称《五七指示》)中指出:"教育要革命,资产阶级知识分子统治我们学校的现象,再也不能继续下去了。"[④] 在"文革"中,教师作为知识分子的一部分,也被认为是"资产阶级知识分子",

---

① 转引自王炳照、阎国华主编:《中国教育思想通史》第八卷,湖南教育出版社 1994 年版,第 181 页。

② 中央教育科学研究所编:《中华人民共和国教育大事记(1949—1982)》,教育科学出版社 1984 年版,第 450 页。

③ 转引自王炳照、阎国华主编:《中国教育思想通史》第八卷,湖南教育出版社 1994 年版,第 181 页。

④ 中央教育科学研究所编:《中华人民共和国教育大事记(1949—1982)》,教育科学出版社 1984 年版,第 399 页。

是“改造”的对象,“接受工农兵再教育”的对象,他们的地位一落千丈,人称“臭老九”。在“文化大革命”中,对教师队伍进行改造和再教育主要表现在以下几方面:首先,批斗教师。“文化大革命”开始后,全国范围内就掀起了“横扫一切牛鬼蛇神”的运动。“横扫一切牛鬼蛇神”社论指出,要“横扫盘踞在思想文化上的大量牛鬼蛇神”“把所谓资产阶级的‘专家’、‘学者’、‘权威’、‘祖师爷’打得落花流水,使他们威风扫地”。① 于是,在全国各地的高等学校和中等学校里,大字报如雪片纷飞。一时间,全国各地的学校党组织负责人被打成“黑帮分子”,教师被打成“资产阶级知识分子”和“臭老九”,学校里的专家、学者、教授和教师遭到批斗,向来宁静的校园成了口诛笔伐的“战场”。20世纪60年代末和70年代初,在全国范围内开展了一场声势浩大的“清理阶级队伍”运动,不少教授、副教授和在学术上有成就的知识分子被污蔑为“反动学术权威”,横遭批斗。② 据1980年11月5日中华人民共和国最高人民检察院特别检察厅关于林彪、江青反革命集团起诉书中的统计,全国高等学校1965年有教授、副教授7800人,1977年减少到5800。③ 其次,将各级教师下放至“五七”干校劳动。1968年10月以后,根据毛泽东关于“广大干部下放劳动”的指示,开办“五七”干校之风顿时席卷全国大地。各地学校纷纷办起了“五七干校”,许多学校的教职工被迫离开学校。1969年10月,林彪借口“加强战备,防止敌人突然袭击”,发出所谓“第一号令”后,各类学校特别是高等学校办“五七干校”的速度大大加快。高等学校的大部分干部、教师被剥夺了教学、科研的权利,在走“五七道路”和“进行战备疏散”的名义下,被迫到“五七干校”劳动或者下乡下场,接受贫下中农的“再教育”。④ 如北京大学、清华大学就将大批教师下放到江西鲤鱼洲劳动改造,那里是血吸虫的重疫区,不少教师由此得了血吸虫病,丧失工作能力,有的还丧失了生命。⑤ 再次,批判“师道

① 转引自方晓东等:《中华人民共和国教育史纲》,海南出版社2002年版,第208、213页。

② 毛李锐:《中国教育通史》,山东教育出版社1995年版,第208页。

③ 中国教育年鉴编委会:《中国教育年鉴(1949—1981)》,中国教育出版社1981年版,第82页。

④ 毛李锐:《中国教育通史》,山东教育出版社1995年版,第208页。

⑤ 编者注:当时两校的军、工宣队负责人迟群等,不但不采取果断措施,反而大批所谓“活命哲学”。

尊严”,整顿教师队伍。1973年12月12日,《北京日报》以《一个小学生的来信和日记摘抄》为题,发表了北京市海淀区中关村第一小学五年级学生、红小兵黄帅10月21日给该报的信和日记摘抄。黄帅的信是她和班主任老师之间产生了一些矛盾之后,家长让她写的,日记摘抄是《北京日报》按反“师道尊严”的需要摘编的。这个材料先是刊登在《北京日报》的一个内部刊物上,“四人帮”看到之后,立即接见了黄帅,并由谢静宜指令《北京日报》加编者按语发表。① 12月28日《人民日报》又在头版头条予以全文转载。此后,全国开始兴起大批“师道尊严”的风潮。最后,建设学校教师队伍。1971年,《全国教育工作会议纪要》(以下简称《纪要》)提出“要建立工农兵、革命技术人员和原有教师三结合的无产阶级教师队伍”,提出工农兵教师应成为学校教师队伍中的骨干力量,各地要从工厂、农村、部队中选调一批工农兵和同工农兵结合较好的革命技术人员充实教师队伍,同时选留工农兵毕业生担任教师。《纪要》认为:“原有教师队伍中,比较熟悉马克思主义,并且站稳无产阶级立场的是少数;大多数是拥护社会主义,愿意为人民服务的,但是世界观基本上是资产阶级的。”因此,《纪要》提出“对原有教师队伍要继续坚持团结、教育、改造的方针”,继续抓好对原有教师的再教育,引导他们走同工农兵相结合的道路,自觉地改造世界观,对他们“在使用中继续考察、教育和改造”。②

七、典型教改实验:“启读练知”和“三算结合”实验

“文化大革命”期间,由于过于强调教育是阶级斗争的工具,教育必须与生产劳动相结合,致使正常的教学程序受到冲击。在大搞政治运动、生产劳动的浪潮中,学校师生被组织到工厂、工地、农村、部队、商店开门办学,与工农兵“一起战斗”。在这种背景下,科学文化知识的学习被指责为“智育第一”而遭到批判,旨在促进学生在课堂中有效学习的教学实验也就显得微不足道,甚至不合时宜。黑山北关小学、景山学校等地进行的集中识字实验成了“智育第

① 中央教育科学研究所编:《中华人民共和国教育大事记(1949—1982)》,教育科学出版社1984年版,第457页。

② 王炳照、阎国华主编:《中国教育制度通史》第八卷,湖南教育出版社1994年版,第477页。

一”的典型,中科院心理研究所进行的程序教学实验则不但有“智育第一”之虞,且有崇洋媚外的危险。[①] 因此,这一阶段的教学实验基本上处于压制状态。尽管如此,还是出现了两种引人注目的教学实验:一是“启读练知”实验,是由程序教学实验演变而来的;二是“三算结合”教学实验,在当时影响较大。此外,北关小学、景山学校两地的集中识字也断断续续地支撑下来,北关小学重新编写了“一个观点做统帅,一条红线串起来”的集中识字课本,但与原来的识字课本相比,已经存在较大的差别,集中识字实验事实上处于中断状态。

(一)“启读练知”教学实验

由于程序教学实验的效果被认为“不尽人意”,于是从1965年开始编写“三个本子”:课本、练习本、答案本。为了与前一阶段程序教学实验相区别,把利用三个本子进行的教学称为“启读练知”教学。经过个别和小组预试后,1966年春在北京女子六中和西四中正式实验。由于干扰繁多,“启读练知”教学实验(又称“三本”教学实验)不久被迫中断。直到1973年才在人民大学附中和北京三中各设两个实验班,进行了一年半的实验,此后再次中断。“启读练知”教学大致以启发—阅读—练习—当时知道结果这四个环节构成一个课时教学程序。启发即是在学生开始自学较为困难的教材之前,教师提示自学方法,启发学生阅读课本,时间4至5分钟。如果学生已经具备了一定的自学能力,且教材又不是难点,教师可以不做启发。阅读即学生自读课本,遇有疑难则询问教师。练习即学生按课本上的指令在练习本上选做相应的练习题;当时知道结果即学生做完一道练习题后可参考答案本自己进行核对、评改,由于前一组题的答案几乎就是后一组题的例题,因而学生核对一组答案后往往会自动地进行下一步阅读或联系。应该说,“启读练知”教学实验与前一阶段的程序教学实验相比,多少有些进步,比如明确地提出了教学的四个步骤,提高了程序教学的操作性能,以及将“启发”作为一个重要的环节(尽管只占5分钟左右),这使该实验由完全的“自学”性质向“自学”与“辅导”相结合迈进了一步。但“启读练知”教学实验在多大程度上超越了斯金纳式的程序教学,是需要冷静思考的。事实上,“启读练知”教学实验并没有超出前一阶段的程

① 熊明安:《中国近现代教学改革史》,重庆出版社1999年版,第361页。

序教学的范畴。

（二）"三算结合"实验

1969年，上海崇明县在崇明农业中学试行不用口诀教算术，初见成效后将实验引入崇明新河小学，并从一年级开始实行口算、珠算、笔算同堂教学。1970年崇明在全县范围内推行"三算结合"教学。1972年3月杭州师范大学教育系以杭州上城区光明小学一年级为试点，进行"三算结合"实验，1975年又扩大到全区229个实验班。受上海、杭州"三算结合"教学实验的影响，全国各地纷纷效仿。"三算结合"教学即从小学一年级起，教师利用算盘帮助学生认数和计算，把口算、珠算和笔算结合起来进行教学，其主要特征是将珠算引入小学低年级的数学教学，且不用口诀教珠算。后来的实验提出"口算是基础，笔算是主体，珠算是工具"，在三算的结合上，根据教学内容和年级的不同，确定先后顺序和时间安排。其基本做法是：教加减法时，先口算，后珠算、笔算。利用算盘的形象、直观及学生的直接操作，促进学生对"加"（拨入即加）和"减"（拨去即减）的理解。教10以内加减法时，先让学生掌握5与10的口算（1+4；2+3；1+9……），再以口算促珠算。教100以内加减法时，利用笔算的竖式与珠算的盘式相对照，利用竖式的特点说明珠算的计算过程。另外，在学习乘除法时，利用珠算同数连加即"乘"，同数连减即"除"的原理，让学生理解乘除的来源和意义。乘法采用"大九九"，以珠算促口算；除法的珠算采用商除而不用传统的归除，使珠算、笔算、口算的算法完全一致。在教学程序上，可先教笔算，再教珠算，笔、珠、口三者相互验证和促进。"三算结合"实验其实在很大程度上不过是一种关于珠算教学的改革。比如"不用口诀教珠算"，就是纯粹对传统珠算教学的改造，并不涉及笔算和口算。但是，将珠算教学引入小学低年级的数学教学，它所产生的价值却客观地超出了珠算教学改革的范围，概括地说，"三算结合"实验的教学意义，在于珠算对口算和笔算的作用。另外，从国外的情况来看，珠算教学似乎越来越受到关注，由此而言，珠算教学及其与笔算、口算"三算结合"是有前途的。①

---

①　熊明安：《中国近现代教学改革史》，重庆出版社1999年版，第361—362页。

第三节　教学论在曲折中前行的影响

由于受多种因素的影响,我国教学论在曲折中前行,对教学论学科、教育教学实践以及人才培养都产生了重要影响。

一、造成了教学理论缺失,使教学论学科发展受到极大影响

"文化大革命"中,在极左思想指导下进行的斗、批、改和"教育革命"给我国的教育理论、教育思想、教育实践等都造成了极大的影响。"文革"中"左"倾教育思潮错误认为,中国封建社会的教育思想都是为封建地主阶级服务的;旧中国的资产阶级教育家的教育思想、教育理论都是为资产阶级服务的;苏联在斯大林去世后也"变修",20世纪50年代后期苏联的教育理论是为修正主义服务的;外国资本主义国家教育家的教育思想、教育理论也都是为本国统治阶级服务的,是为向外扩张、侵略的帝国主义服务的;而新中国十七年的教育则是修正主义教育路线占统治地位,也是要否定的。总之,除了马克思、恩格斯、列宁、毛泽东的教育思想外,一切都是与无产阶级"格格不入"的,都是在"横扫"之列,因此教育教学理论被破坏得所剩无几。① 在极左教育思潮的影响下,不少人给古今中外教育、教学研究的优秀成果戴上了"封资修黑货"的大帽子,对中外著名教育论著,抱着轻率的态度,简单粗暴,随心所欲,掐头去尾,乱扣帽子,乱打棍子,否定教育理论著作,把中外一切优秀教育思想都拒之门外,使得广大教育工作者不敢谈教育学理论,年轻的教育工作者不知道什么是教育学,更不知道夸美纽斯、赫尔巴特为何许人,没有一本可供学习的教育学教材,其他教育理论著作,更是寥寥可数。仅有的自编的教育学教材,也不过是文件政策的汇编,教育科学濒临灭绝。② 同时,在教育教学实践方面,科

① 王炳照、阎国华主编:《中国教育思想通史》第八卷,湖南教育出版社1994年版,第209页。

② 王炳照、阎国华主编:《中国教育思想通史》第八卷,湖南教育出版社1994年版,第210页。

学而有效的教学原则与方法、条例及规章，被全面推翻，各种违反教育规律的所谓“教育革命经验”，被捧为“新生事物”，被强行推广和效法。所有这些，造成了当时我国教育教学思想与理论的贫乏，使得教学论学科的发展陷入低谷。

二、破坏了学校正常的教学秩序，致使教育实践陷入混乱

在教育实践方面，“文化大革命”给我国教育事业造成了罕见的历史性灾难。① “文化大革命”中，为了更大规模地发动全国师生投入到这场史无前例的“革命”，毛泽东号召“要革命师生自己闹革命”。② 中共中央、国务院多次发文规定中小学学期考试一律不进行，招生工作可以推迟，学校不放暑假，等等。1966 年 7 月 29 日，北京市在召开的大中学校师生“文化革命”积极分子代表大会上宣布：大中学校“放假半年闹革命”。12 月 15 日，中共中央发布的《关于农村无产阶级文化大革命的指示（草案）》规定：“中等学校放假闹革命，直到明年暑假”。③ 根据一系列文件，大中小学全面“停课闹革命”。在这一过程中，广大学生以“红卫兵”为组织名称进行活动，在全国掀起大规模的造反浪潮，纷纷走上街头进行“破四旧”，张贴大字报，集会演说，销毁各种所谓的“封、资、修”物品等活动。在全面造反的热潮中，红卫兵在中央文革小组的鼓动下，不仅揪斗学校领导干部和教师，还冲击各级政府和各级党委，使得教育部和各地的教育行政机关相继陷入瘫痪状态，各级各类学校的教育教学工作也陷入了瘫痪、混乱状态。全国各地的学校都处在无政府的状态之中，教育教学实践实际上已经中断。后来，“工宣队”进驻学校，制止武斗，促进“大联合”才标志着学校的“文化大革命”进入一个新的阶段。另外，“文化大革命”中“左”倾教育思潮错误地夸大实践的作用，盲目鼓动师生到“三大革命”运动中去办学，否认加强理论学习的必要，否认实验室、图书资料的重要作用，导致一大批校舍被占用，学校变成了厂房、工地，许多学校被撤并、搬迁，实验室设备遭破坏，图书资料严重散失，造成教育实践困难运行。据不完全统计，1972

---

① 方晓东等：《中华人民共和国教育史纲》，海南出版社 2002 年版，第 267 页。

② 方晓东等：《中华人民共和国教育史纲》，海南出版社 2002 年版，第 267 页。

③ 中央教育科学研究所编：《中华人民共和国教育大事记（1949—1982）》，教育科学出版社 1984 年版，第 408 页。

年前,全国各级学校被占用的校舍共有1542万平方米。到1978年,全国还有1170余万平方米校舍被占未还。如果新建校舍需基建投资12亿元,相当于1978年前四年全部教育基建投资的总和。① "文革"中还将新中国成立以来形成的教学组织、规章、制度全盘否定;大搞"小将上讲台""工农兵上讲台";大量的文化课程被砍掉,"阶级斗争"成为主课……凡此种种,破坏了学校正常的教育教学秩序,给我国教育事业造成了历史性的灾难,使全国教育实践陷入一片混乱之中。

三、影响了人才培养,造成人才断层

人才是社会发展和国家强大的基础,人才的数量和质量是一个国家综合国力的标志之一。由于"文化大革命"对知识分子的残酷迫害和无情打击以及对学校教育教学规律的违背和破坏,再加之当时的极左教育思潮错误认为,"文化大革命"前的招生考试制度是资产阶级的,是反动的;学生要以阶级斗争为主课,要积极投入"文化大革命"运动,从1966年"文化大革命"开始,有关领导部门决定高校推迟招生,并整整推迟了四年,直至1970年才开始在少数院校试点招收工农兵学员,大批院校到1972年才完全恢复招生。直至1977年底,高校才真正恢复正常的、统一招生考试制度。至于研究生招生则整整中断了12年,停止选派留学生6年,停止接受外国研究生达7年,高等教育部和教育部瘫痪了8年多,中小学的瘫痪状态也持续了近两年。从数量上说,这"十年动乱"期间,至少为国家少培养100万合格的大专生和200万以上的中专毕业生;从质量上说,由于实行推荐与选拔结合上大学的制度,结果不少只有初中甚至是小学文化程度的青年进了大学,文化程度之低和参差不齐,再加上运动不断、劳动过多,学习时间又少,使得多数工农兵学员并没有达到大专程度。从而使我国在粉碎"四人帮"后普遍感到人才严重匮乏和短缺,出现人才断层的严重状况,成为各行各业面临的一个严峻的问题。另外,由于中小学校盲目缩短学制,盲目精简课程,盲目改变教材,使中小学生的文化水平也大大下降;加上错误地批判"两种教育制度",乱砍乱撤职业学校、半工半

① 刘西尧:《在全国教育工作会议上的总结》,1978年5月16日。

读学校,结果是普通中小学生不仅文化素质降低,而且走上社会后,根本不能适应各行各业对一般劳动者的素质要求,严重影响国民经济各部门劳动者的素质,严重影响全民族的素质,耽误了人才的培养,大大降低了人才的政治、业务素质,教育质量大大低落。①

但是,这一时期我国教学论也积累了一些宝贵经验,如教育必须同生产劳动相结合,因地制宜多渠道办学,加强党对教育事业的领导,等等。1975年,邓小平在主持中央日常工作期间,科学、教育、文艺等领域开始打破万马齐喑、严重混乱的局面,出现了新的气象。②

---

① 王炳照、阎国华主编:《中国教育思想通史》第八卷,湖南教育出版社1994年版,第205页。

② 中共中央文献研究室编:《〈关于建国以来党的若干历史问题的决议〉注释本》,人民出版社1983年版,第410页。

第三章　教学论在恢复中重建（1977—1985 年）

1977—1985 年是我国改革开放的初期阶段，国家在各个领域实现拨乱反正，各项事业在整顿与恢复中前行，教学论学科也不例外，其主要任务是在恢复中重建并进一步发展。“文革”十年期间，教育科学被摧残殆尽。[①] 改革开放初期，教学论的发展面临重新恢复以往的研究传统，重新确立教学论的学科地位的紧迫形势。其中，恢复是指在深刻反思“文革”期间教育问题的过程中，批判地继承新中国成立初期至“文革”前教学论研究的理论成果及发展方式以及 20 世纪上半叶我国教学论研究的理论与经验等，重新开始教学论的学科建设。重建是指在教学论研究重新恢复的过程中，结合改革开放初期的社会背景、教育实际等重新探讨教学论的基本问题，构建学科的基本框架，探索基本议题等。

第一节　教学论发展的背景

教育作为社会的一个系统必然要受到宏观社会背景的影响，正因如此，不同历史时期的教育状况又有自身的特点和要求。教学论作为教育的一个下属学科，必然会受到所处时代的宏观社会背景和教育背景的影响，同时，与教学

① 顾明远：《中国教育科学走向现代化之路纪实——纪念共和国建国 60 周年》，《北京师范大学学报（社会科学版）》2009 年第 4 期。

论直接相关的学科发展情况也会对其产生直接的影响。因此,改革开放初期教学论的发展与当时的社会背景、教育背景以及学科背景密切相关。社会背景影响教学论的发展方向与趋势,给教学论打上特定的时代印记。教育背景影响教学论的发展侧重点,从而影响教学论学科的基本样态。学科背景则直接影响教学论研究的主要内容及研究重点。

一、社会背景

社会背景对处于这个时期的活动或事物产生深刻的影响,甚至规约着活动或事物的发展。作为人类特殊实践活动的教育都是处于一定的社会背景之中的,因此不同社会背景对教育产生不同的影响和制约。改革开放初期是一个承前启后的时期,一方面着力解决"文革"遗留的各种社会问题,在各个领域实现拨乱反正;另一方面新时期确立了国家新的发展任务和发展方向,为国家的未来发展奠定根基。同时,面对新时期国家发展的新问题,打开思路,开阔视野,积极学习他国先进的思想文化和科学技术也成为一种特殊的社会需求。这些都是当时社会发展的基本状况和需要,共同构成了教学论发展的社会背景,在不同程度上影响着教学论的发展。

(一)实现社会拨乱反正

"文革"对我国社会发展产生了极大的负面作用:导致了思想上的空前混乱和对马列主义信仰的严重削弱;党组织和政权机构遭到严重削弱;国民经济遭到极大破坏;科学文化事业遭到严重摧残;社会思想和风气遭到严重毒害。① 为了迅速地扭转这种局面,使国家的各项事业走向正轨,党和国家极力实现社会的拨乱反正。1978 年党的十一届三中全会的召开以及 1981 年的《关于建国以来党的若干历史问题的决议》高度评价了关于真理标准的大讨论,充分肯定了马克思主义、毛泽东思想作为党的指导思想的伟大意义,确立了"解放思想、实事求是、团结一致向前看"的指导方针,将全党工作的重心转移到社会主义现代化建设上来。自此,我国出现了安定团结的政治局面,国民

① 张化:《二十年后"文化大革命"的再思考——从〈"文化大革命"简史〉谈起》,《中共党史研究》1998 年第 2 期。

经济稳定获得发展,社会各项工作逐步走上了健康发展的道路。面对从思想、理论、行动及实践上全面地清理"文革"的不良影响而迅速实现社会健康发展的时代潮流,教学论学科也重新开始反思并加快学科重建的步伐。表现为理论上重拾20世纪上半叶和新中国成立初期教学论的理论成果并积极借鉴国外研究,实践上指导教学实践扭转"文革"期间与教育规律相违背的做法,清除关于教学的实用主义和简单化的影响,促进学校教育的有序化和正规化,进而形成尊重知识、尊重人才和重视教育教学的观念和做法。

(二)确立社会主义现代化建设发展战略

国家和社会的发展战略,是一个国家未来的总体发展方向和侧重,对其他各领域的发展都起着指导和规约作用。审视自鸦片战争以来的中华民族发展史,国家富强和民族振兴一直是社会各界肩负的使命和寻求的理想。"文革"时期,面对世界经济大发展的良好形势,我们错过了发展的大好契机。改革开放初期,国家的战略重点表现为将社会发展迅速地引导到实现国家富强和民族振兴的正确轨道上来。十一届三中全会适时地作出了全党工作重点转移到社会主义现代化建设上来的战略决策,初步提出了改革开放的重要任务,开辟了社会主义现代化建设的新局面。在这一国家发展战略的指导下,实现社会主义教育现代化就成为一个关键问题。1983年,邓小平同志提出"教育要面向现代化,面向世界,面向未来"的教育发展战略方针和1985年《中共中央关于教育体制改革的决定》的颁布确立了我国教育的未来发展方向,教学论的研究必然要回应和探索实现我国教育现代化及推进我国教育改革与之相关的各种问题。

(三)对外开放学习他国的现代化成果

历史证明,"闭关锁国"阻碍国家和社会的进步和发展,学习和借鉴才是国家发展的必需。我国近代以来就积极向西方学习,比如洋务运动学习西方的先进器物与科学技术,戊戌变法学习西方的民主政治制度。新时期,面对西方现代化发展的良好势头,我国的社会主义现代化建设需要借鉴和学习西方的先进经验来为我所用,并基于中国国情努力探索中国特色社会主义现代化发展之路。十一届三中全会后,我国逐步确立了改革开放的方针政策,面向世界打开国门,积极开展对外合作和交流,勇于学习他国的文明成果。其中的一个重要事件就是1979年1月1日中美建立正式的外交关系,为两国的经济、贸易、科技、文化等各方面的交流与发展奠定了基础,也为东西方的全面交流开启了序幕。可以说,面向全球的外交新局面的开启为理解人类社会的现代化、借鉴别国现代化发展的经验而促进我国社会主义现代化建设打开了交流通道。在这一历史背景下,我国文化与学术交流方面这一时期明显的特点是对西方文化著作进行大量的翻译推广。教学论领域也是如此,翻译与引进了一大批美国、西欧等国家关于教学的理论观点及实践探索,改变了新中国成立以来单一地学习苏联教学论的局面,从而从更广泛的意义上重新思考教学论的相关问题,增强了我国教学论研究的国际意识,为我国教学论研究提供了借鉴与参考。

二、教育背景

在改革开放初期,国家确立了社会主义现代化建设的总体战略目标,而现代化建设需要各行各业人才的支持,教育无疑在社会主义现代化建设中肩负着重要使命。而这一时期,在社会上形成尊重知识、尊重人才的良好风气,更好地让学生掌握未来必需的基础知识和基本技能等问题都是教育领域需要关注和解决的重要问题。在这种现实需求的驱动之下,教育的基础战略地位和指导方针得以确立,高考中考制度得以恢复,普及与重点结合的办学方式得以实施,教师队伍得以重建,教育体制改革得以实践。这些为教学论的发展提供了外部空间和条件,与之密切相关的各项议题、教育改革带来的教学变革,以及这个过程中需要解决的各种问题,就成为教学论关注的重点。

(一)确立教育的基础战略地位和指导方针

"文革"中我国之前较为完整且比较有序的教育体系受到破坏,新时期面临现代化建设人才短缺的局面,教育在国家现代化进程的重要作用受到高度重视。事实上,在建设中国特色社会主义的伟大实践中,教育发展是关系社会主义现代化建设全局和社会主义历史命运的根本问题。早在 1977 年 8 月,邓小平同志在科学和教育工作座谈会上就提出:"我们国家要赶上世界先进水平,从何着手呢?我想,要从科学和教育着手。"[①]1977 年 9 月,中共中央发出

① 《邓小平文选》第二卷,人民出版社 1994 年版,第 48 页。

的《关于召开全国科学大会的通知》指出,“四个现代化的关键是科学技术现代化”,“科学人才的培养,基础在教育”。① 1978年3月,邓小平同志在全国科学大会开幕式上的讲话中进一步指出:“科学技术人才的培养,基础在教育。我们要全面地正确地执行党的教育方针,端正方向,真正搞好教育改革,使教育事业有一个大的发展,大的提高。”②可以说,在科教兴国战略的形成过程中,教育优先发展的基础战略地位逐渐清晰起来。1983年邓小平同志为景山学校题词,“教育要面向现代化,面向世界,面向未来”,指明了我国教育未来的发展方向,成为我国教育发展的指导思想和战略方针。要有效地落实这一战略指导方针,作为学校教育中心工作的教学担负着重要的育人职责,需要发挥重要支撑作用。这一时期,解决“文革”遗留的教育问题,学生掌握什么样的文化知识以及如何更好地学习这些文化知识是学校教育至关重要的问题。而教什么样的知识、怎样教等问题恰恰是教学论研究的核心问题,需要教学论做出必要的回答,更加深刻地体现了教学论在指导教学实践、有效培育人才方面的重要性以及其在改革开放初期社会发展需求方面的独特价值。

(二)恢复高等和中等教育的统一招生考试制度

恢复高等和中等教育的统一招生考试制度是改革开放初期教育发展的重要事件,对教学论的发展起到特定的推动作用。“文革”期间的招生实行推荐入学,致使学校生源质量严重下降,人才培养工作面临困境。改革开放初期,高考中考重新恢复招生考试制度,这是对“文革”期间推荐制的调整与改革,招生转向对学生的文化知识和本人表现的考察。这就要求学生掌握扎实的文化基础知识并更好地发展自身的能力,对学校教育提出了新的要求,学校教育必须迅速走上正规化的办学轨道,强化知识教学和学生能力培养。由此,课程体系和教材内容的系统化和科学化、教学活动的有序性和规范性就成为教学论必须面对和研究的问题。同时,教育评价是一个由教育目的、教育过程、教育结果内在前后连贯的过程,其中教育过程的核心要素和环节是教学。在这个意义上,教育评价不能脱离教学进行抽象评价,必须是在教育目的的引导下

① 金铁宽主编:《中华人民共和国教育大事记》,山东教育出版社1995年版,第1022页。

② 《邓小平文选》第二卷,人民出版社1994年版,第95页。

对教学在实践效果上实施评估。因此,高考中考的恢复客观上要求建立较为科学的教育教学评价体系,教学论就有必要依据当时教学的实际状况回答如何做好教学评价问题,使教学评价发挥引领教学的重要作用。

(三)实施普及与重点相结合的办学方式

改革开放初期,我国教育的主要任务是全面进行恢复,走上正规化办学道路,提高教育的普及程度和受众对象。另一方面,面对现代化建设对各类人才的急需,着力加大重点人才的培养。在这种双重压力下,国家采取了普及与重点相结合的办学方式。1980 年国务院发布《关于普及小学教育若干问题的决定》,1986 年《中华人民共和国义务教育法》出台,都体现出了普及教育的重要思想,各级政府都将普及教育列入重要议事日程。同时,在当时办学条件有限的情况下,为尽快提高教育质量,国家又采取了办好重点学校的决策,培养社会发展所急需的人才。这种在长期的实践中形成的"抓点带面的方法","既适用于其他各项工作,也适用于教育工作"。[①] 这种普及与重点相结合的办学方式,既实现了一定规模的普及教育,也使国内快速地涌现出了一批重点小学、重点中学和重点大学,加快了人才培养速度和质量。这种差异化的办学方式,对教学实践提出了挑战和要求,教学论需要探究教学计划、课程内容、教学方式等和实然的教学目的、学生学业水平、教师教育教学能力、学校教育教学条件等两个方面之间及每一个方面内部要素之间的复杂关系,从而有效地支持普及教育与重点学校教育得以合理地实现并保持这两类教育之间的动态平衡。

(四)加强教师队伍建设

中小学正常教学秩序的恢复,学校教育教学质量的提高,需要稳定而高素质的教师队伍作为保障。改革开放初期,国家积极落实知识分子政策,大力提倡"尊重知识、尊重人才",解除了之前套在知识分子身上的精神枷锁,激发了他们的工作激情。作为知识分子的重要组成部分,教师也受到了重视,全社会重新形成尊师重教的风尚,党和国家采取了一系列措施重建教师队伍。1977

---

① 毛礼锐、沈灌群主编:《中国教育通史》(第六卷),山东教育出版社 2005 年版,第 237 页。

年 12 月教育部下发《关于加强中小学在职教师培训工作的意见》,1978 年 1 月国务院批转了教育部《关于加强中小学教师队伍管理工作的意见》,1978 年 3 月国务院批转了教育部《关于高等学校恢复和提升教师职务问题的请示报告》等,要求正确执行党的知识分子政策,强化教师队伍管理,加强教师队伍培训,建立教师职称评定制度,实施教师工资福利制度等。这些政策的实施提高了教育工作者的学术地位和社会地位,提升了教师的生活质量,解除了教师的后顾之忧。[①] 在此背景下,教师如何有效地参与教育教学活动也就是需要审视的重要问题。其中,教师作为教学实践的直接参与主体,他们的教学观念、教学能力等都是教学论研究的主要内容。同时,作为第一行动主体,教师直接参与教学实践和教学改革,他们所进行的实践层面的教学内容、教学方法等的改革也都是教学论研究中的重要议题。

(五)实行教育体制改革

改革开放初期,为了打破原有体制的束缚,我国社会的一些领域都进行了体制改革,比如 1984 年经济领域的《中共中央关于经济体制改革的决定》颁布,1985 年科技领域的《中共中央关于科学技术体制改革的决定》颁布。教育领域尽管也实行了各种改革,但是还有许多与社会发展不相适应的方面,影响了教育在新时期我国社会主义现代化建设中战略作用的发挥。正因如此,1985 年 5 月,党中央国务院召开全国教育工作会议并颁布了《中共中央关于教育体制改革的决定》。《决定》在系统反思"教育大革命"中精简课程、缩短学制、劳动教学、开门考试、推荐招生等一系列教育制度的基础上,从教育事业管理权限、教育结构、教育思想内容方法三个方面分析了我国教育事业的落后和教育体制的弊端,指出要从根本上改变这种状况,必须从教育体制入手,有系统地进行改革。这一《决定》的颁布是我国教育发展改革史上的一个里程碑,与同时期中央做出的《关于经济体制改革的决定》《关于科技体制改革的决定》共同组成我国新时期社会整体发展的宏伟蓝图,为后来制定《中国教育改革与发展纲要》以及《中华人民共和国教育法》奠定了重要基础以及在指导

① 廖其发主编:《当代中国重大教育改革事件专题研究》,重庆出版集团 2007 年版,第 164 页。

思想上起到了定向作用。① 可以说,《决定》作为一种宏观的教育制度,为教学论研究提供了必要的制度支持甚至法理依据。同时,《决定》对微观的教学制度起到规范与引领作用,从而影响教学实践。在这一意义上,教学论有必要探究教育体制及其所规范的学校教学制度,以及由此带来的教育行政部门、学校、教师等在教育管理和教学等方面的新情况和新问题。

三、学科背景

与教学论的研究对象和研究主题直接相关的教育实践会规定教学论的发展重心及其理论建构的先后顺序。在改革开放初期,与教学论直接相关的事件主要有恢复学校正常教学秩序和统一编写大中小学教材。作为实现办学正规化而必须迫切实施的两件事情,从理论指导实践的角度为课程与教学论研究规定了必要的切入点和优先的关注点。

(一)恢复正常的学校教学秩序

正常的学校教学秩序可以保证学校有序有效办学,提高人才的培养质量。为了尽快结束学校教学秩序混乱的状态,使学校教育尽快走上健康发展的道路,"文革"结束后教育部立即进行大中小学工作条例的修订工作。对原"高教六十条""中学五十条""小学四十条"进行重新修订,1978 年 9 月教育部颁布实施了《全日制小学暂行工作条例(试行草案)》和《全日制中学暂行工作条例(试行草案)》,10 月又颁布了《全国重点高等学校暂行工作条例(试行草案)》。这些条例的颁布与实施基本上确立了各级各类教育的办学规范,迅速地恢复了大中小学的教学秩序,并在后续对它们不断地进行调整、完善与扩充的过程中,引导学校教学向正规化方向发展。一方面,正常的教学秩序使学校教育具有完整性和连续性,能够为教学论的研究提供稳定的依托环境和实践场所;另一方面,正常的教学秩序得以恢复,会遇到一些阻力及各种与之相关的问题,教学论就有必要研究这些问题,探索解决思路,从而有效地为学校教学秩序的正规化提供支持和指导。

① 吴德刚:《中国教育改革发展研究》,教育科学出版社 2011 年版,第 7 页。

(二)统一编写中小学教学计划、教学大纲和教科书

统一规范、科学合理的教学计划、教学大纲和教科书是学校教学质量得以保障的重要条件之一。为了改变之前教育的混乱状态,国家组织编写了中小学教学计划、各科教学大纲和教科书,来统一规范教育教学。1978年1月国务院批准的《全日制十年制中小学教学计划试行草案》正式颁布,规定了中小学的学制、课程、教学要求、学时分配等。早在1977年9月,教育部就组织一批学科专家、学者和富有教学经验的教师编写教学大纲和教科书。至1979年底,全日制十年制中小学各科教学大纲15册,小学、初中、高中的全套教材基本编写完成。① 这套教学计划、教学大纲和教科书在全国开始使用,迅速提升了中小学的教学质量。教学计划、教学大纲和教科书,是教学论研究的重要内容,这涉及学校"为什么教"和"教什么"的问题,三者的编写是否科学合理,安排是否有序得当,在实际使用过程中是否适切,有何问题等,都需要教学论对此进行关注和解答。这些实际上直指教学论的研究内容,推动了教学论的进一步发展。

第二节　教学论重建路径

改革开放初期,教学论的发展方式是恢复中重建。恢复指"使变成原来的样子""重新获得""伤病与疲劳之后身体复原"之意。而重建意指"重新建设或建立""重新组建"。所谓恢复中重建就是对于已经被毁坏的事物,为了恢复其原来的样子,在现有基础上结合现实状况进行重新建设。在这一意义上,教学论恢复中重建的路径大致如下:一是恢复以往教学论研究的理论成果;二是基于新时期的新情况,重新构建教学论的基本图景和框架体系。

一、恢复原有教学论研究的理论成果

20世纪上半叶和新中国成立后的一段时期,我国的教学论研究取得了一

① 张民选、丁念金主编:《中国教育改革大系(中小学教育卷)》,湖北教育出版社2016年版,第23页。

定的成绩。“文革”期间教育事业面临停滞,教学论的发展也受到了极大的影响。改革开放初期,我国的各项事业处于整顿和恢复时期,教学论研究也不例外。一方面,研究者们重拾 20 世纪初期和新中国成立后的研究热情,积极投入到教学论的学科建设中。另一方面,系统地梳理、清查已有教学论的理论、观点与成就。首先,需要清理已有教学论的学科理论体系,明确教学论学科发展的起点。纵观 20 世纪教学论学科发展体系,新中国成立之前我国的教学论主要是学习与借鉴赫尔巴特的理论体系并展开了一些本土化建构,新中国成立后受苏联教育学的影响较深,我国的教学论全盘接受了凯洛夫教育学体系之中的教学论理论体系。整体来看,改革开放之前,我国的教学论理论体系以赫尔巴特、凯洛夫等的教学理论体系为主流,同时吸收了杜威等的理论体系的一些特点。这就是改革开放初期教学论理论体系恢复的基本起点。其次,需要理清已有教学论的基本样态,从研究对象、研究主题、研究方法、理论基础、指导思想、理论体系等方面系统地审视已有教学论,分析其理论观点和研究特色,为后续研究奠定基础。再次,需要整理已有教学论的重要理论观点,分析这些理论观点的基本内涵和来龙去脉,恢复这些理论观点在新时期对于教学实践的指导力,为教学论的理论创新提供必要的借鉴与参考。

二、重新构建教学论的学科体系

恢复是对以往教学论研究的肯定和重新回顾分析,使教学论能够从原有的起点重新开始新的发展。而重建则是在回顾以往教学论的基础上,顺应时代的发展需要和新的特征,重新构建教学论的学科基本框架和理论体系。

首先,明确教学论的实然社会背景和应然发展趋势。这两个问题是教学论研究的前提,因为新时期的教学论应该符合时代发展的新需要,解决实践中的新问题,进而基于教育发展的战略方针预测并提出未来教学论发展的方向、重点及要求等。一是分析现实中影响教学论的教育需求、社会背景等,发现教学论需要抓住的研究重点、拓展的研究主题、深化的研究问题、确定研究步骤的先后顺序等,建立起适应时代需要的教学论理论体系,使其更加适合教学实践的状态与需求;二是着眼教学论的未来走向,预测在一定时间内社会发展趋势对教学论产生的可能性影响以及大致规约教学论发展的总体方向,基于此提出未来教学论各领域的发展趋势和走向,为教学实践的未来发展提供支持。基于这样的分析,改革开放初期的教学论应该在批判地继承20世纪上半叶和新中国成立十七年来教学论成就的基础上,满足新时期快速牢固掌握文化基础知识而培养社会所急需的人才的实践诉求,关注社会主义现代化建设这一未来的发展战略,结合这两个方面进行教学论的重建,从而最终形成符合我国实际需要和未来发展的中国特色教学论。

其次,重新构建新时期教学论的学科体系。我国的教学论学科经过之前两个阶段的发展,已经有了基本的研究内容和研究侧重。这些问题应该是在不同历史时期都会面临的一些领域,只是不同时期的需求和特点不同而已。同时,新的历史时期教学论的发展会面临一些新问题,产生一些新的领域和新的视角、内容、观点等。因此,新时期教学论学科体系的建立应该在延续已有研究的基础上,重新挖掘和发现新的领域和新的问题。教学论的学科体系,主要是指教学论研究的基本领域。这一时期教学论的学科体系包括教学论的学科性质、研究对象、研究范围、研究方法、理论体系(教学本质、目标、内容、过程、原则、方法、手段、组织形式)等方面。这些领域的探索,是教学论研究者的重要任务。新时期,在各个问题上,不同研究者基于自身的理论修养和实践关注会有不同的看法和观点,在不同层面上探讨了问题的实质,并由此而形成的不同的观点,促进了教学论研究的丰富性和多样化,从而有助于对该问题的全面认识和把握。

再次,积极关注教学实践的重大问题。实践探索,主要是指教学论学科体系中的各个领域在实践中的实际表现情况。理论构建来源于实践又指导实践,而鲜活的教学实践千变万化,新的状况和现象层出不穷,需要研究者不断地进行研究和探讨。也就是说,学科体系中的各个基本问题除了要进行源于实践的理论提升和总结外,还要积极关注各自领域的实践状况。比如,“文革”期间停课闹革命、盲目发展普通中小学、随意设立高等学校、迫害干部和教师等违背基本教育规律的行动使学校教育几乎处于瘫痪状态,在改革开放初期迅速扭转这种状态的做法就是让学校重新恢复活力,从而让回到学校的学生有知识可学和有学可上。有知识可学和有学可上是学校教育活动得以展开的最基本的条件。解决有知识可学的问题就是改变教材体系混乱、基础知识薄弱、盲目与生产劳动简单结合的状态，编制科学的教学计划、教学大纲、教科书、教学参考书等。这就涉及“教学内容”的编制问题，因此教学论除了要研究教学内容的普遍意义的基本理论外，还要尤其关注这一时期对教学内容的新要求这个实践问题，做到基本理论研究与现实实践结合。而解决有学可上的问题就是需要改变大搞“开门办学”、频繁下乡劳动、大批“智育第一”和“师道尊严”等导致的教学混乱状态，让课堂教学按照教学的基本规律和基本过程有序运行起来，从而保证学生能够有效地掌握基础知识与基本技能。这个是“教学过程”理论需要解答的问题。同样，教学过程研究除了基础理论研究外，也要研究新时期如何让课堂教学规律有序运行这一实践问题。要注意的是，研究改革开放初期教学实践的重大问题，需要检视新中国成立以来教学实践的发展脉络，探究与吸收经过实践检验且行之有效的经验及注意规避影响教学健康发展的教训，这样才能合理地对不断发展的教学实践进行反思和审视，通过理论化的总结与提升，逐渐发展与丰富教学论的理论及其体系。

最后，积极引入国外的教学理论和实践成果。20世纪初期我国引进了一些国外的教育教学理论，“直到解放以前，我国教育科学还是以西方的理论为主，虽然也出现过如陶行知的生活教育、陈鹤琴的活教育、晏阳初的平民教育等流派，但没有重大的突破”①。而新中国成立至“文革”前的十七年，我们的教学论研究尽管取得了一定的成绩，但大体上还处于理论的初创阶段，“文革”期间教学论的研究处于停滞状态，由此看来，在改革开放初期我国教学论的科学化水平总体上不高。而在这段时期内，国外的教学理论和教学实践都产生了诸多新的变化，能够从中发现一些共性问题和基本趋势，可以为我国新时期的教学论和教学实践发展提供新的启发和参考。因此，改革开放初期，国外教学论思想和改革实践纷纷被引进。1978年，杜殿坤在《外国教育资料》上发表了《列·符·赞科夫的教学论思想》一文，开启了引入国外教学理论的序幕，此后大量的国外教学理论和改革实践被翻译、介绍和引进。对于教学论而言，当代国外众多的教学思想流派，扩大了我们的眼界，打开了我们的思路，启

① 顾明远：《中国教育科学走向现代化之路纪实——纪念共和国建国60周年》，《北京师范大学学报（社会科学版）》2009年第4期。

示我们怎样适应时代发展的需要,针对传统教学理论的弊端而变革、超越传统,建构新的教学理论。① 可以说,这种引进、学习的思想转变与我国宏观的改革开放政策有关,积极学习他国各领域的理论和经验,可以扩大我们的视野,进一步开阔眼界,用世界的眼光全方位地了解世界教学理论和实践领域的最新成果和动态,从而跟上时代步伐,树立符合时代精神的现代教学观念,建构更加科学化的教学理论,以及开展符合我国实际的教学实践改革。

第三节　教学论重建的主要议题

这一时期,教学论建设摆脱了"文革"时期停滞的状态,重新焕发出了生机和活力。教学论研究者们重拾以往的研究热情,积极投身到教学论研究的热潮,重新建设教学论学科,构建新时期的教学论图景。这个阶段的教学论建设主要围绕学科地位的确立、学科基本问题的澄清、学科体系的构建,以及重要理论观点的形成进行。

一、重新确立教学论的学科地位

1901 年,王国维完整地翻译了由日本学者立花铣三郎所作、包涵赫尔巴特教授法的《教育学》,我国自此开始了教学论的学科建构与本土探索。这期间教学论著作或教材纷纷出版,对其后教学论的学科发展产生了积极作用。在新中国成立后的一段时期内,我国各个领域学习与借鉴苏联的模式和做法,教育学研究也不例外。苏联教育学的理论体系是把教学论当作一个组成部分,因此我们在学习苏联教育学的过程中也基本采取了这种思路,使得教学论的学科地位模糊不清,不够独立。在十一届三中全会之后,教学论的学科地位问题受到了充分的重视。全国教育学研究会在 1979 年和 1981 年召开的第一届和第二届年会上,都集中研讨教学论的学科建设问题,1983 年的第三届年

① 李定仁、徐继存:《我国教学论研究的进展与走向分析》,《西北师范大学学报(社会科学版)》2001 年第 4 期。

会还研究了教学论的研究方向、中国化、理论基础、研究方法等问题，同年在教育学第三次学术会议上还提出了建立中国特色教学论学科体系问题。[①] 由此看来，在改革开放初期，在恢复凯洛夫教育学体系所强调的传统的基础之上，教学论的学科地位逐步受到重视，教学论已经逐步从教育学体系中脱离出来，形成了独立的学科，其教育学二级学科地位基本得到确立。

二、进一步澄清教学论的基本问题

学科的发展和建设首先是基于学科基本问题的澄清基础上而进行的，这些基本问题确定好了，后续的学科体系建设才能有根基和定位。改革开放初期，这些基本问题亟待解决，研究的成果尽管不多，学者们的观点也有异，但在一些基本问题上也渐进达成了一致。

（一）明确教学论的研究对象

研究对象的确立是一门学科发展的起点，研究什么、研究哪些问题自然也成为教学论研究者关注和解决的首要问题。在改革开放初期，研究者也意识到这一点，对教学论研究对象的认识产生了一些观点。有学者将教学看作一个整体，提出教学论研究对象的"规律说"，如王策三就认为教学论要坚持研究教学的客观规律。[②] 除此之外，有学者还提出"活动说"，指出教学论的研究对象应是研究教学过程中教与学的双边活动及其客观规律。[③] 由此看来，关于研究对象的界定还受到研究内容及研究任务的干扰，不过也较为明确地指出教学论的研究对象是教学的客观规律。这也与我国当时学校教育教学的客观情况有关，在面临恢复正常教学秩序，保证教学有序规律运行的时代要求下，教学论必然需要研究科学的教学客观规律，来加强其对实践的指导能力，指引学校和教师按照总结提升客观规律进行教学，才能保证教学的正规化和规范性，从而提升教学质量，加快人才培养的力度和步伐。

① 靳玉乐等：《中国新时期教学论的进展》，重庆出版社2001年版，第28页。

② 王策三：《简谈教学论的研究对象、任务和方法》，载瞿葆奎主编：《教学》（上册），人民教育出版社1988年版，第17页。

③ 徐勋：《关于教学论的研究对象、任务和方法之我见》，载瞿葆奎主编：《教学》（上册），人民教育出版社1988年版，第32页。

(二)厘清教学论的学科性质

在改革开放初期,关于教学论的学科性质主要有三种不同的认识,其内涵界定与语词表述比较清晰。第一,教学论是一门理论学科或强化理论取向,认为教学论应加强理论研究和提升,如有学者指出教学论“要坚持理论科学的性质”①。将教学论作为一门理论学科或强化其理论特性,可以防止研究过程中的经验主义和有利于提高课程与教学论及其研究者的理论水平。第二,教学论是一门应用学科或强化实践取向,尤其是强调在理论指导实践方面的应用性,如有课程论学者将课程设计视为课程编制,包括制定教学计划、教学大纲,编写教科书,将课程实践视为教学。② 这种认识反映了从推动课程实践工作的角度看待教学论的观念,彰显了教学论的实践特性。第三,教学论是理论性与实践性相结合的学科,如有学者认为“教学论兼有理论性与应用性这两个特点”。③ 这种观点强化了教学论理论研究与实践指导的双重特性,既强调理论研究的深刻性和高度性,也强调理论的实践性和应用性,一定程度上明晰了教学论的学科性质和研究的关注重点。随着学科发展的不断深入,第三种认识逐步获得较大的认同。

(三)确立教学论的研究方法

我国的教学论研究也有较长的历史,期间也积累了一些主要的研究方法,包括理论思辨法、逻辑推演法、文献研究法、经验分析法、调查法、实验法等。在改革开放的新时期,教学论研究在继承原有研究方法的基础上,根据时代的需要也拓展了这些研究方法。并且,研究者们较为深入地探讨了研究的方法论问题。十一届三中全会之后,我党确立了“解放思想、实事求是”的思想路线,马克思主义、毛泽东思想作为党的指导思想重新得以确立,同时也为社会各领域确立了前进和发展的指导思想。教学论研究也延续和发展了新中国成立以来以马克思主义为教学论研究方法论的传统,遵循这一思想指导,坚持马

---

① 王策三:《简谈教学论的研究对象、任务和方法》,载瞿葆奎主编:《教学》(上册),人民教育出版社 1988 年版,第 18 页。

② 史国雅:《课程论的研究范围及指导原则》,《山西教育科研通讯》1984 年第 2 期。

③ 徐勋:《关于教学论的研究对象、任务和方法之我见》,载瞿葆奎主编:《教学》(上册),人民教育出版社 1988 年版,第 35 页。

克思主义方法论，以辩证唯物主义的认识论为指导，反对主观主义和形而上学的影响，防止与哲学认识论与心理学的脱节与混淆。[①] 在此研究方法论的总体指导下，具体的研究方法要把定性分析和定量分析结合起来，既重视理论推导与验证的研究方法，也不能忽视量化的教学实验法，理论与实践紧密联系。同时，正确实行古今中外法，新时期不能完全否定和摒弃历史上不同时期的先进教学思想和经验，也需要积极学习和引进国外先进的教学理论、思想和教学实践，来发展我国新时期的教育教学事业，为国家的现代化建设努力培养人才。因此，坚持马克思主义为方法论指导，实行理论与实践并重的研究方法和研究方法的综合化运用是这一时期研究方法的主要特点。

三、构建和完善教学论的学科体系

20 世纪上半叶及新中国成立之后我国教学论取得了一定程度的进展，在很多方面都开展了一些基本的研究。就教学论的教材而言，新中国成立之前普通教学法的教材的内容大致如下：教学和教学方法的意义，教学方法和儿童、教育目标、教材、教育环境的关系，教材之选择和组织，教学原则，教学方法，教学方式，上课及指导自习，教学效果的测量，等等。而 1949—1976 年间自编的教学论教材，其内容大致包括教学过程、教学原则、教学内容、教学方法和教学组织形式等。[②] 可以看出，由于受到赫尔巴特教育教学思想的影响，这两个时期的教学论研究在一些领域有重合之处，内容要素大致相同，一定程度上反映了教学论研究的连贯性与延续性。表明我国的教学论研究尽管所处时期不同，但是在研究领域和体系上有继承性，是继承基础上结合时代具体情况的进一步发展。改革开放初期，教学论研究恢复以往研究的热情，继承以往研究的特点，在新的时代背景下有了新的发展。这段时期，研究者们致力于教学论学科体系的构建和完善，有代表性的是一大批教学论专著和教材出版，如游正伦的《教学论》（1982 年）、董远骞的《教学论》（1984 年）、王策三的《教学论

① 王策三：《简谈教学论的研究对象、任务和方法》，载瞿葆奎主编：《教学》（上册），人民教育出版社 1988 年版，第 20 页。

② 焦炜、徐继存：《百年教学论教材发展的回顾与思考》，《课程・教材・教法》2012 年第 10 期。

稿》(1985年)、董远骞的《教学原理与方法》(1985年),等等。这些著作的内容包含了教学的概念、教学过程、教学原则、教学内容与课程、教学方法、教学手段、教学组织形式、教学效果等,基本上构建起新时期我国教学论的学科体系框架。在改革开放后的第一个十年里,这些著述在构建学科体系方面,发挥了不可替代的奠基作用,特别是王策三的《教学论稿》,作为改革开放后第一本教学论专著,在学术界产生了重要的影响。[①] 教学论作为一门学科,有其特定的研究对象和研究内容,尽管这个时期教学论的研究领域和要素与之前两个阶段的教学论研究大致相似,但是这个时期的教学论研究已经脱离了教育学的母体,不再是教育学研究中的一个部分,而是独立成为一个专门的研究领域,其所研究的要素范畴与教育学的要素范畴区分更加明显,更加具备独特的话语体系和话语权。同时,尽管内容要素相似,但是研究的重点、思路和观点上在新时期都有了新的变化。可以说,教学论专门著作和教材的出版,使得教学论的研究更具有系统化和正规化,改变了零散分散的教学论研究状态,初步构建了新时期我国教学论学科的基本框架和理论体系,奠定了后续教学论研究的基础。

四、形成教学论的重要理论观点

为了迅速地解决改革开放初期教学的重大实践问题,最为快捷的方式就是从我国教学论已有的成果中找到恰当的理论,用它们指导解决这些重大实践问题,并在此过程中完善与发展教学论,甚至形成一些新的理论成果。具体而言,当时主要从课程与教学本质、教学内容、教学主体、教学原则、教学方法、教学管理、教学评价等研究主题,在恢复中形成了一系列理论观点。此处着重阐述一些被广泛接受的重要观点。

(一)深度延展教学的认识本质观

由于受到赫尔巴特教育学思想的影响,我国学者对教学的看法是将教学视为教学生认识与运用知识的过程,新中国成立后全面学习苏联凯洛夫教育

---

① 王嘉毅:《从移植到创新——改革开放30年来我国教学论学科的发展》,《教育研究》2009年第1期。

学加剧了这一看法。改革开放初期,学者们思想争鸣,观点迭出,从多角度探讨了教学过程的本质问题。研究者从不同的视角和立场主要提出了四种观点:教学过程是一种特殊的认识过程;或者是促进学生发展的过程;或者既是认识过程,也是发展过程;再或者是一个多层次、多方面、多序列和多矛盾的复杂过程。① 这说明对于教学活动的复杂性,需要从多角度、多侧面分析教学活动,有利于更加逼近教学活动的本质。在这个问题上,尽管研究者有各自的观点和看法,但不可否认的是,"教学过程是一种特殊的认识过程"得到较大程度的认同,而其他几种本质观是在质疑特殊认识说的过程中逐渐形成和发展的,是在认识说基础上对教学过程的进一步挖掘和思考。比如"'教学过程是一种学生认识世界的过程。'这是迄今所有教学论者的共同回答。我认为这个答案是对的。"同时指出:"教学过程是为社会主义社会培养和造就人材的社会实践过程。"②"教学过程不只是个认识活动过程,更不是单一的只是认识客观世界、获取知识的过程。还是一个培养教育和促进学生发展的过程。"③"学校教学的根本特点,就在于它是传授知识,离开了传授知识,就不叫教学。……就教学过程本身来说,自然不仅是传授知识,还包括培养学生的技能、技巧,发展学生的能力,以及道德品质教育和世界观教育等等。"④可以说,在马克思主义重新受到肯定并上升为社会指导思想的时代状况下,教学论领域也重新将其作为引领研究、保证研究科学性的基本准则,对教学本质的研究就是基于马克思主义哲学认识论的引领,秉承我国对教学的认识的已有视角与文化传统,基于教学的实践情况与表现样态而开展的深刻分析和思考。

(二)集中教学内容研究于教材建设

在改革开放初期,为了尽快恢复正常的教学秩序,如何制定新的课程计

---

① 梁春涛:《关于教学过程的本质和规律的探讨》,载瞿葆奎主编:《教学》(中册),人民教育出版社1988年版,第67—68页。

② 郭坪新:《对我国教学过程的本质的初探——兼与陈觐熊同志商榷》,《黄冈师专学报》1982年第1期。

③ 贾韫武:《有关教学过程理论的研究》,《河北师范大学学报(哲学社会科学版)》1984年第4期。

④ 唐文中、赵鹤龄:《关于教学过程本质、规律、原则及其体系》,《东北师大学报(教育版)》1985年第4期。

划、编写新的教材就成为最迫切的问题。[①] 教材编写是教学内容领域一个极为重要的问题,时代的新要求和国家对人才的需求需要通过教材内容得以体现。改革开放初期,关于教材建设的研究主要从两个方面进行:一是对教材编写的基本问题进行说明,包括教材编写的指导思想、基本原则等,比如有研究者提出"教材建设要以教育科学研究为基础,遵循教育工作规律","要用辩证唯物主义和历史唯物主义的观点来统率事实材料,以利培养儿童科学的世界观"。[②] 有研究者运用诸多实例,探讨了教材编写的精简集中原则、综合连贯原则、深入浅出原则。[③] 二是对各学科教材的编写提出建议,比如有研究者对语文教材编排提出建议,提出以文选为中心的编排体系必须打破;按照语文知识的系统性、以写作为中心编排范文和设计练习;阅读教材要适宜自学,要利于激发学生的阅读兴趣,要有足够的分量。[④] 有研究者提出数学教材内容的确定涉及数学本身的系统性、教育学、心理学等等,只介绍必需的数学基础知识,在内容的安排上遵循由浅入深、由易到难、循序渐进的原则,并允许有适当的循环。[⑤] 有研究者提出中学生物学科在教材编写中应注重学生能力的培养,要减轻学生负担,精选内容,在教材广度和深度上多下功夫;要将浓缩的教材适当展开,便于学生自学;可考虑适当编写一些用小字排印的内容;在教材中注意对学生进行生物科学史和科学方法的教育。[⑥] 此外,研究者们对物理、化学、地理等学科的教材建设都提出了诸多建议。总的来说,这一时期对教学内容的研究主要集中于教材的建设与编写问题上,研究者们除了对宏观教材编写问题进行了说明外,对各具体学科的教材编写问题也都基于实践要求提出了各自的合理性建议,实践性较强,系统的学理性分析还显得薄弱。

---

① 李定仁、徐继存主编:《教学论研究二十年》,人民教育出版社2001年版,第122页。

② 陈侠:《中小学教材建设的回顾和建议》,《南京师院学报(社会科学版)》1981年第2期。

③ 辛安亭:《谈编写教材的原则》,《陕西师大学报(哲学社会科学版)》1979年第4期。

④ 李凯音:《谈中学语文教材的编排体系》,《甘肃师大学报》1980年第1期。

⑤ 张玺恩、蔡上鹤:《当前中小学数学教材改革中需要深入研究的几个问题》,《课程·教材·教法》1981年第1期。

⑥ 董愚得、陈皓兮:《对中学生物学课程、教材改革的几点意见》,《课程·教材·教法》1981年第4期。

(三)着力凸显教学过程中学生的主体地位

在质疑凯洛夫教育学的过程中,人们逐渐发现长期信奉的"主导主动说"不能科学合理地解释师生的地位问题,并且在实践上容易滑入"教师中心"的窠臼。[①] 1979 年,刘佛年在他主编的《教育学》中指出教学活动中学生是认识客观世界的主体。改革开放初期,尽管强调教学秩序的恢复和正规化,强调人才培养质量的提高,但是广大教师和研究者以马克思主义实践说为根基,重新思考和分析了作为受教育者的学生在教学过程中的地位。关于教师与学生在教学活动中的主客体属性及关系,研究者们逐渐在原有"教师是教学主体"的观念基础上,提出了"教师与学生均为主体""教师主导、学生主体"等学说,实质上都是凸显"学生是教学活动的主体"这一观点,强调学生在教学活动中的主动性和能动性。比如王策三强调"'学'是学生自己的独立的主动的活动","教师主导作用要与学生主体地位一致"。[②] 另有研究者提出"教学必须由教师起主导作用","学生在教学中也是认识的主体","教师和学生在教学过程中,都是认识和改造的主体,各自在自己的认识与改造的对象面前,具有能动性"。[③] 一些实践研究者还积极探索了如何在学科教学中发挥学生的主体作用,比如杨履武的《谈以学生为主体组织语文教学过程》(1982),李维拔的《中学政治课教学如何发挥学生的主体作用》(1983),漆耕的《关于教师主导与学生主体的有机统一的探索——关于"教学双边对应活动线"的设计及其特点》(1985),等等。由此看来,基于传统的主客体关系来审视教学活动,将学生视为"具有实践主动性的客体",实际上限制了学生在教学活动中主观能动性的发挥。在新的时代背景下,重新认识学生的主体地位,强调其学习主动性和能动性的发挥,不仅在理论层面,在实践层面也带来了教学过程的变化和发展,这对教学理论的深入发展和教学实践的变革产生了积极的影响。

(四)重视以科学的教学原则指导教学工作

新中国成立以来,我国对教学原则的性质、系统、构成等问题都进行了一些研究。20 世纪 50 年代末 60 年代初广州教育学会陆续举行了教育原则问

---

① 李定仁、徐继存主编:《教学论研究二十年》,人民教育出版社 2001 年版,第 93 页。

② 王策三:《论教师的主导作用和学生的主体地位》,《北京师范大学学报》1983 年第 6 期。

③ 刘舒生:《教师主导作用和学生主体作用》,《课程·教材·教法》1984 年第 5 期。

题的学术研讨会,深入讨论了教学原则的阶级性,我国社会主义的教学原则应该具有哪些内容,社会主义的教学原则中是否有量力性原则等。[①] 改革开放初期,教学秩序走向正轨需要依据和遵循一定的教学原则,来统一、规范和指导教学工作。这一时期,教学原则的研究也延续了以往研究的传统,较为关注教学原则的作用、地位和系统构成。首先,在审视夸美纽斯、凯洛夫及其他教育家的教学原则基础上,研究者通常认为教学原则是制定的反映教学规律的用以指导教学工作的基本要求和准则。还有少数研究者认为教学原则是运用教学方法、提高教学效益的指导原理。[②] 也有研究者统合了这两个方面,形成了教学原则的"要求—原理"说,提出"教学原则是教学工作必须共同遵循的指导原理与基本要求"[③]。其次,就教学原则的地位而言,一种观点认为教学原则仅仅重复了教学过程、教学方法、教学组织形式的内容,[④]可以与其他教育理论相合并。另一种观点认为教学原则是教学论的重要范畴,沟通了教学理论与教学实践,这种观点为大多数研究者所接受。[⑤] 再次,教学原则的体系是基于对立统一的辩证法原则,继承新中国成立以来教学原则的研究成果,结合我国的教育教学传统而构建的社会主义教学原则体系。[⑥] 在具体的教学原则体系中,教学原则既探讨了以往教学原则对新时期教学工作的指导作用,如科学性与思想性原则、直观性原则、巩固性原则、因材施教原则、理论联系实际原则等,也分析了新时期一些新的教学原则的价值和意义,比如教师主导作用与学生能动作用相结合原则、传授知识与发展能力相统一的原则、全面提高与因材施教的原则等。此外,在实践层面上,教学工作者也结合自身的学科教学提出了相应的适切性教学原则,比如《中学语文教学原则论》(1985)、《论外语教学原则及其层次》(1983)、《中学政治课的教学原则》(1984)、《化学教学中的几个教学原则》(1983)、《谈谈体育教学原则》(1981)等。总体看来,这一

---

① 梁渭准整理:《讨论教学原则的问题》,载瞿葆奎主编:《教学》(中册),人民教育出版社 1988 年版,第 253—254 页。

② 喻立森:《试论我国社会主义学校的教学原则体系》,《教育研究》1984 年第 5 期。

③ 陶鼎辉:《试论教学规律及社会主义的教学原则》,《成都大学学报》1984 年第 2 期。

④ 洪光理:《改革〈教学论〉之我见》,《四川师范学院学报》1984 年第 3 期。

⑤ 李定仁、徐继存主编:《教学论研究二十年》,人民教育出版社 2001 年版,第 175 页。

⑥ 肖宗六:《教学原则要体现我国的特色》,《课程·教材·教法》1982 年第 4 期。

时期对教学原则的认识有这样一些特点：一是简单地移植某些教育教学规律或是套用马克思主义基本理论，使得教学原则的存在合理性受到某种程度的质疑；二是简单地概括和总结教学经验，有的原则与教学策略或教学方法类似，难以对教学活动发挥有效的指导作用；三是逻辑性不够强，教学原则体系的基本依据与具体的教学原则呈现相混杂的样态。但是不可否认，改革开放初期教学原则的有关探索对当时学校教学活动的正规化起到很好的引领与规范作用，同时也奠定了教学原则继续发展的基本框架。

（五）仍然强调教学方法中教师教的重要意义

教学过程是教师和学生双边参与的过程，教师起着主导作用不可否认，因此教师的教一直以来都是教学方法极力强调和探讨的重要问题。改革开放初期，关于教学方法的研究继承了新中国成立以来重视教师教法的传统，又有了一些新的特点，在研究内容、功能作用等方面都有一些新变化。首先，在研究内容上，受到广泛认同的仍然是教学方法是教师为完成教学任务而采用的方式手段这一看法，因此教师的教法仍然是教学方法研究的核心问题，大部分研究是围绕教师的教法而展开的，各个学科也都积极进行教师教学方法的改进和探索。不同的是，这一时期对教师的教法有了新的要求，比如针对以往的注入式教学提出了启发式教学方法，有研究者也对其进行了思考，如《谈谈启发式教学方法》(1980)、《启发式教学方法的浅探和初试》(1981)等。不过，对启发式教学的理解还不是十分明确。① 同时，由于教学方法有调动学生学习的积极性和充分发挥教师主导作用相结合的特征，②它的内涵也被延伸到教师指导下的学生学习方法。由此，关于学生的学习方法问题也有学者进行了研究，比如《在化学教学中加强学习方法的指导》(1980)、《中学生的学习方法研究》(1982)、《什么样的学习方法好?》(1983)等。其次，在功能作用上，尝试突破视教学方法为教学任务完成的手段的局限，建立教学方法与学生发展之间的关联，强调教学方法对学生发展的促进作用，如通过教学方法改革可以

---

①　李定仁、徐继存主编:《教学论研究二十年》，人民教育出版社 2001 年版，第 198 页。

②　刘继武:《试论现代教学方法之特点》，载瞿葆奎主编:《教学》(中册)，人民教育出版社 1988 年版，第 518 页。

激发学生的学习动力,[①]培养学生的思维能力,[②]培养学生的自学能力和创造能力[③],减轻学生的生理负担[④]等。总的来说,教学方法作为与教学实践联系最直接也是最为复杂的要素,一定程度上决定着教学活动的实践形态以及学生学习的状态与效果。改革开放初期,对教学方法的理性审视和改革探索没有脱离教师发挥教学过程主导作用的教育实际,引导教师有效、灵活地使用常用的教学方法,对于保证教学效果意义重大。关于教学方法的研究尽管极力突破传统观念的束缚,有了诸多新内涵和新领域,但是存在的问题也是明显的,比如教学方法的内涵仍然稍显模糊,与教学方式、教学手段等之间的界限不够清晰;教学方法改革比较随意,甚至将与教学模式、教学原则等有关的内容简单"组装"并配上个别化经验就提出了新的教学方法。

(六)强调教学管理以保证课堂教学质量

改革开放初期学校教育教学逐步走上正轨,普及与重点相结合的办学方式也一定程度上得以实施。但是在学校的实际教育教学活动中也面临一些现实问题需要解决,以保证学校教育的人才培养质量。基于此,学校教学管理日益引起重视并开展了一些研究。首先,从宏观层面提出教学管理的基本原则,如有研究者提出课堂教学管理要注重教学的直观性,生动有趣的艺术性,改革、探索的实践性,领导带头的示范性。[⑤] 其次,全面提出学校教学管理的主要任务,如有研究者提出教学管理的八大任务:确立教学工作在学校中应有的地位、帮助教师树立正确的教学思想、调动教师与学生的教与学的积极性、对教学工作实行监督检查、建立与维护良好的教学秩序、正确处理教学中各个方面的关系、考核教学质量。[⑥] 再次,基于学校实际提出具体的教学管理主张,

---

① 王伟怀:《浅谈调动学生学习主动性——教学方法改革刍议》,《课程·教材·教法》1984年第3期。

② 邢清泉:《改革教学方法发展学生的思维能力》,《课程·教材·教法》1982年第4期。

③ 张永年:《改革教学方法培养学生的自学能力和创造能力》,《中学政治课教学》1985年第11期。

④ 李贤达:《试论教学方法和课时安排改革对学生生理负担的影响》,《上海师范大学学报(哲学社会科学版)》1982年第3期。

⑤ 王家禄、邬玉娥:《课堂教学管理抓"四性"》,《人民教育》1985年第3期。

⑥ 梁伯奇:《教学管理的任务》,《教学与进修》1983年第1期。

比如有研究者提出要搞好计划；搞好检查、平衡；搞好教研组的组织建设与学术研究；以课堂教学为中心，搞好教师考核；不断总结，促进提高；要试行教师小循环任课责任制；严格按教育部规定开课；教是为了不教，培养学生自学，减轻学生负担；领导要研究教学，参加教学；建立教学档案。① 安徽省芜湖一中重新处理、部署教学力量、编班、安排与利用教学时间、改善与一般中学的关系几个方面提出了教学管理的建议。② 南京市第二十九中学从以教学为中心、调动教职员的积极性、抓好质量管理三个方面提出了教学管理的基本思路。③ 长春市第45中学从制订各科计划、加强督促检查、抓好期中期末复习考试、提高课堂教学质量、抓好起始年级、领导深入一线的角度提出了教学管理的看法。④ 最后，从学生学的角度提出一些管理策略，比如有的中学校长基于本校按程度编班的做法，提出进行"双基"排队、狠抓"双基"教学，进一步提出教师的教学要在"双基"的基础上发展学生多方面的能力、严格要求学生坚持"两先两后一总结"的学习方法等。⑤ 有校长基于"学生是学习的主体，教师是为学生服务的"的观点，提出"根据教学的目的、要求，从学生实际水平出发，划分学生质量类别档次，制订推进措施""教师分别制订对各类学生的教学要求和辅导计划"等建议。⑥ 总体看来，这一时期的教学管理研究紧密围绕国家的教育战略指导方针进行，从人才培养质量角度思考教学管理的相关问题。这些研究主要集中于如何提高课堂教学质量方面，采取经验总结的方式发掘课堂教学管理的策略与规范，从而实现课堂教学正规化和高效性。并且，研究主要还是基于实践问题的经验探索，同时也与一些热点问题有所联系，如学生按程度编班教学、学生主体作用的发挥等，而关于教学管理的理论提升和深度挖掘还显得较为薄弱，没有形成相对系统和全面的教学管理理论体系。

---

① 何高翔：《教学管理刍议》，《教育科研通讯》1985年第3期。

② 安徽省芜湖一中：《端正办学思想搞好教学管理——全面贯彻党的教育方针的几点体会》，《人民教育》1982年第1期。

③ 南京市第二十九中学：《加强教学管理提高教学质量》，《江苏教育》1982年第7期。

④ 长春市第45中学：《加强教学管理提高教学质量》，《江苏教育》1982年第7期。

⑤ 苗敏达：《既要管教又要管学——搞好教学管理的一点体会》，《江西教育》1982年第9期。

⑥ 韦力：《建立"分类推进"的教学管理体制》，《人民教育》1983年第5期。

(七)着眼教学评价的理论建构以提升评价水平

新中国成立后,我国的教学评价主要根据教案、学生考试成绩和教学反映对教学效果进行经验式判断,缺少教学评价的理论构建和探索。改革开放初期,这一现象有所改观,面对规范有序的学校教学秩序的形成和对人才培养质量的要求,如何对教学效果和教学质量进行科学有效的评价成为研究者们关注和思考的重要问题。有研究者以数学教学评价为例,系统地研究了教学评价的目的与范围、依据与标准、形式与方法,尤其指出教学评价的本质是收集整个教学系统或某个侧面的信息并基于所获得的信息对教学效果做出客观衡量和判断的过程。① 也有研究者指出,教学评价目的是通过教学改进而提高教学质量,评价过程由确定标准、收集信息、处理信息、形成判断、做出决策等环节构成,评价工具是基于课堂教学实情构建课堂教学主观评价表,评价行为有听课和记录、评议与评分、分析和评定等。② 此外,对考试进行了较多关注,有从总体上探讨考试基本问题的,如有研究者提出考题应侧重于检查学生的理解程度与分析能力、考试的评分标准不能框得太死、考试方式要多样化等③,有研究者从考试成绩理想分布曲线、试题难度曲线等角度探讨了考试命题难度设计的问题④;有从具体学科出发探讨某一学科考试问题的,如《语文考试漫谈》(1980)、《谈数学考试的命题》(1981)、《高考物理科考试目标刍议》(1985)、《化学学科考试改革的几点做法》《关于历史考试命题的探讨》(1985)、《怎样做好地理考试的命题工作》(1981)等。总体来说,这一时期的教学评价研究延续了基于评价工作和评价经验而提出评价策略的传统,已经从新中国成立后的经验式总结转向了科学化评估,重视探索专门的、系统的、有理论深度的教学评价理论,尽管此方面的研究还比较欠缺,但是这些有限的研究提升了教学评价的科学化水平,也为之后教学评价的发展开启了理论探索之门。

---

① 周学海:《数学教学评价的基本理论》,《东北师范大学学报》1985 年第 3 期。

② 麦曦:《关于课堂教学评价若干问题初探》,《广州教育》1985 年第 5 期。

③ 王正平:《探讨新的考试方法》,《人民教育》1981 年第 2 期。

④ 黎鹏生:《试谈考试命题难度的设计》,《江西教育科研》1985 年第 Z1 期。

第四节　教学论发展的特点

改革开放初期,在特定的时代和社会背景下,教学论研究紧密围绕时代特点和国家需求整体上恢复和重建了教学论学科。一方面,在引进国外教学理论的过程中自主地探索我国教学论的基本理论问题,从而迅速地构建起了教学论的学科框架和基本体系,并在原有的基础上发展了教学理论。另一方面,发挥教学论的实践特性,积极关注教学实践的进程和问题、难题,产生了一些实际经验和做法。在此过程中,教学论学科的恢复和重建在学科指导思想、研究路径及教育实践等方面都呈现出一些特点。

一、重新确立马克思主义为指导思想

指导思想是国家建设和发展的理论根基和基础,决定着各项事业的方向和成败。新中国成立以后,马克思主义就是我们党和国家各项事业的指导思想,集中表现为以毛泽东思想为指导思想,教学论也是以此为指导思想。但是在"文革"期间,"四人帮"炮制了"两个估计",荒谬地认为新中国成立十七年来,教育部门的领导权不在无产阶级手中,推行的是一条反革命修正主义教育路线;原有教师队伍中大多数在世界观上基本是资产阶级的,是资产阶级知识分子。"两个估计"是"四人帮"摧残教育事业、迫害广大干部及师生的黑纲领,危害极大。① 这使得我国的教育事业完全偏离了毛泽东思想的指导。改革开放初期,在解放思想、实事求是的思想路线指引下,教育领域经过拨乱反正,马克思主义重新成为指导思想,教学论研究也不例外,遵循这一指导思想开展各项研究工作。具体而言,研究者认真学习马克思主义的辩证唯物主义和历史唯物主义,运用马克思主义的立场、观点和方法去分析问题、解决问题,从而基于马克思主义确立了教学论学科的各种重要观点。比如,将马克思主

① 毛礼锐、沈灌群主编:《中国教育通史》(第六卷),山东教育出版社2005年版,第198页。

义认识论改造为教学活动的特殊认识论来探讨教学本质问题,提出“特殊认识说”;运用马克思主义的主客体范畴和辩证法分析教学活动中教师与学生的关系,提出“主导主体说”“双边活动说”。在一些具体问题上,也都遵循马克思主义为指导。如有学者就指出启发式教学反映了唯物辩证法的世界观,承认事物的对立统一的矛盾性,用联系的、发展的、全面的观点去处理教与学的问题。[①] 也有学者认为对立统一这个根本规律贯穿于整个教学过程之中,使得教师与学生、接受力与难度、系统与要素、知识与能力等方面均处于矛盾状态。[②] 可以说,我国教学论发展之所以获得成绩,就研究本身而言,主要由于坚持了马克思主义的方法论,尤其是防止了将马克思主义简单化与庸俗化的现象。[③] 正是由于恢复了马克思主义的指导思想和引领地位,改革开放初期的教学论才避免了零散和分离的研究倾向,从而形成了较为统一和完整的理论体系。马克思主义指导思想的重新恢复,奠定了教学论研究的深层理论根基,为未来教学论的发展打好了基础,开启了中国特色教学论的构建之旅。

二、在继承与发展的基础上开展教学论研究

事物发展的特点是在原有基础上根据新的变化和要求进行进一步的探索和发现,因此,任何事物的发展都以已有状况为起点,在继承原有先进性特点的基础上重新获得新的增长点,焕发新的活力。改革开放初期教学论的发展鲜明地体现了这一特点。首先,在研究意识上,20世纪上半叶和新中国成立后十七年我国的教学论研究处于发展和上升时期,研究者的研究热情和积极性较高,研究的框架体系也基本显现。“文革”时期受社会政治的影响,教育教学研究处于停滞状态。而改革开放初期,在拨乱反正、对外开放等宏观社会背景的影响下,教学论研究者承继了之前两个时期教学论研究的热情,开始有意识地积极地投身于教学理论研究,实践领域也出现了一些新变化。其次,在

---

① 郑日奎:《试论启发式教学的辩证法思想》,载瞿葆奎主编:《教学》(中册),人民教育出版社1988年版,第529页。

② 丁润生:《试论教学原则中的对立统一》,《高等教育研究》1984年第4期。

③ 王策三:《简谈教学论的研究对象、任务和方法》,载瞿葆奎主编:《教学》(上册),人民教育出版社1988年版,第22页。

理论构建上，教学论研究也是沿袭了以往教学论的理论体系，对受赫尔巴特、杜威、凯洛夫等影响的教学论进行了重新梳理和分析，并在此基础上构建了新时期教学论的理论框架和基本体系。同时，在各个领域的基本观点上，也是基于对已有观点的分析，并结合新时期的社会背景和要求重新进行思考，提出了一些具有时代特点的新的主张和见解。可以说，继承与发展的研究方式为教学论的研究提供了一种客观的思路，尊重历史、清醒地分析历史、结合时代发展理论、构建新理论这几个过程也为未来教学论的研究指明了前进的路向。

三、在学术争鸣的路径中发展教学论

这个时期教学论的发展也是在学术争鸣的过程当中前行的。有学术争鸣，才有更多的学术思考，才能使理论观点更为丰富，研究更为透彻。改革开放初期，在“解放思想、实事求是”观念的指导下，加之新时期很多教学论问题都有了新变化而难以达成共识，因此教学论的研究呈现出了争鸣的特征，研究者就围绕许多关键问题和研究主题进行了广泛的论争。其中影响很大的一个论争是对教学本质问题的争论。这主要是蒲心文在质疑“特殊认识说”基础上提出了“多层次多类型的结构说”①之后，引发了关于“教学本质是什么”的激烈争论，有研究者维护“特殊认识说”并进一步形成了“传递说”②“发展说”③等，更有研究者解释和完善“多层次多类型的结构说”。另一个影响很大的论争是对于师生的主客体关系的争论，教师唯一主体说、学生唯一主体说、师生互为主客体说、主导主体说、双主体说、主客体依据条件变化说等观点相继出现并展开争论。在这个争论的过程中，实质上对教学本质问题、师生的主客体关系问题有了进一步的认识和理解，基于深刻的分析和省察，研究者对此也达成了一些共识，如关于教学本质的论争在某种程度上强化和凸显了“教学过程是一种特殊认识过程”观点的定位和价值，而关于师生主客体关系的论争也使更多的研究者认可了“学生在教学活动中的主体地位”，以及基于

① 蒲心文：《教学过程本质新探》，载瞿葆奎主编：《教学》（上册），人民教育出版社1988年版，第54—58页。

② 李定仁、徐继存主编：《教学论研究二十年》，人民教育出版社2001年版，第66页。

③ 贾锟武：《有关教学过程理论的研究》，《河北师范大学学报》1984年第4期。

此的“教师主导、学生主体”的师生关系说。此外,还有关于教学原则、教学的指导思想及研究方法论、启发式教学等问题或主题的论争。可以说,理论论争、学术争鸣是推动理论发展的一种重要方式,无争论、“一言堂”的研究状况并不利于理论的成熟和进步。论争使人们更为全面、客观地分析和看待所涉及的问题或主题,在对问题深刻思考的基础上会对问题有更为深刻的认识,从而有助于该问题的理论成熟和进一步发展,也有助于人们对该问题达成客观一致的理论共识。这种学术论争的研究路径促进了教学论理论的发展,也开启了未来教学论研究的一种学术研究和理论发展途径,争鸣和论争将伴随着教学论的发展历程。

四、在教育实验开展中探索教学论问题

教育实验是理论应用于实践的最好体现,能够较大限度地实现理论的价值和作用。我国在 20 世纪二三十年代经历第一次教育实验高潮,主要开展以社会改革为目的的教育教学实验,因忽视了教育的社会制约性而多以失败告终。新中国成立以后,为了克服前期学习与模仿苏联教育理论过程中的教条主义,我国也进行了一些教学改革实验,但其规模和效果都较为有限。改革开放之后,在“解放思想”“三个面向”等方针的指引下,教育领域面对新形势和新情况也积极探索改革路径,并由此迎来了第二次教育实验高潮。1979 年,《教育研究》发表了特约评论员文章《补好真理标准讨论这一课 教育问题要来一次大讨论》,指出三十年中很少在实践的基础上独立地进行教育理论的研究,大多是对“本本”的注释或首长批示和政策条例的汇编。1980 年该刊编辑部组织召开了“教育实验座谈会”,会议提出“教育科学的生命在于实验”的口号,吹响了我国教育教学实验的新号角。① 自此,我国掀起了教育教学改革实验热潮,致力于解决“提高学校的教育质量”这一根本问题。这一时期的教育教学改革实验大致可以分为两种类型:中小学整体改革实验,如华东师范大学附属小学于 1981 年开展的“小学教育综合整体实验”;单科、单项教育教学

---

① 刘松涛等:《教育科学的生命在于教育实验——提高教育质量,实验必须先行》,《教育研究》1980 年第 2 期。

改革实验，如李吉林的“情境教学实验”、邱学华的“尝试教学实验”、魏书生的“六步教学实验”等。其中，所提及的单科实验的一个突出特点就是强调学生学习的自主性，强调教学过程中师生关系的转换，注重教学方法中学生的学习在先、教师在教学在后，即“先学后教”。教学理论中教学主体、教学方法等方面的一些研究与这些实验的出发点和教学观念不谋而合。实践中学生在教学过程中的地位、教学和学习方法等方面的发展和变化在一定程度上影响着教学主体、教学方法等问题的研究。可以说，教学理论研究源自教学实践，最终目的也是用以指导教学实践，带动教学实践朝着更为科学、更为合理的方向发展。这个时期，在教育实验的开展和带动下，教学理论在继承传统的基础上有了更进一步的发展，理论体系基本构建，在一些观点上既揭示了问题的实质又体现了时代特点和要求，教学理论的一些核心和主要问题，如教学本质、教学主体、教学方法等，都有了进一步的发展。

总的来说，在改革开放初期，鉴于当时社会主义现代化建设的总目标，学校教育着力于恢复正常的教学秩序，提高教育教学质量。在这一时代背景下，教学论研究重新焕发了生机和活力，继承和发展了前期的研究传统，在此基础上重新构建了新时期教学论的理论框架和体系，并由此开启了新时代有中国特色的教学论的建设之路。

第四章　教学论在开放中繁荣（1986—2000年）

20世纪80年代中叶至21世纪初是改革开放的全面实施阶段，在开放中走向繁荣是该阶段教学论研究以及教学论学科建设的突出特征。改革开放为教学论的建设与繁荣、反思与重构、自主与创新营造了良好的社会环境和学术氛围。“开放”是教学论走向“繁荣”的必要前提和必由之路。这一时期，我国正确认识社会主义初级阶段的基本国情，在开放的背景下对经济、政治、科技、教育等领域进行全方位改革，经济发展对高素质人才的迫切需求与精神文明建设对提高国民素质的迫切呼唤，促使教育教学持续革新。教育领域在“解放思想，实事求是”路线的指导下，以“实践是检验真理的唯一标准”为准绳，展开了教育思想大讨论，冲破了思想上的禁锢，开始积极引进、吸收利用国外的教育理论及学说。先进的教学思想涌入国门，开阔了研究视野，推动教学论研究逐步深入。

“繁荣”是“开放”的必然结果。教学论的“繁荣”一方面体现在教学论研究进一步深化和拓展，学界在借鉴和吸收国外教学论经典学说的同时，教学论研究的本土意识逐渐增强，由此引发了热烈探讨，包括教学目标研究的探索、教学方法研究的转变、教学原则研究的反思、教学评价研究的拓展等。另一方面表现为教学论思想不断丰富，对学科建设、教育实践、人才培养产生了积极影响，教学理论趋于多元化，大量分支学科产生，形成了系统教学论学科群；教学理论体系不断完善，中小学优秀教师对自身教学实践中累积的丰富教学经验进行总结、抽象和提炼，升华为理论学说；教学论学科地位得以确立，成立了教学论研究的专业学术组织；高等院校教学论专业人才培养队伍不断壮大，源源不断地为教学论研究输送后备人才。

第一节 教学论发展的时代背景

十一届三中全会后我国进入了改革开放的新历史时期,1984 年《中共中央关于经济体制改革的决定》的颁行拉开了深化改革的序幕,此时已经基本实现经济建设"三步走"战略中的第一步,下一步将集中力量推动现代化建设。现代化建设是改革开放后全国工作的重中之重,也是教育发展的根本导向。"社会主义现代化建设是我们当前最大的政治,因为它代表着人民的最大的利益,最根本的利益。"①教育现代化作为社会主义现代化的重要组成部分,教育改革必须与社会发展相适应,进一步提高国民素质,培养合格的社会主义建设者。教育现代化既要求教育物质条件的提升和教育观念的转变,又关注教学内容的更新以及教学手段与方式方法的科学化。教学论研究正是在经济现代化建设和教育现代化转型这一时代背景下走向开放、逐渐繁荣。

一、社会背景

经过改革开放初期的调整,各项事业在恢复中快速发展。20 世纪 80 年代中期,我国的社会发展遵循"以经济建设为中心,坚持四项基本原则,坚持改革开放"的基本线路,在经济、政治、科技、教育等多个领域取得了突破性成就。这一时期党中央阐明了社会主义初级阶段理论以及党在社会主义初级阶段的基本路线,提出了建立社会主义市场经济体制的目标,明确了精神文明建设的战略地位,为教育事业发展营造了良好的社会环境。

(一)阐明社会主义初级阶段理论和基本路线

社会主义初级阶段理论是在十一届三中全会后实行改革开放的新历史条件下逐渐形成的。1981 年,十一届六中全会通过的《关于建国以来党的若干历史问题的决议》第一次正式提出我国正处于社会主义初级阶段,十二届六中全会阐明了部分社会主义初级阶段的特征。在党召开十三大的前夕,邓小

① 《邓小平文选》第二卷,人民出版社 1994 年版,第 162—163 页。

平在多次讲话中谈及社会主义初级阶段理论。党的十三大系统地阐述了社会主义初级阶段理论,将社会主义初级阶段作为事关全局的基本国情加以把握,明确指出这是建设有中国特色的社会主义的首要问题,并将其作为制定基本路线、方针、政策的理论基础。① 社会主义初级阶段理论回答了"什么是初级阶段的社会主义? 在初级阶段怎么样建设社会主义?"等问题,正确认识到必须坚持解放思想、实事求是,克服了超越阶段的错误思想。这一理论再次坚定了建设中国特色社会主义的发展道路,为各项改革提供了方向指导,并为进一步深化经济、政治、科技及教育等领域的体制改革扫除了障碍。

党的十三大明确党在社会主义初级阶段的基本路线为"领导和团结全国各族人民,以经济建设为中心,坚持四项基本原则,坚持改革开放,自力更生,艰苦创业,为把我国建设成为富强、民主、文明的社会主义现代化国家而奋斗"。围绕"一个中心、两个基本点"的基本路线,我国进一步深化落实各项改革措施,大力解放和发展生产力,着力推进教育等各个领域的现代化建设。

(二)提出建立社会主义市场经济体制的目标

在经济恢复的过程中,我国逐渐认识到发展单一的计划商品经济的弊端,为改善经济发展现状,初步引入了市场机制。随着经济体制改革不断深化,经济建设的重心从农村转向城市,逐渐由计划商品经济转向市场经济。《中共中央关于经济体制改革的决定》提出我国社会主义经济是公有制基础上的有计划商品经济,党的十三大进一步提出建立"计划与市场内在统一的体制",加大了市场机制在各个领域的调节作用。1992年"南方谈话"结束了人们对于"资""社"的争论,党的十四大明确提出了"建立社会主义市场经济体制"的目标,初步构建了社会主义市场经济体制的框架。社会主义与市场经济相结合的理论作为重大的理论创新,既是党对马克思主义和社会主义的历史性贡献,也是中国特色社会主义理论体系的支柱,更是中国特色社会主义经济理论的核心。②

---

① 卫兴华、田超伟:《深入认识社会主义初级阶段的理论与实践意义》,《北京日报》2017年7月3日。

② 张卓元:《确立建立社会主义市场经济体制改革目标的重大实践和理论意义》,《新视野》2012年第4期。

市场经济的发展同生产力发展水平密切相关,生产力水平在很大程度上依赖科技水平,科技人才培养的基础在教育。然而当时的人才在数量、结构、素质等方面都不满足经济变革的需求,因而需要进一步推进教育体制改革,培养适应社会主义市场经济形势、社会全面发展的各级各类人才。① 特别是在改革开放后,经济逐步面向国际市场,提高劳动力素质是提升国际竞争力的前提。人力资源的培养在于教育的优先发展,保障社会主义市场经济建设的人才供给和技术支持。

社会主义市场经济体制的确立,一方面极大地促进了生产力的发展和人民生活水平的提高,为丰富精神文明建设、加强国民素质奠定了经济基础,为教育体制改革提供了物质保障;另一方面经济体制的发展和完善需要科技和人才的鼎力支持。基于此,我国明确了教育为社会主义现代化服务的方针,颁布了一系列关于教育改革的政策文件,加大经费投入、改善教育体制结构,旨在提高教育质量,培养与经济发展需要相适应的人才。

(三)明确社会主义精神文明建设的战略地位

建设社会主义精神文明既是关系社会主义兴衰成败的大事,也是社会主义现代化建设的重要目标和必要条件。《中共中央关于经济体制改革的决定》强调"社会主义物质文明和精神文明的建设一起抓,是我们党坚定不移的方针"。精神文明发展既为经济建设提供了精神动力,也是经济建设方向的思想保证。市场经济体制改革的深入推进对精神文明建设提出了更高的要求,即改造人们旧的思想观念,提高国民的道德素质和文化素质。

十二届六中全会通过了《中共中央关于社会主义精神文明建设指导方针的决议》,明确了社会主义精神文明建设的战略地位。十四大报告中提出社会主义精神文明建设的根本任务是培养"有理想、有道德、有文化、有纪律"的社会主义公民,为教育发展指明了方向,促进精神文明建设进一步深化。随后,十四届六中全会提出"以科学的理论武装人,以正确的舆论引导人,以高尚的精神塑造人,以优秀的作品鼓舞人"的人才培养途径。

---

① 国家教委教育体制专题调研组:《社会主义市场经济与教育体制改革》,《教育研究》1994 年第 1 期。

教育科学文化建设作为社会主义精神文明建设的重要组成部分,教育既是文化建设的基础、社会主义精神文明建设的支柱,也是实现精神文明建设根本任务——塑造“四有”新人、提高全民族综合素质的重要途径。青少年成长以及德、智、体、美等全面发展要靠教育,成年人知识的更新、观念的转变要靠继续教育,公民提升文化和思想道德素质都有赖于教育事业的发展,教育的质量事关精神文明建设的全局发展。① 在社会主义市场经济体制发展和社会主义精神文明建设的背景下,发展教育事业是社会主义市场经济发展的重要保障,在培养全面发展的社会主义现代化人才方面发挥着核心作用。

二、教育背景

这一时期,教育改革既受到经济建设和精神文明建设的深刻影响,也是经济建设和精神文明建设的助推器,并带动了教学论研究和教学论学科建设的繁荣发展。“三个面向”作为旗帜性和纲领性的方针引领着教育事业的发展,素质教育理念逐渐深入人心,系列教育改革相关文件的颁行为教育改革提供了政策支持。

(一)“三个面向”方针的引领

1983年,邓小平为北京景山学校题词:“教育要面向现代化、面向世界、面向未来”。“三个面向”在教育界引起了热烈的反响,并为20世纪80年代中期以后的教育改革指明了方向,成为教育改革的指导方针。“三个面向”要求我国教育工作者主动“走出去”,“放眼看世界”,积极借鉴和吸收国外优秀理论,并着眼于未来,用战略性、前瞻性眼光来审视教育的发展,建设中国特色社会主义现代化教育体系。

“教育要面向现代化”是“三个面向”的基础与核心,要求坚持教育为经济建设服务的方针,教育现代化跟上经济建设的步伐,以社会主义建设为教育改革的出发点和落脚点,建设社会主义现代化需要的教育体系。具体到教学论而言,要求教学论发展应同社会主义现代化建设相一致,改革同现阶段经济建

① 孟彩云编著:《中国社会主义精神文明建设研究》,河南大学出版社2004年版,第195页。

设不相适应的教学内容、教学方法、教学手段等，建立现代化的教学论学科体系，保证教育改革的顺利推进，大力提升学生的思想道德素质和科学文化素质，为社会发展培养大量有理想、有道德、有文化、有纪律的优秀人才，有效发挥教学在教育中的核心作用。

"教育要面向世界"是"教育要面向现代化"在空间上的延展，要求教育工作者具有开放的思想和开阔的视野。邓小平曾指出，"中国长期处于停滞和落后状态的一个重要原因是闭关自守。经验证明，关起门来搞建设是不能成功的，中国的发展离不开世界"①。这要求教学论研究和教学论学科建设坚持对外开放，改变故步自封的状态，关注世界范围内的教学论研究成果和发展趋势。一方面，立足于本土实践，传承和发扬我国的文化传统精髓；另一方面，通过"走出去、请进来"等多种方式加强国际间的学术交流，搭建国际交流平台，开展国际合作，吸收一切有利于我国教育教学发展的优秀理论，以适应对外开放、国际合作的新形势，培养具有开放意识和国际视野的复合型人才，并为世界教育的发展贡献中国智慧。

"教育要面向未来"是"教育要面向现代化"在时间上的延伸。教育的长期性决定其必须面向未来，人才的培养必须走在经济建设的前面。"面向未来"要求教学论研究者应具有前瞻性的战略眼光，不仅要立足当下做好相关探索，与世界范围内教育、科技发展相适应，更要从社会主义建设的长远目标出发，预估到现代科学技术发展和经济发展的趋势，培养适应未来社会发展的人才。为此，教学论必须加快变革的速度，在顺应时代发展潮流的同时，进一步推动教育革新。

"三个面向"从战略高度诠释了当代中国教育、世界教育与未来教育三者之间的紧密联系，为我国教学论研究及学科体系建设提供了科学的思想指导，对教育教学改革和发展产生了全局性的影响。

（二）素质教育理念的推广

素质教育的提出有其深刻的时代内涵和历史必然性。改革开放之前我国教育教学工作主要以苏联教育思想为指导，强调以系统的科学知识武装学生

---

①　《邓小平文选》第三卷，人民出版社1993年版，第78页。

头脑,使得我国教育偏重学生基础知识和基本技能的培养,在当时做出了重要的历史贡献,但这种偏向逐渐走向极端化,滋生了只注重知识传授,学校的“教”与“学”都与学生成绩直接挂钩,片面追求升学率、学生学业负担过重等弊端。

“三个面向”的提出为教育发展指明了方向,1985年5月,改革开放后第一次全国教育工作会议中明确指出:国家和国力的强弱,经济发展后劲的大小,越来越取决于劳动者的素质,取决于知识分子的质量和数量。该会议通过的《中共中央关于教育体制改革的决定》是我国推进“素质教育”的奠基性文件,提出教育体制改革的根本目的是“提高民族素质,多出人才、出好人才”,而提高国民素质最根本的措施就是发展教育。① 素质教育不仅是教育改革的需要,还是时代发展以及社会变革的需要。

1987年,柳斌在九年义务教育各科教学大纲统稿会上正式提出了“素质教育”理念,之后关于素质教育的讨论迅速增多。1993年颁布的《中国教育改革和发展纲要》指出教育要从“应试教育”转向全面提高国民素质,我国素质教育开始进入试点阶段。其中最具代表性的地区是湖南汨罗与山东烟台。湖南汨罗积极推进素质教育,改善教育结构,构建了教育“立交桥”,1996年原国家教育委员会在湖南汨罗举办素质教育现场会,宣传推广汨罗素质教育经验。山东烟台革新学生评价方式,实行“等级+特长+评语”评价制度,把教学改革作为实施素质教育的核心内容,②并且于1997年召开了全国中小学素质教育经验交流会。1999年,第三次全国教育工作会议颁布了《中共中央国务院关于深化教育改革,全面推进素质教育的决定》,标志着素质教育进入全面实施阶段,为进一步深化教育改革、推动新一轮基础教育课程改革奠定了基础。

在推进教育改革、实施素质教育的过程中,体制改革是关键,教学改革是核心,培养人才是根本,应确保教学改革这一核心地位。③ 素质教育实施的主

---

① 柳斌:《基础教育40年》,《中国教育学刊》2018年第12期。

② 高宝立、王磊:《整体改革区域推进全面实施素质教育——山东省烟台市实施素质教育的经验及启示》,《教育研究》1997年第8期。

③ 周远清:《确保教学改革的核心地位》,《教学与教材研究》1994年第1期。

阵地是课堂，只有实现课堂教学的变革与创新才能真正落实素质教育。素质教育的提出和实施更新了教学工作者的教学观念，表现为教学内容多样化、教学方法多元化、教学评价系统化等，充实了教学论的研究内容。

（三）系列教育政策的颁行

十一届三中全会后，教育领域的恢复和重建工作取得了一定进展，但仍然难以适应社会主义市场经济发展和社会主义精神文明建设的新形势，教育体制改革迫在眉睫。《中共中央关于教育体制改革的决定》初步构建了我国新的教育体制框架，革新了旧体制、旧观念下的教育理念，明确了教育改革的方向和重点任务，调整了教育体制结构，首次提出逐步实行九年制义务教育的战略决策，以此奠定教育事业发展的体制基础。① 同时，将人才培养作为教育与社会相互关联的中间环节，社会对人才的需求促进教育改革，教育改革培养的高素质人才服务于社会，促使人才培养方式的变革。该文件还指出，我国教育事业在人才培养方面存在课程内容陈旧、教学方法死板、实践环节不被重视等问题，因而迫切要求教学改革实现教学内容、教学方法的转变。

20世纪80年代中期至20世纪90年代初期，我国教育体制改革取得了显著成效。但由于前期教育改革是在计划商品经济背景下提出的，随着社会主义市场经济的建立，教育改革的局限逐渐凸显。1993年，中共中央颁布了《中国教育改革和发展纲要》，明确发展教育是社会主义现代化建设的基础，坚持把教育摆在优先发展的战略地位，提出建立比较成熟和完善的社会主义教育体系以实现教育现代化。教育现代化不仅在于学校“硬件设施”的现代化，其关键在于教育思想和观念的现代化、教学内容和方式方法的现代化，推动教学论学科建设朝着现代化方向加速发展。《中国教育改革和发展纲要》明确指出当时教学内容和教学方法不同程度地脱离实际，如何处理教学理论与教学实践之间的关系成为教学论学界20世纪90年代的焦点话题。经过讨论，学界对教学理论的性质有了更科学的认识，对“理论脱离实践”的实质有

① 郝克明、杨银付：《改革开放以来我国教育改革发展的若干启示》，《教育研究》2010年第3期。

了更清晰的把握,对教学理论向教学实践转化的可能性、前提、条件以及路径等诸多问题也有了更深刻的理解。[①]

20世纪90年代,以信息技术为中心的科学技术迅猛发展,知识经济兴起。知识经济的基础是知识,关键是人才,核心是教育,[②]教育在即将到来的知识经济时代扮演着至关重要的角色。教育事业的改革和发展应坚持贯彻落实科教兴国战略,主动迎接21世纪的机遇与挑战。在此背景下,教育部出台了《面向21世纪教育振兴行动计划》,对教育事业做了全面部署工作,描绘了跨世纪教育改革和发展的施工蓝图,在宏观层面提及了教育观念、教育制度的转变;在微观层面谈及了课程与教学内容改革、教学方法和手段创新,强调了信息技术的发展所带来的时代变革中培养综合创新型人才的重要性。教学理论研究与实践探索不仅要解决近期问题,也要具有发展性、战略性眼光,面向21世纪培养创新型人才。1999年中共中央、国务院发布的《关于深化教育改革,全面推进素质教育的决定》对教学提出了具体要求:改变传统的教学方式,积极实行启发式和讨论式教学,激发学生独立思考和创新意识,突出培养学生创新能力;重视实验课教学,加强课程的综合性和实践性,培养学生实际操作能力等,促使教学工作者进一步转变观念。

在系列政策催化教育改革的背景下,教学论工作者一方面要变革传统教学方式和教学理论,并对国外的教学论进行本土化改造;另一方面,教学理论研究与实践探索中遭遇的困境和暴露的缺陷也使得教学论工作者有一种紧迫感和责任感,自觉加快教学论研究和教学论学科建设的步伐。

三、学科背景

教育改革引导着教学论的发展方向,随着思想解放、国际交流的增强以及国外教学理论的大量引入,我国教学论研究取得了一定成就。但就这一阶段的发展状况而言,教学论学科建设难以充分满足当时经济建设以及教育改革的需要,教学论研究各个领域不同程度地存在一些问题,例如研究视域、研究

---

① 徐继存、吉标:《我国教学论研究三十年的回顾与反思》,《中国教育科学》2014年第4期。

② 杨银付等编:《中国教育的改革和发展》,北京大学出版社1999年版,第215页。

方法、研究方向等仍有一定的局限和偏差，教学论学科专业组织和人才队伍建设等方面有待加强。

(一)教学论研究视域有待拓宽

十一届三中全会以来，教学论学界开始引介国外理论学说，但在此过程中存在不考虑国情以及本土教学特点，“照单全收”“拿来主义”等问题。国外各类优秀教学理论学说在不同程度上对解决我国具体教学问题有所启发，但这种“繁荣”局面的背后，恰恰表现出我国教学理论的薄弱和教学论体系的贫乏。在什么教学理论都有解决问题的可能性的时候，实质上也正是什么教学理论都不可能管用的时候。① 这一时期，我国对国外教学理论的学习也仅仅停留在“翻译”“介绍”的表层上，没有深入挖掘如何吸收、转化国外教学理论以促进本土教学论学科发展。虽然我国教学理论的丰富离不开对国外先进教学理论的借鉴和吸收，但教学理论具有文化适应性，在落实到我国教学实践中时，需要找准外国理论和本土实践的结合点，这样才能真正实现“洋为中用”。

我国教学论研究者不仅在移植国外理论时出现了将其“简单化”的问题，在借鉴其他领域的相关理论时也表现出片面性。这一时期教学论研究者从哲学认识论的角度将教学过程理解为教师教学生认识的过程，重点论述教学的逻辑、思维、理性等科学活动过程，过多强调学生的认识活动，在一定程度上忽视了教师的认识活动、学生的实践活动、学生情感的培养以及教学内容本身的情意态度和教育价值等方面；还有的教学论研究者从控制论的角度将教学过程理解为一个“系统”，忽视了“人”的因素，忽视了教师与学生情感、意志等要素。② 不同学科有其专属概念，许多相同相似的概念在不同学科语境中表达的含义千差万别。教学论研究者在尝试运用其他学科概念或方法解释教学现象时，必须明确教学论与其他学科之间的契合点。

(二)教学论学科体系有待完善

经过改革开放初期的调整，教学论学科重建工作初见成效，但恢复还需要一定时间，加之国外教学理论的突然涌入导致“食洋不化”，教学论学科体系

---

① 徐继存:《教学理论反思与建设》，甘肃教育出版社 2000 年版，第 175 页。

② 靳玉乐等:《中国新时期教学论的进展》，重庆出版社 2001 年版，第 3 页。

的相关问题不断增多。教学理论研究者还未完全厘清教学论元研究的基本问题,在许多领域仍然存在争议;教学实践工作者无法抛弃老旧的教学观念,鲜有一线教育工作者认识到教学理论的实践价值。此外,“文化大革命”导致教学理论研究者的培养断层、数量不足,人才质量也无法满足要求,阻碍了教学论研究的深化和学科体系建设的优化。

教学论学科建设基础薄弱导致教学论学科体系表现出一定的僵化性,教学论学科体系的内容呈现出大同小异的情况。教学论研究的内容表述大多是对其他学科表述的模仿和摘录,导致教学论整体研究进步缓慢,同时,教学论研究成果还存在落入俗套之嫌,首先综述已有的成果,进而评述已有的观点,但评述内容并不充分,缺乏自己的独到见解。以当时的教学论著述为例,其内容编写在大量吸收苏联教学论和其他学科研究成果的基础上,没有摆脱简单照搬、机械拼凑其他学科的概念和命题的思维局限,这种机械套用和随意拼凑的结果,只能造成教学论中一些概念含义不清,一些命题自相矛盾。① 一门学科应有独具特色的学科概念、范畴及命题,教学论缺乏体现学科个性的概念、范畴以及由此构成的科学的概念体系,自然也就缺乏形成科学的、严密的篇章结构的基础,而且在章节安排上也缺乏逻辑性,不能形成严谨的结构,以致教科书体系长期主导着教学论的研究体系。②

(三)教学论研究方法有待多元

这一时期,“方法崇拜”在我国教学论研究中较为明显,主要表现在两个方面:一是对马克思主义哲学尤其是其哲学认识论的崇拜,二是对现代系统论的崇拜。在教学论研究中经常会出现用马克思主义认识论直接替代教学认识论,从马克思主义哲学认识论的范畴直接演绎出教学认识论的范畴,③这样不仅不利于教学理论的发展,而且将马克思主义哲学简单化、庸俗化,因而亟须正确认识和把握马克思主义哲学方法论的指导作用。现代系统论在运用于教学理论之前,需先考虑其运用的方式,但不少研究者“拿来即用”,将一些新的

---

① 王鉴主编:《教学论热点问题研究》,广西师范大学出版社2008年版,第7页。

② 徐继存、李定仁:《我国教学理论建设存在的问题及反思》,《教育理论与实践》2001年第8期。

③ 徐继存:《教学理论反思与建设》,甘肃教育出版社2000年版,第181页。

概念、术语不假思索地迁移到教学理论中，甚至出现主张用控制论、信息论等代替教学论的极端观点。教学论研究对象的复杂性、特殊性与教学理论的抽象性、普适性都要求教学论学者在理论迁移的过程中发挥灵活性，立足教学论的学科立场正确认识方法的含义、发挥方法的作用。

此外，我国教学论研究的思维方式较为片面，倾向用单一的科学主义研究范式或是人文主义研究范式认识、剖析教学活动。科学主义和人文主义都有其独特价值，科学主义研究范式强调探索客观的教学规律、教学原则；人文主义研究范式主张通过教学现象探析教学的意义与价值。但教学活动作为一个复杂的过程，用单一的研究范式无法真正推动教学理论及其研究的发展。20 世纪末后现代哲学开始兴起，其在研究方法领域倡导并推崇多元化、关系思维和批判重建，并反复强调了一个主题，即如何按事物本来的复杂面目去认识和把握研究对象。[①] 教学论研究也开始寻求方法的多元化，努力实现科学主义研究范式与人文主义研究范式的有机统一。

（四）教学论研究方向有待明确

20 世纪 70 年代末关于真理标准的大讨论得出了"实践是检验真理的唯一标准"的结论，教学论研究者开始重新审视中华人民共和国成立以来教学论的发展历程、探寻未来走向，这也成为当时教学论研究的热点之一。20 世纪 80 年代前教学论研究长期受"左"的思想干扰，尚未系统关注教学实践问题。从 20 世纪 80 年代初开始，这一情况逐渐得到改善，教学理论研究者探讨了教学理论的定位，提出教学理论来源于教学实践并能够有效指导教学实践的观点；教学论不是"空中楼阁"，在实现科学化和现代化的过程中应当与教学实践紧密结合，推动教学实践的发展，教学论在加强学理研究的同时也要立足教学实践。虽然此时教学论研究者对理论与实践关系的认识进一步深入，但其教学理论研究成果并未全面观照一线教学领域；一线教学活动也处在恢复阶段，对教学理念的自觉运用较少。

20 世纪 80 年代中期，教学实践领域出现了新的发展动态，这一时期兴起的教学改革实验，以先进的教学理论学说为指导，致力于解决教学实践中的具

---

① 杨小微：《从复杂科学视角反思教育研究方法》，《教育研究与实验》2000 年第 3 期。

体问题,促进教学理论向教学实践的转化,推动教学理论与教学实践的结合。这些实验需要教学理论工作者和教学实践工作者的合作互动,促使传统的教学理论和教学实践的关系发生了变化,[①]沿着“教学理论先导—教学实验验证—生成教学模式—优化教学理论”的路线进行探索。但20世纪80年代中期因为经济水平、社会条件的限制,提供给教学理论与教学实践结合的资源有限,二者相互脱离的现象依然较为严重,大多时候依旧独自运行于各自的“轨道”上。20世纪80年代后期,越来越多的教学理论工作者深入教学一线,深刻体会到教学实践领域难以接受教学理论指导,存在脱离教学理论的倾向。[②]剖析教学理论与实践脱离背后的原因、探索教学理论与实践“有量有质”相结合的路径成为这一时期教学论研究者亟须解决的难题。

此外,教学论研究还存在专业学术组织缺乏、人才培养体系不完善、研究队伍不稳定等问题,教学论研究和教学论学科建设面临着各种挑战。教学论学科想要突出重围,“闭门造车”肯定行不通,必须对外开放,在开放中探索教学论学科的建设与发展之路。改革开放为我国教学论全面引介国外教学理论成果、重新审视教学论的经典学说提供了机会。教学论研究者在立足本土教学实践与传承民族特色的同时,积极学习、借鉴国外理论,博采众长、取长补短,推动教学论研究的深化和拓展,努力在“开放”中打造“繁荣”。

第二节　教学论研究的开放与繁荣

1985年至2000年是我国教学论发展70年历程中承上启下的重要阶段。迎着改革开放的春风,教学论学界再次“睁眼看世界”,着力引介、学习并吸收国外先进的理论与学说,不断为教学论学科发展提供“营养”。在此基础上,我国教学论研究者结合本土教学实际对“进口货”进行识别和扬弃,并且扎根本土研究,不断创生新的教学论思想,促进了我国教学论学科的繁荣发展。

---

① 李定仁、徐继存主编:《教学论研究二十年》,人民教育出版社2001年版,第482页。
② 李定仁、徐继存主编:《教学论研究二十年》,人民教育出版社2001年版,第483页。

一、教学论研究的开放

全面对外开放、积极放眼世界是这一阶段教学论研究发展的前提与基础，为这一时期教学论研究发展创造了有利的条件。在开放过程中，我国教学论研究者全面引介国外教学论研究成果、兼收并蓄，为教学论研究的发展吸收和累积“养料”。此外，教学论研究者也不断剖析和反思国外教学论理论学说，并扎根本土、结合教学实践对“舶来”的教学论思想、理论与学说加以本土改造，持续丰富我国教学论学说，完善教学论理论体系，朝着构建具有中国特色的教学论学科体系奋力前进。

（一）全面引介国外教学论研究成果

自 20 世纪 50 年代末，由于中苏关系出现分歧，我国基本阻断了和世界上主要国家的各项交流，教学论学界也关闭了向国外学习的大门。改革开放之后，国门重新开放，教学论学界像其他领域一样积极汲取国外学界的先进思想和优秀理论。这一时期，我国翻译并出版了一系列国外知名的教学论著作，诸如“外国教育名著丛书”中的《民主主义与教育》《普通教育学·教育学讲授纲要》，“20 世纪苏联教育经典译丛”中的《教学与发展》《论教学过程最优化》，“求索”丛书中的《美国教学论流派》《德国教学论流派》等。

大批东西方教学论的新思想和新学说在此背景下接踵而至，对我国的教学论研究产生了深刻的影响，补充、丰富和完善了本土的教学论体系。例如，斯金纳（B.Skinner）的程序教学理论，根据操作性条件反射和积极强化等行为主义心理学理论，对教学活动及改革设计了一套教学机器和程序教学模式，遵循小步子、积极反应、即时强化、自定步调、低错误率原则，该理论被我国学界引入后在许多学校试行并且催生了自学辅导教学研究；布卢姆（B.Bloom）的教学目标分类理论认为，完整的教学目标分类学应该包括三个主要领域，即认知领域、情感领域和动作技能领域，三个领域的教学目标又可以进行细分，从而形成一套系统的目标分类结构，[1]该理论也促生了我国当时规模宏大的目

① ［美］布卢姆等编：《教育目标分类学（第一册：认知领域）》，罗黎辉等译，华东师范大学出版社 1986 年版；［美］克拉斯沃尔、布卢姆等编：《教育目标分类学（第二册：情感领域）》，施良方等译，华东师范大学出版社 1989 年版。

标教学改革;罗杰斯(C.Rogers)的非指导性教学理论,基于人本主义心理学理论的视角,强调教学要以学生为中心,从学生“自我”完善出发强调人际关系和情感的价值,重新界定了教学活动的基本职能,触及了中外传统教学思想忽视的重要领域;苏霍姆林斯基(В.Сухомли́нский)的和谐发展教学理论,以实现智育的基本任务为起点,在教学过程中通过解决教学与教育以及教学与发展这两大突出矛盾、促进矛盾的辩证统一以实现教学目的进而到达和谐发展的终点,在一定程度上为我国中小学教师改进教学实践提供了重要参考;赞可夫(З.Владимирович)的教学与发展理论,在进行了大量教学实验的基础上总结、提炼出了“发展性教学”理论,强调以高难度进行教学、以高速度进行教学、理论知识起指导作用、使学生理解学习过程以及使全体学生都得到一般发展的教学原则等①;巴班斯基(Ю.Бабанский)的教学过程最优化理论,建构于多年的实验研究基础之上,强调教师在教学过程中应遵循科学所揭示的教学规律,全面考虑教学内外部条件,选择最佳的教学方案,调控教学活动的进程以使学生在教养、教育和发展三个方面获得最佳的效果②。

除此之外,这一时期国外盛行的教学模式也传入我国,促进了教学实践的革新和发展。例如,兴起于 20 世纪五六十年代的联邦德国的范例教学模式,代表人物主要有瓦根舍因(M.Wagenschein)、克拉夫基(W.Klafki)、德博拉夫(J.Derbolav)等,强调教师在教学过程中选择典型的内容和方法作为范例,引导学生从个别认识上升到一般认识,达到举一反三的效果,具体包括了四个阶段:一是范例性地阐明“个”,二是范例性地阐明“类”,三是范例性地掌握规律和范畴的关系,四是范例性地获得关于世界与生活的经验③。建构主义教学模式强调在整个教学过程中,以学生为中心,教师充分利用学习环境要素创设学习情境、设计学习会话等促进学生积极主动学习,以实现对所学知识进行意义建构的教学目的,在此过程中,学生是认知的主体和知识意义的主动建构

---

① 于光远:《评赞可夫“以高难度进行教学”的原则》,《外国教育动态》1989 年第 1 期;[苏]赞可夫:《教学论与生活》,余诩辉、杜殿坤译,教育科学出版社 1984 年版。

② 吴文侃:《巴班斯基论教学过程最优化的概念、标准和方法体系》,《教育评论》1986 年第 2 期。

③ 李其龙编著:《德国教学论流派》,陕西人民教育出版社 1993 年版,第 4—28 页。

者，教师则扮演着组织者、指导者、意义建构的帮助者以及促进者的角色，由此开发了支架式教学、抛锚式教学、随机进入教学等一系列建构主义教学方法①；问题教学模式最早可追溯到苏格拉底的“谈话法”，当代的问题教学模式是在苏联思维心理学（作为过程的思维、以创新为核心的思维、思维起始于问题、作为主体活动的思维）的基础上形成和发展的，以问题情境为核心。在教学过程中，问题的解决需要经历以下四个阶段：首先是问题解决的“关闭”阶段，运用原有方式解决出现的问题；其次是问题解决的“开放”阶段，创造问题情境并积极探寻新的解决方式；再次是阐明已经发现的原则；最后是对获得的答案进行检验。②

除了关注不同国外学者或学派的教学论、引入国外不同的教学模式，国内学界还基于国别介绍了日本、法国等国的教学改革实践。其中，日本在二战结束后多次开展教学改革，旨在实现教学目标兼顾总括性和具体性、教学结构合理化、教学设备科学化，重视教学的体验性。日本在 20 世纪 90 年代提出了培养学生生存能力、提高基础学力的教学观，教学的重点从“教”转向“学”，教学方法从接受结论转向解决问题。③ 法国针对当时学生学业水平的降低和学校文化的危机，提出了修订教学大纲、改进课程设置以及革新教学方法的原则：一是教学大纲应当定期修订，以引进科学进步和社会变化所要求的知识；二是注重能提供拥有某种有效性和普遍应用性的思维方式的教学；三是开放、灵活、可修订的教学大纲是一个框架，而不是一种枷锁；四是对当前所要求的教学内容所做的批判性审查始终应调和可要求性和可传递性这两个变量；五是为了提高知识授受的效益，应当使教学形式多样化；六是为加强教学间的和谐，最终应促进不同专业的教师共同授课；七是追求和谐的同时也应追求不同专业之间以及相应的不同成就形式之间的平衡与融合。④

---

① 何克抗：《建构主义的教学模式、教学方法与教学设计》，《北京师范大学学报（社会科学版）》1997 年第 5 期。

② 高文：《问题教学——苏联当代教学论流派研究之一》，《外国教育资料》1988 年第 2 期。

③ 牟映雪：《日本九十年代的新教学观：培养生存能力》，《外国中小学教育》1999 年第 1 期。

④ 汪凌：《法国中小学教学内容革新的基本原则》，《外国教育资料》1992 年第 1 期。

(二)重新审视国外教学论经典学说

我国教学论学科建设经历了一个从全面引进、借鉴运用到扎根本土、自主创新的过程,很多创新源于对国外教学论经典学说的反思和评价。一方面,我国教学论研究者在积极引介国外最新的教学论研究成果时加以甄别和选择,取其精华,去其糟粕;另一方面,我国教学论研究者也重新审视、认真分析并扬弃杜威(J.Dewey)、赫尔巴特(J.Herbart)、凯洛夫(N.A.Kaiipob)等教育学者的教学论思想。

杜威的教育教学思想最早通过两种途径传入我国:其一是 20 世纪初杜威曾多次来华讲学,先后到过北京、南京、杭州、上海、广州等地;其二是通过我国学者翻译杜威的著作,例如 1928 年商务印书馆出版了由郑恩泽译述的《民主主义与教育》,这是该书最早的汉译本。20 世纪 80 年代中叶以来,我国学者开始反思并且重新评价杜威的教学思想,纷纷发表学术论文和相关著作对其思想进行"再认识"。例如,袁锐锷在《杜威的教学方法论探讨》一文中基于"从儿童实际出发""重视儿童的兴趣在教学中的作用""注重发现式的学习方法"这三种视角,深入分析和研究了杜威的教学方法思想。认为杜威站在传统教育的对立面,批评传统教学方法机械呆板、生硬灌输是无可厚非的,但是他据此否认和摒弃传统教学方法并将"活动"方法视为唯一的教学方法无疑是厚此薄彼,走向了另一种极端。此外,杜威教学方法上的经验主义是不可取的,杜威将书本知识仅仅当作是对"个人直接经验"的补充,严重忽视了直接传授书本知识的教学方法的重要作用。① 1988 年,《教育研究与实验》发表的《杜威的教学认识论述评》一文在肯定杜威以经验论为理论基础的教学认识论为我国教学论的发展提供了许多宝贵经验的同时,也指出了其存在的局限性:杜威的教学认识论走上了"主观唯心主义"的道路,不可能科学地揭示人的认识规律;杜威企图将感性认识与理性认识统一于经验之中,这种只讲统一、连续却忽视差异、区别的做法也是不科学的等。②

赫尔巴特作为教育学的创建者,其教学理论在总结前人和自身教学实践

---

① 袁锐锷:《杜威的教学方法论探讨》,《华南师范大学学报(社会科学版)》1987 年第 2 期。

② 涂茶:《杜威的教学认识论述评》,《教育研究与实验》1988 年第 1 期。

经验的基础上升华而来,在教学论发展史上具有里程碑式的作用。赫尔巴特立足于观念心理学,将人的认识过程分为三个环节,即感官对外部刺激的接受、新旧观念的联合和统觉团的形成,据此提出了相对应的单纯的提示教学、分析教学和综合教学三种教学类型,并把多方面兴趣和培养学生的注意力结合起来,将教学过程划分为清楚(明了)、联合、系统、方法四个阶段,推动了教学理论的发展。[①] 19 世纪末 20 世纪初,赫尔巴特的教学理论在世界上诸多国家的教育界风靡一时,为当时的中小学校教学活动提供了重要的参照。在不同时期、不同国别,人们对赫尔巴特教学论的评价褒贬不一。赫尔巴特的教学思想在 20 世纪初传入我国,正值清末废科举、兴学堂,对学校教育产生了重要影响。新中国成立之后全面学习苏联、全盘否定赫尔巴特的教学思想。粉碎"四人帮"之后,教学论研究者逐渐回归理性,重新评价赫尔巴特的教学思想。[②] 有学者认为,赫尔巴特在推动教育科学的发展、建立教育科学体系上是有其历史功绩的,他的教学理论是传统教学论的经典代表,所提出的许多教学原理都是发前人之所未发,诸如教育性的教学,注重教学工作中的兴趣和注意,根据学生心理特性分析教学过程的要素,划分教学过程的各个阶段等,确实有其创新性、合理性与可借鉴性。[③]

苏联教育家凯洛夫的《教育学》是其教育思想集大成之作,该书从辩证唯物主义认识论的角度出发,指出教育起源于劳动,教育对人的培养起主导作用,教师在教学过程中起主导作用,认为教学过程是一个由生动的直观到抽象的思维,再由思维到实践,是认识真理,认识客观现实的辩证法的路线[④],完整的教学要经历感知、理解、概括、巩固、熟练和测验六个阶段。纵观凯洛夫的《教育学》在我国的发展历程,可谓是一波三折:新中国成立初期,我国提倡"学习苏联",掀起了全国学习凯洛夫《教育学》的热潮,当时许多师范院校把它当作教材或者主要教学参考书[⑤],到 20 世纪 50 年代中期一直主导着我国

---

① [德]赫尔巴特:《普通教育学》,李其龙译,人民教育出版社 2015 年版。

② 尹慧茹:《赫尔巴特教学论评述》,《教育科学研究》1987 年第 1 期。

③ 姜文闵:《赫尔巴特教学理论浅议》,《河北师范大学学报(哲学社会科学版)》1986 年第 3 期。

④ [苏]凯洛夫:《教育学》,沈颖、南致善等译,人民教育出版社 1953 年版,第 60 页。

⑤ 瞿葆奎:《中国教育学百年(中)》,《教育研究》1999 年第 1 期。

教育学的发展;20世纪50年代后期开始受到质疑;20世纪60年代遭遇严厉批判,甚至被视为资产阶级唯心主义教育学、苏联修正主义教育学;20世纪80年代初我国又开始重新评价《教育学》。[①] 20世纪80年代以来,教学论学者力图挣脱时代的束缚,陆续发表了一系列文章重新剖析凯洛夫的《教育学》及其教学思想。例如陈炳文1987年发文《对凯洛夫主编的〈教育学〉的再评价》,郝保文1989年发文《凯洛夫教学论思想与合作教育学教学论思想的比较研究》,陈桂生1998年发文《重评凯洛夫〈教育学〉》,这些学者们均肯定了凯洛夫教育思想存在的价值和合理性,但不盲目吹捧并理性地指出了其存在的局限性和错误观点。陈桂生认为凯洛夫的教育教学思想具有以下几个特点:其一是坚持以马列主义理论和科学心理学为理论基础,其二是具有强烈的政治性,其三是坚持从实际出发,体现了教育学和教学论作为应用科学的特点。虽然对凯洛夫《教育学》的崇拜热潮已经时过境迁,但其中许多教学原理和教学基本规律却依然发挥着余热。只有正确地借鉴历史,才能推动历史向前发展。[②]

(三)积极增强教学研究的中国意识

如何处理国际性与中国化之间的关系是教学论研究自打开国门以来,一直存在悬而未决的矛盾,在"开放"过程中该矛盾愈发尖锐、亟待解决。反观我国教学论研究的发展历程,长期以来一直在学习、借鉴和吸收苏联和西方的相关学说,尚未系统思考和解决教学论研究的中国化问题。改革开放后,我国加强了对外交流与合作,国外各类教学理论蜂拥而至,为我国教学论研究注入了"养分",但"水土不服""消化不良"的问题也如影随形。中国教学理论和实践在极短的时间里就繁荣起来,但因袭和模仿的积习也造成了杂施不循的繁乱,繁荣和繁乱交织出来的,就像是一幅毕加索风格的图画,这应当是不足为奇的[③]。任何一种教学理论或学说都绝不是凭空产生的,与特定的社会背景、社会文化、社会环境密切相关,是时代和环境的产物,其有效性、合理性与

① 周谷平、徐立清:《凯洛夫〈教育学〉传入始末考》,《浙江大学学报(人文社会科学版)》2002年第6期。

② 陈桂生:《重评凯洛夫〈教育学〉》,《河北师范大学学报(教育科学版)》1998年第1期。

③ 杨启亮:《困惑与抉择——20世纪的新教学论》,山东教育出版社1995年版,第2页。

可行性是针对其所处的社会、国度和时代而言的，并不一定适用于不同社会、不同国度、不同文化或不同时代。徜徉在一望无际的教学理论的海洋中，如何尽快找准方向并构建出适合我国教学发展实际的理论体系是该阶段教学论学界面临的巨大挑战。① 正确处理教学论研究国际性与中国化的矛盾是当时教学论研究亟待关注的热点和难点。

改革开放初期，由于刚刚摈弃故步自封的状态，教学论研究者面对国外"色彩斑斓"的教学理论好奇不已，迫不及待地从国外大量翻译和引介教学理论，却很少对这些"进口货"进行甄别和反思，中国化问题关注不多。20世纪80年代至20世纪90年代前期，学界对教学论中国化的研究逐渐"苏醒"并步入发展。这一时期，虽然没有专门研究教学论本土化或中国化的相关著作，但王策三、路冠英等一些学者在其论著中出现了阐述教学论中国化研究的内容；教学论中国化研究很多时候蕴含于教育理论中国化研究之中，例如，郭戈1993年发表的《论教育学的"中国化"》、陈桂生1994年发表的《略论教育学"中国化"现象》等教育理论中国化研究专文都涉及了教学论研究中国化的内容，并为教学论中国化研究提供了方法论层面的参考。② 20世纪90年代后期，教学论学者越来越意识到构建中国特色教学论学科体系的重要性。教学论研究要么盲目追随国外、永远随波逐流，要么创立自己独特的体系及学说、笃定前行，这是非此即彼的选择。为此，显然不能仅仅对国外教学理论"照着讲"，而是要"接着讲""讲自己"。"照着讲"只能照搬国外，"接着讲"才能面向未来，"讲自己"才能凸显自身民族和国度的特色与文化。然而，"接着讲"和"讲自己"不是脱离国外的理论学说与本国的传统文化，而是要让中国自身的教学论问题"接"上国外的理论学说和本国的传统文化，同时也让国外的理论学说和本国的传统文化"接"上中国当前的研究问题，这样，国外的理论学说便不再"见外"，本国的传统文化就不再是"死"传统，而将继续"活"在今天。③ 学者们在引入国外教学论学说的同时不断反思我国教学论学科体系的

① 徐继存：《教学理论反思与建设》，甘肃教育出版社2000年版，第175页。

② 张天明：《1980年以来我国教学理论本土化研究：回顾、问题与展望》，《课程·教材·教法》2014年第1期。

③ 赵鑫、李森：《中国教学论科学化的意蕴和路径》，《课程·教材·教法》2012年第7期。

建设,并且开始尝试解决“以西代中”“水土异化”等问题,掀起了一股“元教学论”研究的热潮,集中探讨教学论学科的研究对象、教学论学科性质与特征、教学论学科与其他学科的关系等。这一阶段,也开始出现探讨教学论中国化研究的专文和专著,例如甘其勋在1997年发表的《试论目标教学的中国化》等。

国外教学理论的系统引介开阔了国内学界被禁锢多年的研究视域和思路,促进了当时中小学校教学实践的改革与发展,充实了中国教学论研究。对外学习的大门再度开启,使得教学论研究者们能够全方位了解不同国家教学论领域的研究进展及其成果,同时,开放的氛围保障了国外教学理论在中国能够进行合理的试验或验证。在此基础上立足本土国情构建具有中国特色的教学理论学说体系,有效促进了教学论研究的繁荣。

二、教学论研究的繁荣

开放是为了繁荣发展,我国之所以打开国门、大量吸收和引进国外教学论学说,根本目的在于促进我国教学论理论和实践的繁荣。自20世纪80年代中叶以来,教学论在开放中步入了一个新的发展阶段,我国学者对教学论中的诸多重大议题,例如教学论的学科性质、教学论的研究对象、教学论的研究方法、教学论与相关学科、教学目标研究、教学原则研究、教学方法研究、教学组织形式研究、教学模式研究、教学艺术研究以及教学评价研究等进行了广泛而深入的探讨,取得了丰硕的研究成果。

(一)教学目标研究的兴起与探索

任何教学活动都是以某种教学目标为出发点,围绕其开展并且最终也要回到教学目标。教学目标支配、调节、控制着整个教学过程,是教学活动的出发点与落脚点。我国对教学目标的研究起步较晚,在20世纪80年代中叶以前很长一段时间,学校教学活动都是以笼统的、指令性的教学目的为导向,以各科教学大纲的要求为衡量教学质量的标准。但在教学实践过程中,各种局限逐渐凸显并且对实际教学也造成了一定的影响:由于教学目的不明确,教学工作者在教学实践过程中难以准确把握教学内容的广度和深度;教学目的作为对教学的应然要求在教学活动中往往难以落到实处;教学目的“一刀切”难以照顾到学生的个别差异，等。针对以上种种弊端，为了使教学走向科学化、面向全体学生并照顾到学生的个体差异性，我国教学论研究者开始“向外看”、引鉴大量国外教学目标研究的相关成果并结合我国教学实际，进行了教学目标研究的初步尝试和探索。① 以下选取几类有代表性的观点进行详细阐述。

其一是结合我国的教学实际将布卢姆的教育目标分类理论本土化，对教学进行了领域划分并且对每个领域做出了相关规定（详见表2）。② 其二从三个主要维度对教学目标进行分类：一是教育目标的组成部分，即德、智、体、美、劳；二是通过教育教学所要形成的学生个性心理要素，即知识、智能、价值、情意和行为；三是各部分和各要素的发展水平，构成了一个三维立体教学目标分类模型（详见图1）。其三以心理学特别是教育心理学对发展领域的划分为内在逻辑，以时代的社会需要为领域设计的标准，把教学目标分为“基础知识、基本技能、基本能力和健康个性”四个领域。③

表2　教学目标分类表④

学习水平		具体行为
认知领域	记忆	记住学过的材料
	理解	1. 将学习材料从一种形式转换成另一种形式 2. 理解学习材料 3. 对学习材料作简单判断
	简单应用	学习过的材料用于新的具体情境中去解决一些简单的问题
	综合应用	1. 对具体综合问题各组成部分的辨认 2. 部分之间各种关系的分析 3. 识别组合这些部分的原理、法则、综合运用解决问题
	创见	1. 突破常规的思维格式，提出独到的见解或解题方法 2. 按自己的观点对学习过程的材料进行整理分类 3. 自己设计方案，解答一些实际问题

① 吴也显主编：《教学论新编》，教育科学出版社1991年版，第350页。

② 吴也显主编：《教学论新编》，教育科学出版社1991年版，第351—353页。

③ 黄甫全、王本陆主编：《现代教学论学程（修订版）》，教育科学出版社2003年版，第178页。

④ 改编自吴也显主编：《教学论新编》，教育科学出版社1991年版，第352—253页。

续表

学习水平		具体行为
情感领域	接受	1. 在适当的环境中注意对象的存在 2. 给予机会时有意地注意对象 3. 集中注意教师的讲解或演示
	思考	1. 能遵照教师指示做出系统动作 2. 能主动和对象打交道,且与过去的经验发生联系 3. 能有意愿地、兴致勃勃地和对象打交道
	兴趣	1. 有深入研究的意愿 2. 愉快地和对象打交道 3. 不愿意立即停止自己的思考和动作
	热爱	1. 关心对象的存在和价值 2. 价值经过内化成为自己坚定信念 3. 认识到对象的美,成为自己理想信念
	品格形成	依据自己的价值观所形成的信念,内化为自己的品格,并用于知道自己的言论与行动
动作技能领域	模仿	1. 对演示、动作的模仿,对工具和装置的使用 2. 把描述语言转化为实际动作
	对模仿动作的理解	1. 装置结构原理 2. 动作作用解释 3. 动作结果的解释和概括
	动作组合协调	1. 动作分解和组合协调的实现 2. 动作组合计划设计 3. 实验结果的解释和概括,并写出实验报告
	动作评价	1. 对动作作用估计 2. 对组合动作、设备进行设计、计划 3. 动作熟练进行 4. 结果的解释、推论及评价
	新动作的创造	1. 新情景下对动作的设计和实现 2. 新情景下对结果的解释、整理

(二)教学原则研究的反思与重构

教学原则是基于教学目标的需要,用于处理教学中的矛盾关系的原则,应根据教学目的的要求和教学规律,以哲学、教育学、心理学等为理论基础进行制定。我国教学论研究者在吸收国外教学理论的过程中逐渐意识到全盘接收“舶来品”和“进口货”的教学原则存在着诸多弊端,开始向内审视并构建本土化的教学原则体系。教学论学界将20世纪80年代中期至2000年期间有关教学原则的探索分为两个阶段。

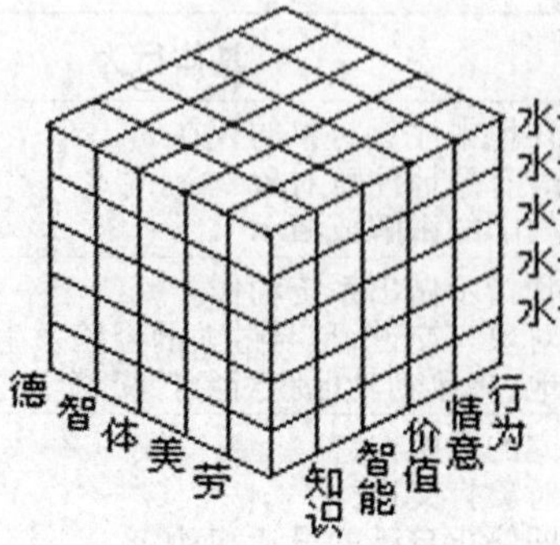

图 1　教学目标分类模型

第一阶段从 80 年代中期到 1988 年,是教学原则研究的向内审视阶段。结合本土教学实际对国外教学原则进行筛选、过滤与整合。① 这个阶段显著的特点是从哲学的角度,基于吸取古今中外探索教学原则的经验教训,批判了前人简单地从经验出发、套用一般哲学和政治原则,简单地从其他学科引申出来、直接照搬他人的教学原则,简单拼凑不同来源的某些教学原则的错误做法。进而倡导教学原则要以教学目标为出发点,在辩证唯物主义观点和方法的指导下,分析教学活动中的矛盾关系,并"认定教学原则是在教学实践基础上对于教学中矛盾关系的认识和处理原则"②。

第二阶段从 1989 年到 2000 年,是重新构建教学原则体系和教学原则研究多样化发展的阶段。这个阶段主要分两步走:一是批判和改进已有的旧教学原则体系,批评了已有教学原则体系结构不严谨、层次交叉不一以及内容纷繁复杂等诸多不足并基于此对其进行修正和重构;二是尝试提出新的教学原则体系的基本框架,相关研究趋于科学化。③ 例如,张楚廷在《教学原则今论》中通过论述和扬弃长时间以来国内外对教学原则的研究结果,借鉴相关学科诸如心理学、脑科学等的研究成果,提出了自己的教学原则体系,认为介于教

① 李定仁、徐继存主编:《教学论研究二十年》,人民教育出版社 2001 年版,第 168—169 页。

② 王策三:《教学论稿(第二版)》,人民教育出版社 2005 年版,第 147—154 页。

③ 李定仁、徐继存主编:《教学论研究二十年》,人民教育出版社 2001 年版,第 169—170 页。

学规律和教学方法之间的教学原则,需具备相容性、完备性、独立性和简练性条件,达到一定的理论概括性。① 李秉德等学者构建了较为完整的教学原则体系,包括教学整体性原则、启发创造原则、理论联系实际原则、有序性原则、师生协同原则、因材施教原则、积累与熟练原则、反馈调节原则、教学最优化原则等。② 这一阶段的教学原则研究呈现多样化视角:关注审美性和情感性;强调主体性;倡导教学原则的创造性,等等。③ 虽然教学论研究者立足于不同的视角对教学原则进行研究并且提出了各自的观点,但学界对构建教学原则体系的基本依据达成了一致:其一是扬弃和总结我国古代诸如孔子、孟子等教育家的教学经验和教学理论;其二是借鉴和吸收国外教育家的教学思想;其三是概括和提炼我国当时学校教学改革实践中有价值的经验。④

(三)教学方法研究的转变与革新

自1978年我国打开对外开放的大门,教学论学界主要通过翻译国外关于教学方法的著作,将国外的教学方法,诸如掌握学习法、程序教学法、先行组织者教学法、个别教学法、发现教学法、暗示教学法等移植到我国的教学实践中。在实践过程中,教学论的学科性质决定教学方法的研究需要"顶天立地",在提升学理性的同时,教学方法的研究更要关注实践、注重实践探索,相关学理研究也应回归教学实践。

随着基础教育教学改革的持续推进,如何将理论探索与本土学校教学实践紧密结合成为研究者关注的重要议题,全国中小学教学方法改革实验蓬勃兴起。改革开放之后,教学方法的改革最初发端于语文和数学学科,例如李吉林的"小学语文情境教学法"实验、吕敬先的"小学语文能力整体发展"实验、卢仲衡的"初中数学自学辅导"实验、马芯兰小学数学的"四性"教学法等,随后在其他学科中也陆续推行,例如张思中的"外语十六字教学法"实验等。此外,这些中小学一线教师基于自身经验开展的教学实验经过反思、概括和提炼

① 张楚廷:《教学原则今论》,湖南师范大学出版社1993年版。

② 李秉德、李定仁主编:《教学论》,人民教育出版社2000年版,第76—102页。

③ 李定仁、徐继存主编:《教学论研究二十年》,人民教育出版社2001年版,第170页。

④ 喻立森:《试论我国社会主义学校的教学原则体系》,《教育研究》1984年第5期;李定仁、徐继存主编:《教学论研究二十年》,人民教育出版社2001年版,第176页。

后升华为相应的教学方法理论并在之后的教学实践中加以推广和普及，比如邱学华在小学数学开展的尝试教学法实验，发展成为尝试教学理论被广泛运用于许多学校的教学实践。刘舒生在《教学法大全》中对这一时期改进、构建的新教学方法进行统计：改进比如谈话法、演示法、练习法、复习法等常用的传统教学方法共16种；提出的新方法34种，例如北京景山学校的知识结构单元法、四环节智能定型单元教学法、"学导式"教学法、"读读、议议、练练、讲讲"八字教学法、小学"六因素单元教学法"等。随着学科教学论的兴起，国内外各学科新教学法逐渐丰富起来，总计共138种，包括政治课四段式单元教学法、自然课情境激励法、中学物理电化教学法、化学"七环节"课堂教学法、音乐欣赏教学法等。[①] 其中多项教学方法改革与实验经过实践验证和完善已形成独特的体系并且具有一定的理论意义，表明我国扎根本土的教学方法改革试验成效显著、教学方法体系得以创生革新。由此可见，新兴的教学方法主要在借鉴、参考国外教学方法思想的基础上，结合本土教学实践改造而成，在实际教学中进行实验、验证并经过总结、提炼得到的教学方法学说不断补充和完善教学方法理论体系，促进了教学方法研究的深化和拓展。

（四）教学设计研究的初探与发展

我国对教学设计的系统研究起步较晚，20世纪80年代中期一些学者才刚开始将研究视野投向教学设计，发表相关论文。起初，学者们主要通过翻译国外教学设计的相关成果。随着教育改革的不断深入，教学设计研究步伐加快，20世纪80年代末期以来，教学设计研究日渐繁荣。这一时期，学界出版了大量关于教学设计的著作（参见表3），学者们也相继发表了系列相关的学术论文，并且教学论、教育学、教育心理学的著作中也开始出现专门探讨教学设计的章节。这一时期，教育心理学、电化教育等学科的学说思想也不断融入教学设计的研究中，扩大了教学设计研究的理论视域。学者们从教学论、教育心理学、电化教育等多学科视角探讨教学设计，例如，有学者依据电化教育的观点探究了教学设计理论和实践的趋势：在宏观层面上，教学设计以系统科学

---

① 刘舒生主编：《教学法大全》，经济日报出版社1990年版，目录页第2—3页、第7—8页和第10—12页。

的理论为导向,更加深入地剖析教学系统的构成要素,借助教学媒体、把控教学活动以达到教学效果最大化;在微观层面上,教学设计更加强调和教育心理学、生理学的结合。[①] 与此同时,全国也大规模开展了教学设计的实验应用研究,比如,上海的中小学校开展了教学设计的理论研讨并进行了实践探究,取得了可喜的成果。[②]

表 3　1989—2000 年期间我国出版的教学设计相关著作示例

编著者	著作名称	出版社	出版时间
刘高佶	《教学设计》	江西科学技术出版社	1990 年
国家教委电化教育司	《教学媒体与教学设计》	高等教育出版社	1990 年
李克东、谢幼如	《多媒体组合教学设计》	科技出版社	1992 年
张祖忻等	《教学设计——基本原理与方法》	上海外语教育出版社	1992 年
王兴举	《课堂教学设计与实施》	四川、云南教育出版社	1993 年
乌美娜	《教学设计》	高等教育出版社	1994 年
麦曦	《教学设计的理论和方法》	新世纪出版社	1996 年
孙可平	《现代教学设计纲要》	陕西人民教育出版社	1998 年
章伟民	《教学设计基础》	电子工业出版社	1998 年
盛群力、李志强	《现代教学设计论》	浙江教育出版社	1998 年
李龙	《教学过程设计》	内蒙古人民出版社	2000 年

这一时期,教学设计研究主要围绕以下内容进行探讨。其一,明确教学设计的概念,涌现了“措施”说 、“方法”说、“操作程序”说、“方案”说、“计划”说、“技术”说等不同的概念界定;其二,商讨教学设计的理论基础,学界出现了“单基础”论即认知学习理论,“双基础”论包含传播理论和学习理论,“三基础”论涵盖传播理论、教学理论和学习理论,“四基础”论囊括系统论、学习理论、教学理论和传播理论,“五基础”论涉及学习心理理论、现代教学理论、设计科学理论、系统理论和教育传播学,“六基础”论包括学习理论、传播理论、

① 张世贡:《电化教育理论的新发展——教学设计》,《江西教育科研》1990 年第 5 期。

② 盛群力、李志强编著:《现代教学设计论》,浙江教育出版社 1998 年版,前言第 1—2 页。

视听理论、系统科学理论、认识论和教育哲学的教学设计理论基础争鸣；其三，进行教学目标、教学策略、教学评价等教学核心要素的设计。①

（五）教学评价研究的积累与拓展

1985年6月，教育部在黑龙江召开了教育评价工作会议，我国教学评价研究工作进入全面发展阶段。自此，全国大规模开展教学评价研究，相关成果不断涌现。基于此，本书将这一时期对教学评价的研究划分为积累阶段和拓展阶段。

积累阶段从1985年至1992年。随着教学评价研究成果的增多，大大提高了教学评价的研究地位，教学评价的功能在教学实践中发挥着越来越重要的作用。这一阶段教学评价的研究主要聚焦于以下问题：一是探讨教学评价的基本理论，关注教学评价的概念界定、教学评价的目的、教学评价的范围、教学评价的依据、评价教学的具体标准以及教学评价的基本形式和方法；②二是将数学方法引入教学评价领域，针对教学评价过程的复杂性，引入模糊的数学方法将无法直接定量测量的教学质量评价划分为模糊综合评价和多层次综合评价，并对其进行科学的定量描述；③三是提倡教师进行自我评价，教师的自我评价有助于教师进行反思，正确认识自我，不断提高和完善教学水平；④四是探究教学与评价的关系，教学评价要在一定的教学思想指导下进行，教学评价的反馈是为了改进和促进教学质量；五是改革当时的教学评价，批判当时教学评价对学生个性全面发展的阻碍，强调教学评价要关注学生个体差异进而激发学生积极主动地学习；六是研讨了具体的教学评价问题，例如，教师的评价方式对教学效果的影响、如何对课堂教学质量进行评估以及教学评价相关的教育评价管理问题等。⑤ 这一阶段的教学评价研究呈现出以下特征：其一，

---

① 李秉德、李定仁主编：《教学论》，人民教育出版社2000年版，第235—237页。

② 周学海：《数学教学评价的基本理论》，《东北师范大学学报（教育版）》1985年第3期。

③ 李进启：《浅谈教学质量的模糊综合评价》，《宁夏教育》1986年第12期；席家焕：《课堂教学质量的综合评价》，《湖南教育》1987年第4期，等等。

④ 林斯坦：《教育评价的一个重要的形式与内容——论教师的自我评价》，《教育理论与实践》1987年第3期。

⑤ 杨心德等：《教师的评价方式对教学效果的影响》，《宁波大学学报（教育科学版）》1987年第4期；辛彦怀等：《课堂教学质量评估初探》，《河北师范大学学报（社会科学版）》1989年第4期，等等。

教学评价直接服务于教学实践,尽可能满足教学实践的要求;其二,教学评价的范围持续扩大;其三,教学评价的方法不断改进完善;其四,教学评价理论的学科体系初步形成。①

拓展阶段从1992年至2000年。中共中央、国务院颁布的《中国教育改革和发展纲要》强调要"建立各级各类教育的质量标准和评估指标体系",标志着教育评价研究进入了新的发展阶段。这一阶段教学评价研究主要围绕以下问题展开:一是专门研究考试并建立了"考试学"研究领域,深入钻研考试史、考试社会学、考试心理学、考试管理学等考试学学科分支,全面深刻地了解考试;②二是开始确立新的教学价值观,基于素质教育的要求和人的全面发展的导向,教学评价重新思考"标准化"的价值,开始关注学生的个性差异,审视考试的试题设置;三是关注教学质量评价。③ 教学评价的理论研究从自发走向自觉,积极迎合时代的要求、更加贴近实际,教育测量学、教育统计学、系统科学对教学论的深入影响也更加丰富了教学评价研究的理论基础。

(六)教学论元研究的借鉴与争鸣

教学论元研究是以教学论本身作为研究对象、剖析教学论自身的知识体系,研究内容包括教学论研究对象、教学论学科性质、教学论与相关学科关系以及教学论研究方法等方面。

一是关于教学论研究对象的探讨。教学论要有别于其他学科,需有其立论之基,要成为一门真正的科学,就必须明确教学论的研究对象。1985年至2000年这一时期关于教学论的研究对象,国内外学者见仁见智,具有代表性的教学论研究对象表述可以归为以下五类:其一,认为教学论的研究对象是教学以及教学过程中要传授的教养内容;其二,认为教学论的研究对象必须是教学的一般规律;其三,认为教学论的研究对象是教学活动的规律及其在实践中的应用;其四,认为教学论的研究对象是教与学的主要关系;其五,认为教学论

① 李定仁、徐继存主编:《教学论研究二十年》,人民教育出版社2001年版,第369—371页。

② 施南君:《论考试科学的崛起发展与流向》,《华中师范大学学报(哲学社会科学版)》1992年第5期。

③ 李定仁、徐继存主编:《教学论研究二十年》,人民教育出版社2001年版,第371—373页。

的研究对象是教学活动或教与学的活动。① 此外，随着语文教学论、英语教学论、数学教学论、化学教学论等学科教学论以及小学教学论、中学教学论、高等学校教学论、成人教学论等学段教学论的出现，教学论的研究对象在逐渐聚焦和具体的过程中也更加丰富多元。

二是关于教学论学科性质的探讨。教学论研究者对于教学论的学科性质一直各抒己见，这一时期代表性的观点主要为：第一，将教学论视为一门社会科学。教学活动是传播社会生活经验、培养参加社会活动、建设社会的人才的特殊的社会交往活动。② 第二，把教学论视作一门理论学科。教学论的主要任务是探索关于教学的一般规律、分析和概括教学经验、借鉴并吸收分支学科与相关学科的理论，逐渐形成完整的教学论理论体系。第三，认为教学论是一门应用学科。教学论重视教学实践，教学论的任务不仅反映教学实践，而且影响、指导教师教学实践。第四，主张教学论既是一门科学又是一门艺术。教学的艺术以情动人，使教学富有情感性、教学组织富有生动性、教学表达富有形象性。教学的科学理论则指导教学实践，富有灵活性和创新性。而教学应该兼具科学性和艺术性，才能达到最佳教学效果。③

三是关于教学论与相关学科关系的探讨。教学论作为教育学的分支学科，具有相对独立性，但在其发展和演变的过程中与许多学科都联系密切，相互作用、相互影响。这一时期，研究者主要探讨了教学论与心理学、系统科学、学科教学法等学科的相互作用。首先，关于教学论与心理学，这一时期心理学蓬勃发展、研究成果显著，许多心理学研究成果渗透到教学领域，例如维果茨基提出的"最近发展区"理论、皮亚杰的发生认识论、建构主义学习理论等，启

---

① ［苏］斯卡特金主编：《中学教学论——当代教学论的几个问题》，赵维贤等译，人民教育出版社 1985 年版，第 6 页；王策三：《简谈教学论的研究对象、任务和方法》，《教育研究》1985 年第 9 期；徐勋：《关于教学论的研究对象、任务、方法之我见》，《教育研究》1986 年第 3 期；刘克兰编著：《教学论》，西南师范大学出版社 1988 年版，第 8 页；田慧生：《对教学论学科性质、地位与研究对象的再认识》，《教育研究》1997 年第 8 期。

② 刘克兰编著：《教学论》，西南师范大学出版社 1988 年版，第 10 页。

③ 刘克兰编著：《教学论》，西南师范大学出版社 1988 年版，第 9—13 页；李定仁、徐继存主编：《教学论研究二十年》，人民教育出版社 2001 年版，第 26—29 页。

发和推进了教学理论与实践的探索;①其次,教学论与系统科学(系统论、控制论、信息论),系统科学中的许多原理,例如反馈原理、有序原理以及衍生的大量观点,包括系统和要素的对立统一、结构和功能的对立统一等都推动了研究者进一步探讨教学的要素;②此外,教学论与学科教学法,两者在教学研究领域是一般和特殊的关系,学科教学法以具体学科活动为研究对象,揭示各个学科的特殊教学规律,为教学论研究的深化与发展奠定了基础,补充和丰富了教学论理论,而教学论所揭示的一般教学规律又为学科教学法的发展提供了理论依据。③

第三节　教学论在开放中繁荣的影响

1985 年至 2000 年期间的教学论研究获得了飞跃性发展,对学科建设、教育实践和人才培养产生了重大的影响。在学科建设方面,相关教学理论更加多元,教学论学科群逐渐形成;在教育实践方面,理论研究者和一线教育者的教学论研究成果开始引导教学实践的走向;在人才培养方面,教学论学科培养出了人数众多、生机勃勃的后备人才,并建立了相关的学术组织,为教学论的持续发展奠定了坚实的人才基础和专业的学术平台。

一、对学科建设的影响

十一届三中全会之前,教学论只是教育学理论体系中的一个组成部分,尚未成为独立学科,在 1976 年至 1984 年间教学论学科建设受到了充分的重视,对教学论的学科建设问题、研究方向、中国化、理论基础及研究方法等问题进行了讨论,并将建立具有中国特色的教学论学科体系作为教学论研究中一个十分重要的问题。④ 为教学论学科下一阶段的发展奠定了坚实的基础,勾画

---

① 李定仁、徐继存主编:《教学论研究二十年》,人民教育出版社 2001 年版,第 15 页。

② 路冠英等:《教学论》,河北教育出版社 1987 年版,第 5—6 页。

③ 路冠英等:《教学论》,河北教育出版社 1987 年版,第 7 页。

④ 靳玉乐等:《中国新时期教学论的进展》,重庆出版社 2001 年版,第 28 页。

出了基本的发展轨迹。1985年至2000年是教学论学科及理论迅速发展的阶段，以《中共中央关于教育体制改革的决定》为标志，进一步加强和推动了教学论理论研究和学科体系建设。经过这一阶段教学论研究者的努力探索，我国教学论学科建设取得了实质性的进展。

（一）教学理论的本土化与现代化

20世纪80年代中期以来，教学论逐渐从教育学中分化出来，迅速成长为一门具有独立学科体系的分支学科。1985年至2000年期间，除了借鉴、学习苏联和西方教学理论，教学论研究者结合本土教育教学改革的经验，初步构建了具有中国特色的社会主义教学理论体系。这一时期出版了大批关于教学理论的教材、专著和论文（详见表4），其中影响较大的有王策三的《教学论稿》（1985）、吴杰的《教学论》（1986）、刘克兰的《教学论》（1988）、何志汉的《教学论稿》（1989）、吴也显的《教学论新编》（1991）、李秉德的《教学论》（1991）、钟启泉的《现代教学论发展》、田慧生和李如密的《教学论》（1996）、施良方和崔允漷的《教学理论——课堂教学的原理、策略与研究》（1999）等。这些专著或教材都是教学论研究者在多年教学理论与教学实践探索过程中的辛勤劳动结晶，为建立新的教学论理论体系做出了有益的贡献。[①] 此外，研究者还出版发表了大量对教学理论重要专题进行深入研究的学术论文。

表4 1985—2000年期间出版的教学理论相关著作和教材示例

著作名称	作者	出版社	出版时间
《教学论稿》	王策三著	人民教育出版社	1985年
《教学原理和方法》	董远骞著	人民教育出版社	1985年
《基础英语教学论文集》	胡文仲编	外语教学与研究出版社	1985年
《当代国外著名教育家教学论思想》	当代国外著名教育家教学论思想编写组编	山东教育出版社	1985年
《教育学教学参考书 教学论分册》	南京师范大学等编	人民教育出版社	1985年

① 李定仁、徐继存：《我国教学论研究的进展与走向分析》，《西北师范大学学报（社会科学版）》2001年第4期。

续表

著作名称	作者	出版社	出版时间
《教学论——教学理论的历史和发展》	吴杰著	吉林教育出版社	1986 年
《教学论新编》	彭永渭编著	辽宁教育出版社	1986 年
《现代教学论讲座》	李建刚编著	山东教育出版社	1986 年
《中小学简明教学论》	四川教育杂志社编	四川教育出版社	1986 年
《教学论教程》	罗明基主编	黑龙江人民出版社	1987 年
《教学论教程》	关甦霞编著	陕西师范大学出版社	1987 年
《教学论》	路冠英、韩金生著	河北教育出版社	1987 年
《教学论在中学的应用》	王晋堂等著	光明日报出版社	1987 年
《发展教学论》	赵振道著	辽宁教育出版社	1987 年
《教学论概说》	陈光莲编著	华中师范大学出版社	1987 年
《教学论稿》	何志汉著	西南师范大学出版社	1988 年
《教学论》	刘克兰编著	西南师范大学出版社	1988 年
《现代教学论发展》	钟启泉编译	教育科学出版社	1988 年
《生物学教学论》	赵锡鑫编著	高等教育出版社	1988 年
《现代教学论引论》	温寒江著	天津教育出版社	1988 年
《异步教学论》	黎世法著	湖北教育出版社	1989 年
《教学论》	唐文中主编	黑龙江教育出版社	1990 年
《当代国外教学论流派》	吴文侃主编	福建教育出版社	1990 年
《教学论新编》	吴也显等编	教育科学出版社	1991 年
《教学论》	李秉德主编	人民教育出版社	1991 年
《现代教学论基础研究》	胡学增等编著	陕西人民教育出版社	1993 年
《教学论问题争鸣研究》	张武升主编	南开大学出版社	1994 年
《困惑与抉择——20 世纪的新教学论》	杨启亮著	山东教育出版社	1995 年
《教学论》	田慧生、李如密著	河北教育出版社	1996 年
《教学论》	汪刘生主编	中国科学技术大学出版社	1996 年
《比较教学论》	陈时见著	江西教育出版社	1996 年
《小学游戏教学论》	吴也显等著	江西教育出版社	1996 年
《教学环境论》	田慧生著	江西教育出版社	1996 年
《教学艺术论》	汪刘生、白莉著	江西教育出版社	1996 年
《发展性教学论》	裴娣娜等著	辽宁人民出版社	1998 年
《现代教学论》	赖志奎主编	杭州大学出版社	1998 年

续表

著作名称	作者	出版社	出版时间
《自学辅导教学论》	卢仲衡著	辽宁人民出版社	1998 年
《现代教学论学程》	黄甫全、王本陆主编	教育科学出版社	1998 年
《现代教学论纲要》	谢利民著	陕西人民教育出版社	1998 年
《教学理论:课堂教学的原理、策略与研究》	施良方、崔允漷主编	华东师范大学出版社	1999 年
《教学论纲》	张楚廷著	高等教育出版社	1999 年
《比较教学论》	吴文侃主编	人民教育出版社	1999 年

随着教学理论探讨的深入,教学论研究者越来越重视本土教学理论的构建,从教学实验中总结和提炼出许多新的本土教学理论,如主体性教学、情境教学、个性化教学、发展性教学、创造性教学、活动教学、交往教学、反思性教学等理论,相继出版了一批教学理论研究的新成果(详见表 5)。

表 5　1985—2000 年出版的教学理论代表性著作

著作名称	作者	出版时间
《情境教学实验与研究》	李吉林	1990 年
《活动教学论》	朱宁娜	1999 年
《发展性教学论》	裴娣娜	1998 年
《个性化教学论》	邓志伟	1998 年
《创造性教学通论》	段继杨	1999 年
《交往教学论》	田汉族	1999 年
《反思性教学》	熊川武	1999 年

20 世纪 80 年代中期以来,研究者对教学论的一些基本理论问题以及教学论学科建设进行了广泛而深入的讨论,厘清了教学论的许多重大理论问题,确立了现代教学论的基本观念。[①] 研究者主要对关于教学论的学科性质和研究对象、教学论与课程论的关系、教学认识论、教学主客体关系、教学过程本质、传授知识与发展智力关系等重要理论问题进行了较为深入的探讨,为 21

① 杨小微主编:《现代教学论》,山西教育出版社 2004 年版,第 456 页。

世纪建立具有中国特色的现代教学理论体系夯实了基础。

(二)学科体系的综合化与系统化

在20世纪70年代末,高等师范院校教育系恢复开设了教学论课程。随着研究者对教学理论研究的深入和教学改革实践经验的日益丰富,教学论学科高度综合又高度分化,出现了各类交叉学科和边缘学科,教学论学科体系开始逐渐形成。20世纪80年代中期以来,教学论已由一门学科发展成为一个数量可观的综合化学科群。

教学论学科综合化主要是在教学论学科外部与其他学科相互交叉、渗透和结合。教学论学科的综合化主要表现在:一是与哲学等学科综合,分化出教学哲学、教学认识论、教学实践论、教学知识论、教学系统论、教学信息论、教学控制论教学辩证法、教学逻辑学、教学科学学等;二是与各种应用技术学科综合,分化出课程论、教学模式论、教学方法学、教学技术学、教学艺术论、教学评价学、教学管理学等;三是跟其他相关学科综合,分化出教学伦理学、教学社会学、教学心理学、教学管理学、教学美学、教学论史、比较教学论、教学生态学、教学病理学、教学实验论、教学创造学、教学环境学等。① 教学论学科的综合化不仅拓宽了教学论学科的研究领域和研究视域,而且巩固和加强了教学论学科在教育学中的学科地位。

教学论在学科外部进行多项综合的同时,在学科内部也进行了分化。教学论学科的分化主要表现在:在教学基本理论研究方面,开辟了教学目的论、教学价值论、教学原则论、教学方法论、教学模式论、教学评价论、教学艺术论、教学设计论等研究领域;在应用研究方面,出现了学前教学论、小学教学论、中学教学论、大学教学论等学段教学论以及语文教学论、数学教学论、外语教学论、物理教学论、化学教学论、历史教学论、体育教学论等学科教学论。② 教学论学科的分化加强了教学论学科体系的建设,加快了教学论学科的发展速度。正是通过学科的综合与分化,教学论形成了一个具有学科群落、理论集块和多

---

① 王策三:《教学论学科发展三题》,《北京师范大学学报(社会科学版)》1992年第5期。

② 肖正德、卢尚建:《改革开放30年我国教学论学科建设的成就和经验》,《课程·教材·教法》2009年第10期。

维结构的新格局，从而加强了理论的解释力和对教学实践的有效指导。①

此外，我国高等师范院校在这一阶段也初步形成了一个比较完整的教学论课程系统，包括本科教学论课程和研究生教学论课程，均由基础理论科目、应用理论科目和专业提高科目构成。② 本科层次的基础理论科目是教学论，应用理论科目有小学语文教学论、小学数学教学论、小学科学教育及其课程设计与教学设计，专业提高科目包括课程学、教育改革专题研究；研究生层次就教学原理方向和课程原理方向分别开设了专业课。③

二、对教育实践的影响

1985年至2000年，随着基础教育改革的持续推进，如何将理论研究与本土学校教育教学实践紧密结合成为教学论研究者关注的重要课题，教学论取得的研究成果对教育实践产生了积极影响。按照教学论研究成果的主体进行划分，大致可以分为两类：一类是理论研究者的教学论研究成果；另一类是一线教育者的教学论研究成果。

（一）理论研究者教学论研究成果对教育实践的影响

这类教学论研究成果是由理论研究者尤其是高校研究者，针对学校课程与教学实践中的状态与需要，提出课题、争取课题、组织团队进行研究所得。这类研究的主要特点：一方面在于其具有理论基础和假设，以理论研究为先导，并在实践改革的同时重视理论本身的建构；另一方面，它们又立足课程与教学实践，着力于对学校教育实践的改造，但又超越一线教育者的教学经验。这类教学论研究通常与国家宏观教育改革的方向一致，往往能够积极争取政府与行政部门的认同和支持，吸收教育行政部门人员、学校和实践工作者的共同参与。④ 这里仅列举几项对教育实践影响较大的理论研究者的教学论研究成果。

---

① 裴娣娜：《论我国教学论学科建设与发展》，《中国教育学刊》1998年第6期。

② 靳玉乐等：《中国新时期教学论的进展》，重庆出版社2001年版，第30页。

③ 全国教育科学规划领导小组办公室：《我国教育学学科研究现状与发展趋势调查报告（一）》，《教育研究》1995年第9期。

④ 李森、赵鑫：《20世纪中国教学论的重要进展和未来走向》，《教育研究》2009年第10期。

1. 主体教育 · 发展性教学实验研究

主体教育 · 发展性教学实验研究由裴娣娜教授主持,以“主体教育与少年儿童主体性发展”课题为平台,“主体”是该实验的核心,实验的基点从学生主体性出发,尊重学生的自主性与创造性,充分发挥学生的个性,其最终的目的在于培养学生独立的人格,独立思考、独立判断的能力,实现学生全面发展。主体教育 · 发展性教学的主要特征表现为主体参与、合作学习、尊重差异与体验成功。总体而言,该实验不仅为基础教育课程与教学改革以及研究人才的培养服务,同时还努力推动课程与教学理论的深入发展,构建科学的教学实验评价体系。① 该实验抓住了“主体性”这一思想主线,很大程度上重塑了教学生态,有着蓬勃的生命力。

2. 新基础教育研究

新基础教育实验是由叶澜教授领衔的“新基础教育”学术共同体所开展的实验。立足深厚的理论研究成果,20 世纪 90 年代叶澜教授开始践行“入地”工程,其关注的焦点为“学校转型”,根本目的在于提出新的基础教育理念、创办符合 21 世纪人才需求的创新型学校,并在此过程中打造中国本土的“生命 · 实践教育学派”。新基础教育实验以未来性、生命性和社会性作为价值定向,主要从如下几个维度展开:一是重视生命在研究中的基础性与终极性地位,关注教育实践中人的真实成长;二是将探索生命价值的教育研究与关注生命动态生成实践的教育研究有机地融合起来;三是在研究过程中强调研究者自身的学术反思与学术上的自我构建,要求研究者具有大智慧、大爱心、大境界等;四是要求研究者要肩负时代生命、具备未来眼光。叶澜在 2000 年前出版的《“新基础教育”探索性研究报告集》和“新基础教育”推广性研究教师指导用书等系列著作,在理论研究方面,构建了新基础教育观;在实践研究领域,形成了学校主要教育活动的新模式。②

---

① 裴娣娜:《教育实验评价体系的建立及其方法论思考——构建少年儿童主体性发展测评体系研究的初步报告》,《教育改革》1996 年第 1 期;裴娣娜:《发展性教学与学生主体性发展》,《河南教育》1999 年第 1 期;裴娣娜:《主体参与的教学策略——主体教育 · 发展性教学实验室研究报告之一》,《学科教育》2000 年第 1 期;等。

② 叶澜:《更新教育观念,创建面向 21 世纪的新基础教育》,《中国教育学刊》1998 年第 2 期;叶澜主编:《“新基础教育”探索性研究报告集》,上海三联书店 1999 年版,等等。

3. 情感教育教学实验研究

情感教育教学实验的代表人物是朱小蔓教授，1994年她与团队同江苏省南京琅琊路小学合作开展了“情感教育”的实验研究。情感教育将情感作为人发展的重要领域之一，对其施以教育力量，促使个体的情感潜能在新的教育氛围中产生新的质变，让情感参与教育活动的全过程，培养人的情感品质，实现人的素质的整体性提高和人性的完满发展。情感教育教学实验提出了情感性道德教育的理论范式和符合中国国情的操作模式，强调情感与人的发展之间的多元关系，情感参与并渗透到人活动的所有领域与过程，当把活动概念作为全部教育理论和逻辑起点时，情感教育显然是一个辐射学校课程与教学活动全域、全程的理论和实践体系。①

4. 生本教育实验研究

生本教育实验研究是郭思乐教授创立的一种教育思想和方式。生本教育是为学生好学而设计的教育，也是以生命为本的教育，它是一种教育方式，更是一种教育理念。生本教育强调以学生为本的课堂，是“师本课堂”的重大改革。生本教育改变过去“教师讲学生听”的课堂教学模式，充分发挥学生的学习主体作用，在教师的组织下学生进行自主学习，真正成为学习的主人，落实课程改革倡导的“自主、合作、探究”的学习方式。支撑生本教育的理念包括：人具有发展的无限可能性，教育应充分发挥人的潜能；人具有学习的天性，教育的功能在于顺应人的天性；人具有发展的需要，人渴望实现自己的价值；尊重、信任、依靠学生，是教育成功的秘诀。② 生本教育最大的贡献在于改变了师生关系的形态，开辟了课堂教学的新视野，影响了大批基础教育学校。

5. GX教学法实验研究

GX教学法实验以20世纪80年代西南师范大学（现西南大学）王秀泉教授主持开展的“培养自学能力，发展非智力因素，大面积提高教学质量”的教学改革实验为基础。20世纪90年代以来，西南师范大学两任校长陈重穆和宋乃庆领导“中学数学教学改革实验组”开展此项实验，是以“减轻负担，提高

---

① 朱小蔓：《当代情感教育的基本特征》，《教育研究》1994年第10期；朱小蔓、梅仲荪：《儿童情感发展与教育》，江苏教育出版社1998年版，等等。

② 郭思乐：《教育走向生本》，人民教育出版社2001年版。

质量”为主的含教材、教法、教育思想于一体的综合改革实验。其中,G是汉语拼音Gao的首字母,X为汉语拼音Xiao的首字母,意思是指提高教学效率的实验。GX教学法实验的目的在于提高学生的学习效率,改变中学数学教学历来存在的“重教轻学”、学生学习负担过重等现象。实验提出了“32字诀”操作原则与教材编写原则,“32字诀”即淡化形式、注重实质,积极前进、循环上升,开门见山、适当集中,先做后说、师生共作。教材编写原则即调整知识内容的编排顺序,以循环实现教材的螺旋式编排,改变教材陈述方式,由具体到抽象,创设问题情境。①

(二)一线教育者教学论研究成果对教育实践的影响

这类教学论研究成果是一线教育者在总结、反思和提升自身的课程与教学实践经验基础上所展开的一线研究,主要在学校层面展开,大多是由学校教育实践中的优秀教师或校长领衔,并积极争取政府和理论研究者的支持与合作。② 按照聚类分析的方式,一线教育者的教学实验研究可以分为学导类、目标类、创造类、情景类、技能类五大类型。③ 这里仅从五大类型中,各选取一项对教育实践影响较大的研究成果进行阐释。

1. 学导类:尝试教学法实验研究

尝试教学法由江苏省常州市小学数学教师邱学华提出,源于小学数学教学,启动于20世纪80年代。1985年举行了全国协作区第一届尝试教学法研讨会,各地中小学校纷纷开展实验,遍及数十个省(自治区、直辖市),从小学数学发展到中小学语文、政史、理化、音体美等多个学科,形成了尝试教学理论。尝试教学理论以“先练后讲,先学后教”为特征,秉持“学生能在尝试中学习,学生能在尝试中成功”的基本理念,其基本操作模式包括三类。一是基本模式:准备联系—出示尝试题—自学课本—尝试联系—学生讨论—教师讲解—第二次尝试联系。二是灵活模式,包括增添式,增加一步或两步;结合式,

---

① 陈重穆、曾宗教、宋乃庆:《减轻负担、提高质量——GX(提高课堂效益)实验简介》,《数学教育学报》1994年第2期。

② 李森、赵鑫:《20世纪中国教学论的重要进展和未来走向》,《教育研究》2009年第10期。

③ 熊明安主编:《中国近现代教学改革史》,重庆出版社1999年版,第381页。

将自学课本与尝试练习结合起来，把学生讨论与教师讲解结合起来；调换式，自学课本和尝试练习调换；超前预习式，将出示尝试题、自学课本和尝试练习放在课前预习进行。三是整合模式，即把尝试教学模式同其他教学模式整合运用。经过五十多年的孕育、产生和发展，尝试教学法已经成为名副其实的具有中国特色的教学理论模式。①

2. 目标类：目标教学实验研究

目标教学实验发端于1984年上海市开展的平面几何目标分类研究，之后延伸到河南新乡市、山东烟台市、重庆沙坪坝区等全国二十多个省、市、自治区，各地名称不同，诸如"目标教学实验""目标教学管理""大面积提高教学质量"等，但是实验的理论基础和程序模式基本一致。这类实验以布卢姆的目标分类理论、掌握学习策略以及教学评价理论为基础，提出了教学实验的单元教学五个基本环节：单元诊断、单元定标、单元新授、单元测验、单元矫正，一个单元教学大概用一周的学习活动或五个小时到十个小时的课堂教学，高年级的时间跨度酌情延长。每个单元教学落实到课时，教学环节主要包括定标、施标、查标和补标，每一课时教学是某一单元教学的有机要素，确保"教学目标分类"使中小学教学计划和教学大纲更加具体化，便于教师应用操作。②

3. 创造类：四性教学法实验研究

该方法由北京市幸福村中心小学数学教师马芯兰提出，旨在遵循学生身心发展规律和年龄特征，在传授知识的同时，发展学生的智力和能力，既提高教学质量，又减轻了学生负担，促进了学生的全面发展。北京师范大学林崇德教授研究了马芯兰的成果后，将她的教法命名为"四性教学法"。"四性"是基于学生思维而言的，即思维的敏捷性、灵活性、深刻性与独创性。该实验的基本做法包括教材结构与教学方法两个方面的改革，通过教材教法改革后所节省的时间，自编教材培养学生思维品质训练的创造性实验。四性教学法将教材从纵横两个方面重新进行调整。在纵向上，小学教材可以含有计算和应用两条线索；在横向上，把具有横向联系或互递关系的知识点编组成"块"。教

① 邱学华：《尝试教学研究50年》，《课程·教材·教法》2013年第4期。
② 熊明安主编：《中国近现代教学改革史》，重庆出版社1999年版，第392—397页。

学方法主要强调两点:一是引导学生通过操作理解基本概念,以最基本的概念为核心组建知识结构;二是利用新旧知识之间的联系,促进知识结构的同化和顺应。[①] 国内学者和教师将“四性教学法”运用到其他学段和学科,取得了积极的效果。

4. 情境类:情境教学法实验研究

情境教学法源于江苏省南通师范二附小教师李吉林提出的在教学中实行“提早起步、提高起点”的理念,并思考怎样将外语教学中的情景教学移植到小学语文教学中,从而开始进行情境教学法实验,历经了“创设情境,片断训练语言”“带入情境,提供作文题材”“凭借情境,进行审美教育”和“驾驭情境,促进整体发展”四个阶段的探索。[②] 情境教学法的核心要点是以“美”为突破口,以“思”为核心,以“情”为纽带,以“儿童活动”为途径,以“周围世界”为源泉,包含了相互联系的四个步骤:一是片段语言训练;二是提供作文题材;三是运用情境进行审美教育;四是凭借情境,促进学生整体发展。这种模式使活动课程顺乎自然地融入了学科课程,而且课外活动、班队活动、野外活动等又因主题性大单元教育课程及其他课程的开设,将知识的传授、智力的发展、品质的培养作为明确的目标纳入其中,从而孕育了相应的情境课程体系。[③] 情境教学法实验是对“注入式+谈话+单项训练”的灌输式教学的挑战,充分发挥了环境在教学过程中的重要作用,至今在中小学课程与教学活动中仍发挥着重要作用。

5. 技能类:十六字教学法研究

华东师范大学附属第一中学教师张思中从国内外各种教学法中吸取精华,结合自身30年的实践与创造,于1986年总结提炼出“适当集中,反复循环,阅读原著,因材施教”十六字教学法。1992年,当时的中央教育科学研究所成立了“张思中外语教学法推广小组”,在全国范围内试验推行十六字教学

---

① 谢至平:《马芯兰的四性教学法》,《湖南教育》1987年第9期;马芯兰:《构建新的知识结构培养学生思维能力》,《人民教育》1995年第5期。

② 李吉林:《情境教学的探索过程及其理论依据》,《江苏教育》1987年第23期。

③ 李吉林:《为全面提高儿童素质探索一条有效途径——从情境教学到情境教育的探索与思考》,《教育研究》1997年第3—4期。

法,并从最初的外语学科拓展到语文、历史等中小学各个学科。“适当集中”包括集中识字、集中讲授语法和集中训练等;“反复循环”强调必须把当天学习的内容在当晚立即复习,第二天检查;“阅读原著”可以概括为查字典、根据上下文和词的结构猜测、群体议论和请教他人;“因材施教”即按照程度分班上课或者采用分组复式教学的组织形式,确保各类学生都能获得充分发展。①

三、对人才培养的影响

高层次人才培养是学科发展的重要标志,也是学科持续发展的关键力量。改革开放后,我国恢复了学位制度,为高层次人才培养提供了条件。自 1981 年 1 月我国开始实行学位制度后,西北师范大学(1981)、西南大学(原西南师范大学,1984)先后获批教学论专业博士点,华东师范大学(1981)、北京师范大学(1982)、东北师范大学(1984)等高校获准开设教学论专业硕士点,率先在全国范围内正式招收和培养教学论专业研究生。20 世纪 80 年代中后期,华中师范大学、杭州大学、辽宁师范大学等一批高校也相继设置了教学论专业硕士点。② 各大高校教学论专业博士点与硕士点的相继开设,完善了我国教学论领域高级专业人才的培养机制,为解决教学论领域对高层次人才的需求问题奠定了基础。同时,教学论专业学术组织的成立为广大教学论研究者提供了交流和学习的平台,系列教学论会议的召开推动了我国教学理论的深化发展和教学实践的深度变革。

(一)教学论专业人才的培养

20 世纪 80 年代中期,伴随着教育系科在高师院校地位的提升和教育学专业人才需求的增加,高师院校为了加强教学理论研究,纷纷设立“教育科学研究所”,积极开展专业研究,培养出大批的研究生和博士生,为提升教学论学科地位做出了重要贡献。在教学论专业人才的培养中,对全国教学论学科发展影响较大的有李秉德教授领衔的西北师范大学教育科学研究所和张敷荣

① 张思中:《适当集中,反复循环,阅读原著,因材施教——介绍中学外语十六字教学法》,《人民教育》1990 年第 9 期。

② 吉标、徐继存:《我国课程与教学论专业研究生培养 30 年:历史、现状与思考》,《中国高教研究》2012 年第 10 期。

教授领衔的西南师范大学教育科学研究所。

以西南师范大学为例。1982 年,课程与教学论专业获得硕士学位授予权并开始招收硕士研究生,张敷荣教授、高振业教授和徐国棨教授担任导师,首批招收学生仅 1 名。1984 年 2 月 17 日,教育部批准当时的西南师范学院成立教育科学研究所,4 月正式建立教育科学研究所,所长为张敷荣教授,副所长为刘兆吉教授。教育科学研究所下设课程与教学论研究室,课程与教学论专业最初只有张敷荣教授、高振业教授 2 人,截至 1992 年,先后增加了 2 名助理研究员、1 名副教授,教学论科研队伍得到初步补充;①截至 2000 年,课程与教学论专业人员结构更加合理,形成了比较精干的老中青相结合的学术梯队。

1984 年 4 月,西南师范学院课程与教学论被国务院批准为博士学位授权点,成为全国首个课程与教学论博士学位授予点,也是当时全国最早的两个课程与教学论专业博士学位授权点之一。以张敷荣教授为导师的教学论专业于 1985 年下学期开始招收第一届博士研究生,学制 2 年。1988 年 6 月,由张敷荣教授培养的博士研究生张武升以优异成绩通过毕业论文答辩,成为我国首个该专业的博士学位获得者。教学论专业博士学位点创办之初,博士生导师团队由张敷荣教授、刘克兰教授、戴续威教授、曾成平教授和熊明安教授等组成,张敷荣教授任主任导师。

除了公共课程之外,教学论专业为博士研究生开设的专业必修课有《教学理论研究》《教育哲学》《教育与心理测验》《现代教育手段》《毛泽东同志论教育工作》等;专业选修课有《教育社会学》《比较教育》《教育科学研究方法》《实验心理学》等,选修课要求至少选修三门。除《比较教育》外,其余课程均采用自编教材。1987 年,学校对院级重点学科进行调整,教育系教学论学科被列为 9 个院级重点学科之一,2000 年被列为重庆市首批重点学科。② 截至 1992 年,课程与教学论博士学位点共招收 4 届博士生 5 名,毕业 3 届博士生,课程与教学论等三个硕士学位点共招收 27 名硕士研究生。③ 截至 2000 年,

① 廖其发主编:《教育学部史》,西南师范大学出版社 2016 年版,第 295 页。
② 廖其发主编:《教育学部史》,西南师范大学出版社 2016 年版,第 120 页。
③ 廖其发主编:《教育学部史》,西南师范大学出版社 2016 年版,第 299 页。

西南师范大学共招收课程与教学论专业博士研究生23名。[①]

在20世纪90年代中期以前,全国教学论专业研究生导师屈指可数,总数不足40人。[②] 各高校教学论专业的导师组影响力较大的有:西南师范大学的教学论专业导师组,由张敷荣、高振业、秦仲实、张增杰、刘兆吉、何志汉、刘克兰等教授组成;西北师范大学的教学论导师组,由李秉德、南国农、吕方、胡德海、李定仁和邢志勤等教授组成。1985年至1996年,教育部先后进行了五次较大规模的博士和硕士学位的授权。1997年,国务院学位委员会、原国家教委公布了新一轮学科调整规划,在教育学一级学科下设立了新的二级学科"课程与教学论",囊括教学论、课程论、学科教学论。1997年至2000年,教学论专业学位点进入新的发展时期,华东师范大学、北京师范大学、南京师范大学、湖南师范大学、东北师范大学、华南师范大学、华中师范大学等高师院校获得课程与教学论专业的博士授权点。至此,教学论专业逐步构建起了正规的人才培养体系,为后续研究提供了源源不断的专业人才。

在研究生培养的起步阶段,大多数教学论导师坚持"少而精"的招生原则,每一届研究生招生的数量都比较少,平均1至2名硕士研究生,有些导师甚至坚持隔年招生或毕业一届再招生,博士生招生则更少,因而很长一段时间内国内培养的教学论专业研究生数量一直没有较大的增长。从全国范围来看,1981年至1996年间平均每年毕业的教学论专业硕士不超过50人,16年间累计培养教学论专业硕士生三百五十余人,总计培养教学论专业博士(含教育学原理专业下教学论方向)三十余人。[③] 1991年至1998年,全国高校教学论专业每年培养的博士与硕士人数(如表6所示),共培养出教学论博士十余人,教学论硕士三百余人,学科教学论硕士六百余人,教学论在职硕士二十余人,学科教学论在职硕士二十余人。

---

① 廖其发主编:《教育学部史》,西南师范大学出版社2016年版,第133—134页。

② 吉标、徐继存:《我国课程与教学论专业研究生培养30年:历史、现状与思考》,《中国高教研究》2012年第10期。

③ 吉标、徐继存:《我国课程与教学论专业研究生培养30年:历史、现状与思考》,《中国高教研究》2012年第10期。

表 6　1991—1998 年教学论专业博士与硕士培养人数(部分)①

年　份	学　位	专　业	授予人数	其中女	平均年龄	少数民族
1991	博士	教学论	1	0	32	0
	硕士	教学论	86	32	27	6
		学科教学论	79	31	28	4
1992	博士	教学论	2	0	27	0
	硕士	教学论	69	28	29	9
		学科教学论	83	20	28	5
1993	博士	教学论	1	0	27	0
	硕士	教学论	45	18	29	2
		学科教学论	102	29	28	4
	在职硕士	学科教学论	3	2	29	0
1994	博士	教学论	1	0	45	0
	硕士	教学论	39	16	28	4
		学科教学论	85	34	28	6
	在职硕士	教学论	4	1	31	0
1997②	博士	教学论	3	0	34	0
	硕士	教学论	41	23	29	5
		学科教学论	129	65	28	11
	在职硕士	教学论	10	7	34	0
		学科教学论	1	0	39	0

① 国务院学位委员会办公室、国家教委研究生工作办公室编:《一九九一年学位与研究生教育统计资料》《一九九二年学位与研究生教育统计资料》《一九九三年学位与研究生教育统计资料》《一九九四年学位与研究生教育统计资料》,中国档案出版社 1995 年版;《一九九七年学位与研究生教育统计资料》,中国档案出版社 1999 年版;《一九九八年学位与研究生教育统计资料》,西苑出版社 2000 年版。

② 编者注:1995 年和 1996 年的数据缺失。

续表

<table>
<tr><th>年　份</th><th>学　位</th><th>专　业</th><th>授予人数</th><th>其中女</th><th>平均年龄</th><th>少数民族</th></tr>
<tr><td rowspan="5">1998</td><td>博士</td><td>教学论</td><td>2</td><td>0</td><td>37</td><td>0</td></tr>
<tr><td rowspan="2">硕士</td><td>教学论</td><td>46</td><td>26</td><td>29</td><td>3</td></tr>
<tr><td>学科教学论</td><td>138</td><td>84</td><td>30</td><td>12</td></tr>
<tr><td rowspan="2">在职硕士</td><td>教学论</td><td>11</td><td>4</td><td>36</td><td>0</td></tr>
<tr><td>学科教学论</td><td>17</td><td>6</td><td>36</td><td>0</td></tr>
</table>

(二)教学论学术组织的建立

专业学术组织是一种学术交流的共同体,是学科研究者联系和沟通的桥梁与纽带,其形成是学科发展和成熟的标准。① 1979 年 4 月,中国教育学会成立,下设教育学分会,许多教学论研究者很快成为学会的活跃力量,积极参加全国性的教育学术交流与研讨活动。1985 年 6 月,中国教育学会在哈尔滨师范大学召开了新中国成立以来教学论学科的第一届学术研讨会,成立了"中国教育学会教育学分会教学论专业委员会",标志着我国教学论研究者群体有了一个全国统一的学术组织,这为研究者搭建了教学论学术研究及交流的重要平台。研究者们在会上围绕"教学论的理论体系建设"建言献策,进行了具有开拓意义的探索,推进了教学论学科地位的确定。作为教学论研究者最大的学术交流平台,教学论专业委员会汇集了我国教学论学界的众多专家学者,关注教学研究热点与焦点,追踪教学论研究发展前沿,服务基础教育教学改革,并从中选取富有学理价值、实践意义和时代精神的主题开展学术研讨会。教学论专业委员会每两年举办一次大型学术年会(年会主题详见表 7),不定期召开一些小规模的专题研讨会。例如,全国教学论专业委员会与单位联合分别于 1996 年 12 月、1997 年 11 月、1998 年 12 月在天津、湖北荆州市和北京等地举办了全国性的主体教育理论与实验学术研讨会。② 教学论专业学

① 吉标:《改革开放以来我国课程与教学论学科建制的历程》,《西南大学学报(社会科学版)》2016 年第 1 期。

② 裴娣娜:《少年儿童主体性发展八年研究进程及其反思》,全国教育学会教学论专业委员会第七届学术年会论文,1999 年 8 月。

术组织的成立,为教学论研究和学科发展提供了广阔的平台,成为引领和促进全国教学论学科发展的重要学术力量。

表7　1985—2000年期间全国教学论专业委员会年会举办情况①

届　次	时间	承办单位	年会主题
第一届	1985年	哈尔滨师范大学	教学论的理论体系建设
第二届	1987年	华中师范大学	加强教学理论与实际结合,深化普通教育改革
第三届	1989年	广西师范大学	大面积提高教学质量的问题
第四届	1991年	天津师范大学	教学理论与教学实践关系;教学论学科体系
第五届	1994年	西南师范大学	改善教学论研究方法,提升教学理论研究水平
第六届	1997年	陕西师范大学	主体教育的理论与实验研究、教学活动理论与活动课程
第七届	1999年	西北师范大学	面向21世纪我国基础教育课程改革的基本问题

① 徐继存、吉标:《我国教学论研究三十年的回顾与反思》,《中国教育科学》2014年第4期。

第五章　教学论在变革中创新（2001—2016 年）

21 世纪以降，人类社会已然从工业文明步入信息文明，进入一个数字化、智能化的知识经济时代。科学技术与社会文明的进步改变了教学的思维范式、形塑了教学的理论形态、指明了教学的实践路径，进而推动着教学论研究朝着现代化、科学化、个性化与多元化发展。教学论在机遇与挑战并存的跨界时代中不断变革自身、创新发展，特别是在第八次基础教育课程改革浪潮的影响下，教学论研究在加强思辨研究的同时，更注重彰显研究的实践品质，追求与时代课题相结合的价值取向，最终落脚到揭示促进学生全面发展的可能性上。

第一节　教学论发展的背景

21 世纪是蓬勃发展的崭新时代，社会正处于信息技术猛烈冲击的变革之中。教育不可避免地受其影响，进而根据时代发展的需求不断深化和修正教育目标，在促进人全面发展的思想指引下，不断澄明“培养什么人”的问题。与之相一致，教学论学科也在不断变化的社会背景、教育背景和学科背景中历经变革、谋求突破。

一、社会背景

进入 21 世纪以来，伴随着科技的革新以及全球化进程的加快，中国由农业社会逐步走向城市社会,由总体性社会演变为个体化社会,从一个封闭半封闭的社会转变为一个开放的社会,从生产型社会转变为消费型社会。① 社会的转型发展之路使得现代社会的整体环境愈加开放与多元,这为这一时期教学论的变革与创新营造了一个复杂而又充满活力的发展空间。

(一)五大体制全面深化改革

当人类社会跨入 21 世纪的时候,中华民族满载着 20 多年改革开放的丰硕成果进入全面建设小康社会,加快推进社会主义现代化的新的发展阶段。在这一新的阶段,经济体制、政治体制、文化体制、社会体制和生态文明体制等方面的改革发生了深刻变化。

一是经济体制改革持续市场化发展。2002 年,社会主义市场经济体制初步建立;2003 年,中共十六届三中全会通过了《中共中央关于完善社会主义市场经济体制若干问题的决定》,标志着中国经济体制改革从初步建立社会主义市场经济体制进入完善社会主义市场经济体制的新时期。此后十年,所有制结构改革、国有企业改革、价格体制改革、金融体制改革、财税体制改革等方面得到进一步展开。党的十八大以来,习近平总书记提出深化社会主义经济体制改革和站在新的历史起点上加快完善社会主义市场经济体制改革,明确指出全面深化改革的重点是经济体制改革,处理好政府和市场的关系是核心问题,使市场在资源配置中起决定性作用和更好发挥政府作用②。市场经济体制改革的稳步推进在为教育事业提供了充足的经费支持的同时,也反映了社会经济发展对劳动力市场新需求,这促使我国从人力资源大国向人力资源强国不断迈进,从而要求教育破除体制机制障碍,并朝向现代化发展,进而推动着教学论处于与社会主义市场经济体制相适应的变革与创新的宏观背景之下。

二是政治体制改革全面渐进展开。2002 年以来的十年,政治体制改革渐进发展,重在和谐,这一时期进一步贯彻"以人为本"的思想、建设服务型政府、继续改革和完善党的领导方式和执政方式;党的十八大以来,政治体制改

① 杨雄:《巨变中的中国社会》,上海人民出版社 2017 年版,第 1—2 页。
② 《中共中央关于全面深化改革若干重大问题的决定》,人民出版社 2013 年版,第 5 页。

革进入深化阶段，重在全面，改革重点指向了协商民主、司法改革和反腐倡廉。[①] 人民代表大会制度、中国共产党领导的多党合作和政治协商制度、民族区域自治制度和基层民主制度不断得以完善。此外，还建立、健全了一系列具体制度，诸如信访制度、信息公开制度、听证制度、决策咨询制度、问责制度、考评制度等，进一步拓展了公民政治参与、行使权利的渠道和途径。民主化、制度化的政治环境为 21 世纪以来的社会各领域的变革发展提供了稳定、良性的空间，使得教育事业的蓬勃发展具有坚实的制度保障，进而确保这一时期的教学论得以持续发展与革新。

三是文化体制改革稳步快速推进。在党的十六大以来"文化体制改革全面推进"的阶段，国有经营性文化单位转企改制、重点新闻网站转企改制取得重大突破；公益性文化事业单位的人事、收入分配和社会保障制度等"三项制度改革"成效明显；文化市场综合执法改革基本完成；文化宏观管理体制进一步完善。[②] 党的十八大以来，文化体制改革进入全面深化的新阶段。2013 年党的十八届三中全会通过《中共中央关于全面深化改革若干重大问题的决定》，其中针对"推进文化体制机制创新"提出四个方面的任务：完善文化管理体制、建立健全现代文化市场体系、构建现代公共文化服务体系、提高文化开放水平。概而言之，21 世纪以来，我国文化体制改革初步形成以公有制为主体、多种所有制共同发展的文化产业格局；初步形成覆盖城乡的公共文化服务体系；进一步形成以民族文化为主体、吸收外来有益文化、推动中华文化走向世界的文化对外开放格局，而这一阶段性任务的完成使得文化自信渗透在包含教育领域在内的经济、政治、社会等方面，进而促使这一时期的教学论有意识地从对西方理论的移植借鉴走向自我反思与创新，坚定不移地走本土化发展道路。

四是社会体制改革保持有序建设。2002 年以来的十年，社会体制改革不断深入，提出了社会管理基本格局，开展了社会管理创新试点，推进了社会管

① 何玉芳：《40 年政治体制改革的发展脉络》，《人民论坛》2018 年第 28 期。

② 曹光章：《新一届党中央推进文化体制改革的新发展》，《毛泽东邓小平理论研究》2017 年第 9 期。

理体制改革,将保障改善民生作为重点任务。[①] 党的十八大以来,中国社会领域改革创新实现了从“社会管理”到“社会治理”的新飞跃,确立了推进国家治理体系和治理能力现代化的重大战略部署,表现在户籍管理体制、社会信用体制、社会组织体制、城乡社区体制、社会保障体制等五大核心体制的不断变革和创新。从管理走向治理的社会体制改革思路在确保社会稳定发展的同时,还为其他领域的发展提供了新的借鉴经验,特别是在教育领域,促使教育行政改革从关注效率转向关注公平与效能,也推动着这一时期的教学论走向治理现代化。

五是生态文明体制改革取得长足进步。生态文明建设是21世纪以来我国国家治理的重点。党的十六届三中全会提出科学发展观,强调建设资源节约型和环境友好型社会,党的十七大报告首次提出生态文明建设。生态环境治理的命令控制制度继续实施,同时生态环境信息公开和公众参与制度也得到里程碑式的发展。[②] 党的十八大以来,习近平生态文明思想为改革提供了方向指引,我国加快推进生态文明体制改革,出台了生态文明体制改革总体方案,建立起生态文明制度的“四梁八柱”。生态文明建设目标评价考核制度、党政同责制度得到全面实施,中央环保督查制度开展力度空前,生态环境损害终身追究制度开始实施。随着生态文明体制改革的推进,生态文明意识深入人心,在教育教学领域出现了环境教育学、生态教育学,使得这一时期的教学论研究开始不断拓展理论视野与审视深度,更加关注生命教育理论和生命教育实践。

(二)知识经济持续兴盛繁荣

迈入21世纪以来,高新技术迅猛发展,知识快速更新,新的知识越来越成为人类生活的重要资源,成为经济发展的主要动力,并逐渐构成人们新的消费基础。与以往的经济形态相比,知识经济最大的不同在于,它的繁荣不是直接取决于资源、资本硬件技术的数量、规模和增量,而是直接依赖于知识或有效

---

① 陈鹏:《中国社会治理40年:回顾与前瞻》,《北京师范大学学报(社会科学版)》2018年第6期。

② 高世楫等:《改革开放40年生态文明体制改革历程与取向观察》,《改革》2018年第8期。

信息的积累和利用。在资本积累中更重视知识的积累和能量的释放。①

首先,知识经济改变了产业结构。在 21 世纪之初,世界银行在一份题为《中国与知识经济:把握 21 世纪》的报告指出,中国需要调整发展战略以面对知识经济带来的挑战。21 世纪可以说是一个知识经济的时代。知识经济本质上就是知识产业和信息产业为主导产业,以高科技产业为支柱产业的经济形态。② 因而知识已不是经济增长的“外生变量”,而是经济增长的内在的核心因素,进而推动着产业结构的变化。根据《全国年度统计公报》数据显示,2001 年,我国第三产业增加值占国内生产总值仅为 33. 6%,就业占比 27. 5%;到 2017 年,第三产业增加值比重高达 51. 6%,就业占比达到 44. 9%,人数为 3. 4 亿人③。目前第三产业已然占据了我国经济的半壁江山,成为拉动中国经济增长的主要力量。知识经济的长足发展为教育事业发展奠定坚实的物质基础的同时,也推动着教育教学活动不断变革以适应新兴产业对人才的需求,不难看出这一时期教学论学科的发展始终处于极富前景性的空间之中。

其次,知识经济改变了劳动方式。在知识社会,智力劳动成为人们的主要劳动方式,许多体力劳动甚至简单、重复的脑力劳动被各种自动化机械和计算机所代替。科学研究、技术开发、艺术创作、媒体、资本运营、管理等知识密集型的创新活动成为决定经济和社会发展的主导活动,成为社会前进的主要动力和创造财富的重要源泉。特别是 2013 年以来,知识付费行业迅猛发展。根据《2018 年中国知识付费市场研究报告》统计显示,2017 年中国知识付费用户规模超过 5000 万人次,产业规模约为 49 亿元,同比增长近 3 倍,预计到 2020 年将达到 235 亿元。知识经济时代下,脑力劳动已渐渐成为主要的劳动方式。在此背景下,学习的重要性不言而喻,可以决定个人、企业乃至国家经济的命运④,教育毋庸置疑地成为知识经济的中心,教学将不仅仅是在学校的一段经历,而会成为终生的一种需求,教学论也由此焕发出新的活力与生机。

---

① 李玉峰:《知识经济学》,南开大学出版社 2003 年版,第 5 页。

② 纪尽善:《中国知识经济发展战略》,经济科学出版社 2002 年版,第 16 页。

③ 国家统计局:《全国年度统计公报》,见 http://www.stats.gov.cn/tjsj/tjgb/ndtjgb/。

④ 经济合作与发展组织(OECD):《以知识为基础的经济》,杨宏进、薛澜译,机械工业出版社 1997 年版,第 20 页。

最后,知识经济改变了人才标准。2001年"十五"计划专章提出"实施人才战略,壮大人才队伍",首次将人才战略确立为国家战略。此后出台的《2002—2005年全国人才队伍建设规划纲要》和《国家中长期人才发展规划纲要(2010—2020年)》两个文件,意味着伴随知识经济的到来,我国对人才培养的工作重点开始从世纪之初着力建设党政人才、企业经营管理人才、专业技术人才三支队伍,逐渐发展为突出培养造就创新型科技人才,大力开发经济社会发展重点领域急需紧缺专门人才,统筹推进包含党政人才队伍、企业经营管理人才队伍、专业技术人才队伍、高技能人才队伍、农村实用人才队伍、社会工作人才队伍在内的各类人才队伍建设。因为知识经济的发展主要靠知识和智力,所以创新型人才逐渐成为国家培养的重点,掌握现代知识,并具有创新、创造和运用能力的人成为知识经济中的主力军,财富的再定义和利益的再分配取决于所拥有的信息、知识、智力和创造力。由此可见,人才标准的不断提高对教育教学提出了新的要求与挑战,也迫使这一时期的教学论必须与时俱进,不断创新与变革。

(三)新兴信息技术快速发展

知识经济主要以信息技术产业和高技术产业作为支撑,可以说21世纪以来,信息技术正在改变所有人的生活与工作方式,种种数据表明中国社会已经成为一个开放的信息社会。《2017中国信息社会发展报告》预计2020年全国信息社会指数将达到0.6,整体上进入信息社会初级阶段。[①] 以互联网、大数据平台和人工智能为代表的多种新兴的信息技术快速融入人类社会的工作、学习、生活等各个领域,包括教育领域,从而对教学论研究的深化改革产生了重大而深刻的影响。

其一,大数据平台。进入信息化时代,数据量成倍增长,面对各行各业的海量数据,急需对其进行收集、处理,从中找到有价值的信息以改善人类的生活,大数据技术和大数据平台应运而生。大数据技术是指在海量的各类数据中快速进行筛选得出有价值信息的能力,而大数据平台运用了大数据技术,以

① 国家信息中心:《2017全球、中国信息社会发展报告》,2017年12月26日,见http://www.sic.gov.cn/archiver/SIC/UpFile/Files/Default/20171226154905961079.pdf。

储存、运算、得出结果为目的，[①]一般由数据集成层、文件存储层、数据存储层、数据计算层、数据分析层组成，最后将结论提供给使用者。在教育领域，大数据的教育应用依赖“教育数据挖掘”(Educational Data Mining，简称 EDM)和“学习分析技术”(Learning Analytic，简称 LA)两大技术支撑，主要用于教与学过程和教师培训两大领域，在对于支持个性化学习和适应性教学方面具有独特优势[②]。大数据平台快速介入教育领域，这一创新变革的背后揭示出教学论研究在 21 世纪头 20 年中对研究对象提出了新要求，其更加重视在时代背景下对新的研究对象的审视和诠释，这也进一步昭示了教学论学科实践化和现代化的发展趋势。

其二，人工智能。人工智能是利用数字计算机或者数字计算机控制的机器模拟、延伸和扩展人的智能，感知环境、获取知识并使用知识获得最佳结果的理论、方法、技术及应用系统。[③] 2006 年，“深度学习”开始备受关注，为后来人工智能的发展带来了重大影响。从 2010 年开始，人工智能进入爆发式的发展阶段。具体而言，人工智能不仅将人从枯燥的劳动中解放出来，越来越多简单性、重复性和危险性的任务由人工智能系统完成，提高了人类的工作效率，还帮助人类准确感知、预测、预警基础设施和社会公共安全运行的重大态势，显著提高了社会治理能力和水平，同时保障公共安全。此外，人工智能还在教育、医疗、养老、环境保护、城市运行、司法服务等领域得到广泛应用，极大提高了公共服务精准化水平。特别是教育领域，人工智能使教育更加接近本质，其知识捕手、增强现实教学(AR 教学)、虚拟现实教学(VR 教学)以及闪电估分等技术，为师生提供了有效的学习支持服务。[④] 可以说，人工智能技术的发展推动着教学自下而上地由教学内容与方法的技术层面向教学价值与追求的理念层面发生变化，进而极力推动着教学论研究朝向现代化发展。

---

① 宫夏屹等：《大数据平台技术综述》，《系统仿真学报》2014 年第 3 期。

② 何克抗：《21 世纪新兴信息技术对教育深化改革的重大影响》，《中国现代教育装备》2018 年第 16 期。

③ 中国电子技术标准化研究院：《人工智能标准化白皮书(2018 版)》，2018 年 1 月 24 日，见 http://www.cesi.ac.cn/images/editor/20180124/20180124135528742.pdf。

④ 张海生、范颖：《“互联网+教育”时代的学习新形态：主要类型、共性特征与有效实现》，《中国远程教育》2018 年第 10 期。

二、教育背景

21 世纪是新技术革命和多元文化迸发生机的时代,传统的培养方式已然不能满足人们终身学习、个性发展的需求,素质教育应运而生。这一时期伴随着新一轮基础教育课程改革的实施,教育改革持续深化,素质教育得以全面推进,全国教育事业蓬勃发展,立德树人的根本任务得到贯彻落实。在此背景下,教学论学科持续变革与创新。

(一)全国教育事业蓬勃发展

从党的十六大到党的十九大,国家始终将教育事业摆在优先发展的战略位置,持续增加全国教育经费投入,教育发展水平稳步提升。2017 年,全国教育经费总投入为 42562.01 亿元,远远超过 2001 年的 4637.66 亿元。其中,国家财政性教育经费从 2001 年的 3057.01 亿元增加到 2017 年的 34207.75 亿元,相应地,国家财政性教育经费占国内生产总值比例也从 3.19% 增长到 4.14%。①

同时,各级各类教育事业持续向好发展。学前教育规模保持较大幅度增长,幼儿园数量从 2001 年的 11.17 万所增至 2017 年的 25.50 万所;义务教育办学条件进一步改善,均衡化程度有所提升,截至 2017 年,全国共有义务教育阶段学校 21.89 万所,招生 3313.78 万人,在校生 1.45 亿人,专任教师 949.36 万人,九年义务教育巩固率达到 93.8%;高中阶段教育规模略有减少,普及水平稳步提高;高等教育规模适度增长,2001 年全国共有高等学校 1911 所,2017 年已增至 2631 所②,增长率达到 37.7%,并且发展重点正转向优化结构与提高质量。当前,我国教育总体发展水平已跃居世界中上行列,这为教学论的发展开创了新局面。

(二)立德树人根本任务贯彻落实

2002 年 11 月,党的十六大胜利召开,标志着我国改革开放和现代化建设

---

① 中华人民共和国教育部:《全国教育经费执行情况统计公告》,2018 年 10 月 15 日,见 http://www.moe.gov.cn/jyb_xxgk/zdgk_sxml/sxml_zwgk/zwgk_jytj/jytj_jftjgg/。

② 中华人民共和国教育部:《2017 年全国教育事业发展统计公报》,2018 年 7 月 19 日,见 http://www.moe.edu.cn/jyb_sjzl/sjzl_fztjgb/201807/t20180719_343508.html。

进入全面建设小康社会的新时期。十六大和十六届三中全会、四中全会,从全面建设小康社会、开创中国特色社会主义事业新局面的全局出发,明确提出构建和谐社会的战略任务。2006年10月,中共中央十六届六中全会审议通过《中共中央关于构建社会主义和谐社会若干重大问题的决定》,提出社会主义和谐社会是民主法治、公平正义、诚信友爱、充满活力、安定有序、人与自然和谐相处的社会。和谐社会的提出使"以人为本"成为社会各项工作的主导价值,使新时期的学校教育朝着"立德树人"的方向完善和提升。2007年,党的十七大报告进一步将这一思想提升为"育人为本、德育为先"。2010颁布的《国家中长期教育改革和发展规划纲要(2010—2020年)》把育人为本作为教育工作的根本要求,把坚持以人为本、全面实施素质教育作为教育改革发展的战略主题,坚持德育为先、能力为重、全面发展。2012年,党的十八大把"育人为本、德育为先"进一步提升为"立德树人"。党的十八大报告指出:"全面贯彻党的教育方针。坚持教育为社会主义现代化建设服务、为人民服务,把立德树人作为教育的根本任务,培养德智体美全面发展的社会主义建设者和接班人。"

2014年,教育部研制印发《关于全面深化课程改革落实立德树人根本任务的意见》,把党的十八大和十八届三中全会关于立德树人的要求落到实处。立德树人是发展中国特色社会主义教育事业的核心所在,是培养德智体美全面发展的社会主义建设者和接班人的本质要求。21世纪以来,从德育作为素质教育之首,到"育人为本、德育为先",再到"立德树人",将"立德树人"作为教育的根本任务,是对党的全面发展教育方针的重大发展,也是对教育本真和德性的回归。① 在此背景下,这一时期教学论在理念层面上从片面注重学生智育发展转变为兼顾德智发展,在实践层面上不仅聚焦教学内容、方法、模式在新时期变革创新,更重视教学的内容、方法、模式等对实现德育全程育人与全方位育人的促进作用。

(三)基础教育课程改革全面推进

1998年出台的《面向二十一世纪教育振兴行动计划》明确指出要"实施

---

① 冯建军:《改革开放40年中国德育事业的发展历程》,《中国德育》2018年第20期。

'跨世纪素质教育工程',整体推进素质教育,全面提高国民素质和民族创新能力"[①],素质教育应运而生。1999 年 6 月《中共中央、国务院关于深化教育改革全面推进素质教育的决定》明确指出,"实施素质教育,就是全面贯彻党的教育方针,以提高国民素质为根本宗旨,以培养学生的创新精神和实践能力为重点"。[②] 2001 年 6 月教育部正式出台《基础教育课程改革纲要(试行)》(简称《纲要》),正式拉开了新中国成立后的第八次课程改革的序幕。

在理念方面,新课改从 2001 年实施至今,从目标、结构到内容、实施再到评价、管理都在不断深化发展,旨在构建符合素质教育要求的新的基础教育课程体系。在课程目标方面,新课程经历了从"双基"到三维目标再到核心素养三个阶段,真正实现了教育教学从学科本位到以人为本的转变;在课程结构方面,课程类型从单一到多元,各学科课程标准的相继出台,带来了多样化的必修课程与选修课程、学科课程与活动课程以及个性化的校本课程,中小学课程更具有均衡性、综合性和选择性;在课程内容方面,新课改破旧立新,摒弃了陈旧、繁难的内容,更关注学生的当下生活与未来生活,精选终身学习必备的基础知识和技能;在课程实施方面,学生学习由被动接受式、个体性学习、传承性学习转变为主动参与式学习、小组合作学习、创新性学习[③],教学从填鸭式、灌输式走向对话式、生成式;在课程评价方面,评价的功能取向由甄别选拔走向改进发展,愈发重视学生与教师的自我实现,并且在实践中更多地采用量化评价与质性评价相结合的手段;在课程管理方面,从集中转向分权,三级课程管理不断深入推进,国家、地方与学校的关系更为密切,简政放权、科学民主成为大势所趋。毋庸置疑,新课改理念的种种革新很大程度上改变了中小学的课堂教学,进而影响着教学论研究朝向纵深发展。

在实践方面,新课程实验得以全面推广。伴随《纲要》的出台,教育部同时印发了 18 个学科的《课程标准(实验稿)》。在义务教育方面,2001 年 9 月

① 《教育部面向二十一世纪教育振兴行动计划》,中共中央文献研究室编:《十五大以来重要文献选编》(中),人民出版社 1997 年版,第 725 页。

② 《中共中央、国务院关于深化教育改革,全面推进素质教育的决定》,教育部法制办公室编:《学前教育政策法规规章汇编》,首都师范大学出版社 2014 年版,第 98 页。

③ 杨小微、张天宝:《教学论》,人民教育出版社 2007 年版,第 293 页。

起，全国27个省的38个国家级实验区开始新课程实验。2002年秋季有10%—15%的小学和初中学生进入新课程实验，2003年秋季达到35%，2004年达到65%—75%，至2005年秋季，几乎所有的义务教育阶段的学生都启用了新课程。[①] 在普通高中阶段，2004年秋季，山东、广东、海南、宁夏四省（区）作为第一批省份参加普通高中新课程实验，参加实验的起始年级学生数约占全国起始年级学生总数的13%；2005年，江苏进入新课程实验。[②] 此后课改工作以“稳步推进”为原则，逐步推进普通高中新课程改革。至2012年，全国共有31个省（区、市）进入普通高中新课程实验（如表8所示）。同年颁发的《教育部关于全面深化课程改革落实立德树人根本任务的意见》，标志着新课改进入全面深化阶段。具体表现在：一是提出研究制定学生发展核心素养体系和学业质量标准；二是提出要对课程方案和课程标准进行修订，并且提出要“依据学生发展核心素养体系”来完善中小学课程教学有关标准；三是对中小学德育、语文、历史三科教材进行统编。新课程实验在全国范围内的开展使得这十余年来的课堂教学始终处于破与立、弃与扬的革新过程之中，极大推动着教学论研究的蓬勃发展。

表8 全国部分省（区、市）进入新课改实验的时间

时间	省份
2004年	山东、广东、海南、宁夏
2005年	江苏
2006年	浙江、福建、辽宁、安徽、上海、天津
2007年	北京、陕西、湖南、黑龙江、吉林
2008年	河南、新疆、山西、江西
2009年	河北、湖北、内蒙古、云南
2010年	西藏、四川、青海、甘肃、贵州、重庆
2012年	广西

① 柯政：《从整齐划一到多样选择：改革开放40年中国课程改革之路》，《全球教育展望》2018年第3期。

② 崔允漷、汪贤泽：《基础教育课程改革的意义、进展及问题》，《全球教育展望》2006年第1期。

三、学科背景

21 世纪以来,教学论学科快速发展和日趋繁荣。具体而言,这一时期教学论学科建制趋于完善、学科交流日益紧密、学科群落走向综合,由此勾勒出教学论在新时期向好发展的学科图景。

(一)学科建制趋于完善

任何一门学科的产生和深化,从问题的确立、研究的开展到结论的甄别都离不开集体智慧与团队精神。[①] 系科设置、学位点建设是一门学科发展的重要标志,也是学科团队建设的主要内容与依托。

一方面,教学论学科建制逐步完善,组织机构不断壮大。21 世纪以来,随着高校办学规模空前扩大,其内部组织结构和运行机制也发生了新的变化,掀起了一股“撤系建院”的高潮。在这一过程中,大多数高师院校先后将教育系更名为“教育科学学院”“教育学院”,原有的课程与教学法教研室则升格为“课程与教学系”。新课改启动后,教育部先后在全国六所直属高校和一些省属高师院校设立了“教育部基础教育课程研究中心”,一批地方高师院校也相继设立了省级和校级“教育部基础教育课程研究中心(研究所)”。截至 2015 年,全国高师院校设立的各种类型和层次的“课程与教学研究中心(研究所)”数量已达百余个。[②] 近年来,课程与教学论学科建制又获得了进一步发展,院系机构出现了新一轮的整合与扩大的趋势,有些学科实力比较强的高师院校在整合教育学科资源基础上成立了“教育学部”,设立了“课程与教学研究院”,进一步壮大了高师院校课程与教学论团队的实力。

另一方面,教学论学科学位点不断增加,学术队伍日益壮大。步入 21 世纪以来,教学论学科的研究队伍中,“60 后”学者已经成为团队核心和学科发展的支柱,“70 后”正在成长和壮大,成为学科发展和学位点建设的骨干和中

① 徐继存等:《高师院校课程与教学论团队建设的理论思考与实践探索》,《当代教育与文化》2018 年第 1 期。

② 吉标、徐继存:《我国课程与教学论专业研究生培养 30 年:历史、现状与思考》,《中国高教研究》2012 年第 10 期。

坚力量,"80 后"已崭露头角,成为后备力量。此外,自教学论逐渐从教育学中分化出来后,便迅速成长为一门独立的学科。教育部直属六所师范院校以及一批省属高师院校开始招收教学论专业的硕士研究生、博士研究生。目前为止,全国具有课程与教学论博士点的院校将近 30 所,①有资格招收和培养课程与教学论硕士研究生的单位达到 80 余个。每年毕业的课程与教学论硕士研究生和博士研究生,大多充实到课程与教学研究的队伍之中,大大增强了课程与教学论的研究力量,为教学论学科可持续发展奠定了基础。

(二)学科交流日益紧密

学科共同体的形成是学科发展和成熟的标志,也为学科进一步发展提供了动力。专业学会是一种学术交流的共同体,是当今学科研究者联系和沟通的桥梁和纽带,被视为一门学科成熟的标志。全国教学论学术委员会成立后,通常每两年举办一次大型学术年会,自 2001 年至今已成功举办了八届(如表 9 所示);每年还不定期召开一些小型的专题讨论会,就教学论学科热点问题开展研讨和交流。目前,全国教学论专业委员会已经成为教学论领域研究者最大的学术交流平台,是引领和促进全国教学论学科发展的最重要学术力量。

同时,学术交流主体正在不断扩充与丰富,研究生群体成为重要参与者。② 2007 年 8 月,西北师范大学承办了"全国首届课程与教学论博士生论坛",此后西南大学、南京师范大学、东北师范大学、山东师范大学、福建师范大学、北京师范大学等高校也陆续承办了这一论坛,在读博士生成为论坛主角,进一步壮大了教学论的研究队伍。另外,"全国教学论专业博士生论坛"亦分化而出,并分别于 2015 年、2016 年由山东师范大学和湖南师范大学承办并圆满召开。

2001 年至 2017 年期间,广大一线教师逐渐成为教学论研究的重要力量。伴随着基础教育课程改革的全面深化,教育行政部门、高校与中小学之间的合作日趋紧密,学术交流开始走出"象牙塔",走进中小学现场,一线教师逐渐参

① 吉标:《改革开放以来我国课程与教学论学科建制的历程》,《西南大学学报(社会科学版)》2016 年第 1 期。

② 吉标:《改革开放 40 年我国课程与教学论学术交流的历程、问题与应对》,《课程·教材·教法》2018 年第 7 期。

与到教改与学术交流中来,致力于追求解决教学实际问题,实现教学理论与实践相结合,这既丰富了教学论的研究主体,更促进了教学论研究范式的多元化。

表9　中国教育学会教育学分会教学论专业委员会学术年会(2001—2017年)

届数	召开时间	承办单位	会议主题
第八届	2001年	湖南师范大学	全球化与中国教学论发展的走向
第九届	2004年	北京师范大学	我国教学论反思、基础教育课程与教学改革反思
第十届	2006年	西南大学	教学基础理论与教学论学科建设
第十一届	2008年	福建师范大学	教学改革与学校创新
第十二届	2010年	南京师范大学	中国本土教学思想与当代教育改革
第十三届	2012年	东北师范大学	教学质量和教学改革
第十四届	2015年	河南大学	数字化时代的教学理论与实践
第十五届	2017年	陕西师范大学	学生发展与教学改进

(三)学科群落走向综合

步入21世纪以来,我国教学理论基本摆脱了苏联凯洛夫教育学体系的束缚,一批教学论研究者在积极拓展已有研究领域的基础上,也不断引入新的学科理论。过程哲学、分析哲学、后现代主义等哲学思想的引进为教学认识论的发展提供了更为广阔的空间;学习心理学、建构主义、多元智力理论等心理学理论受到教学实践研究的重视;伦理学、知识社会学、解释社会学及功能主义、冲突理论等社会学理论为理清教学与社会的复杂关系提供借鉴。此外,系统科学"新三论"——耗散结构论、协同论、突变论,语言学、思维科学以及信息科学、未来学、生态学、数理逻辑学、模糊数学等相关学科也从不同角度参与教学论的理论建构。① 跨学科的思考和研究推动着新世纪教学论发展,使得教学论的学科群落日渐庞大。

借鉴于上述外缘思想,教学论学科既有形而上层面的教学伦理学、教学生

① 张欣、侯怀银:《近10年中国教学论学科建设的本土探索》,《当代教育与文化》2011年第4期。

态学等,也有形而下层面的教学模式论、教学方法学等,还包括语文教学法、数学教学法等分科教学论。此外,伴随新世纪"互联网+"以及人工智能、情境感知技术、智能识别技术等革命性技术的出现和发展,教学研究范式走向基于证据、面向实际问题解决的研究已是不可逆转的趋势①;对教学资源的研究开始尝试以海量的用户"行为数据"为依据来规划;创客教学模式、混合教学模式、智慧课堂教学模式等一系列烙上信息化印记的教学模式层出不穷。相关学者业已指出,课程与教学论学科发展必须思考信息技术背景下学科体系的构建问题,将信息技术作为一个重要元素,落实在学科体系的重建过程中。② 换言之,21世纪以来的近20年,教学论学科群落迈向真正意义上的综合化道路,而这实际上是在回答如何更好地将教学论与信息技术结合起来的时代命题。

第二节　教学论创新的议题

在2001年至2017年期间,我国教学论研究成果数量逐渐上升,研究领域不断拓宽,研究主题渐趋多元,研究的本土化、科学化和国际化程度持续增强。教学论在学科定位、学科发展、研究范式以及教学本体认识、教学有效性、教学回归生活、教学方式变革等议题上取得重要创新。

一、教学论的元研究

(一)教学论的学科定位

所谓学科定位,是指确定教学论在大教育类知识体系中的地位或学科归属关系,亦即辨析和确认教学论与相关学科的关系。教学论的相关学科主要是课程论和学科教学论。进入21世纪以来,教学论的学科地位问题一直是我

① 徐继存:《教学研究意味什么——兼论教学论研究者的责任与使命》,《课程·教材·教法》2015年第2期。

② 王鉴、安富海、李泽林:《"互联网+"背景下课程与教学论研究的进展与反思》,《教育研究》2017年第11期。

国教育学体系构建的焦点问题。而要处理教学论的学科地位问题,关键在于明确教学论与课程论、学科教学论之间的关系。

一是教学论与课程论的关系。随着教学论的发展,特别是现代教学论研究的深度与广度的推进,教学论从课程论中分离出来成为相对独立的学科已是教育学发展的必然。然而,教学论要想真正确保独立的学术地位,必须慎重处理好与课程论的关系。在2001年全国教学论年会上,对于采用大课程论观,还是保持原来的大教学论观,抑或课程论与教学论并存等,学者们议论纷纷。此后,有诸多学者就教学论与课程论的关系提出了各自的主张。首先,主张二元独立论者认为,作为一门独立学科而存在,课程论必须要坚持理论科学的性质,确定专门的研究对象和严密的理论体系,探索独特而又多样综合的研究方法①,因此,现代课程论将逐步进行课程论的本体与方法论研究,现代教学论将从知识教育论转向主体教育论②。其次,二元整合论者认为,基于学科视角,教学论与课程论的割裂是人为的,必须真正超越二元对立的立场,两门学科将从交叉走向统整③。再次,二元相互联系论者认为,当代课程论与教学论的关系不是"谁包含谁"的关系,而是密切联系、相互制约、相互促进的关系④,不与教学相联系的课程是没有的,同样,不与课程相联系的教学也是不存在的⑤。

二是教学论与学科教学论的关系。近年来,随着新课程改革的不断深入,研究者们将目光转向各个学科的教学,于是有关学科教学论方面的研究逐渐增多,而在研究各学科教学问题时,避开不了学科教学论与教学论之间是何关系的问题。在已有的研究中,研究者们就学科教学论与教学论的关系问题,存在两种不同的观点:一种认为学科教学论是教学论的分支学科,二者是个性与共性的关系,教学论为学科教学论提供实践指南,学科教学论

---

①　张大玲:《课程论与教学论关系之探讨》,《高等理科教育》2003年第S2期。

②　王光明:《也谈课程论与教学论的关系》,《教育理论与实践》2003年第2期。

③　杨小微:《教学论是一门什么样的学问?——兼论教学论与课程论的关系》,《课程·教材·教法》2002年第12期。

④　廖哲勋:《论当代课程论与教学论的关系》,《教育研究》2007年第11期。

⑤　王飞、丁邦平:《苏联教学论与美国课程论:在中国的误读与误解》,《比较教育研究》2013年第1期。

有利于丰富一般教学论,学科教学论水平的提高助推教学论学科水平的提高①。因此,学科教学论必须根植于学科本身,深入研究学科本质对学生思维发展的影响,发现学科教学的特定规律。② 另一种认为学科教学论是与教学论平行的二级学科③,不存在包含与被包含关系,二者有各自的研究域,均为课程与教学论重要的研究方向之一,学科教学论与教学论水平助推课程与教学论发展。

(二)教学论的学科发展

进入21世纪以来,尤其是在2008年前后,研究者们回顾新课程改革以来教学论学科所取得的成就的同时,清醒审视我国教学论在发展中存在的问题,探寻教学论学科的生存之道。

综合已有研究发现,就教学论在发展中存在的问题,研究者们仁智互见,归结起来主要有五个方面的问题。第一,教学论学科性质不明晰。研究者们仅把教学论视为纯学术学科,缺乏教学经验基础,容易陷入宏大叙事的陷阱;倘若只重视教学经验研究,可能丧失教学论学科应有的学术理性。④ 第二,教学论理论基础泛化。教学论研究者移植和引入了许多其他学科尤其新兴学科的理论观点、概念范畴和方法手段于教学论研究中,容易对教学论学科发展带来"客串""偏离""拼盘"等消极影响,抹杀了教学论研究的独特性。⑤ 第三,教学论研究主体话语隔阂。教学论研究者的教学理论话语与学科教学论研究者、中小学教师、教学管理者的教学实践话语的断裂隔膜,一定程度影响了我国教学论的学科发展。⑥ 第四,教学论研究自身的"泛教育"化,使教学论研究

---

① 高天明:《学科教学论与教学论的关系再论》,《课程·教材·教法》2001年第10期。

② 方均斌:《克服"两种病态情结",推动学科教学论建设》,《中国教育学刊》2014年第12期。

③ 陆国志:《高师学科教学论中"教学论"的弱化及扭转对策》,《课程·教材·教法》2006年第6期。

④ 徐继存:《教学论学科的二重性及其规约》,《课程·教材·教法》2010年第9期。

⑤ 张传燧:《当代课程与教学论学科发展的理论基础审思》,《湖南师范大学教育科学学报》2012年第2期。

⑥ 陈勇、李森:《范式迷茫与走出:教学论学科发展的再思考》,《湖南师范大学教育科学学报》2014年第2期。

走入“泛教育论”的误区,也导致学科的边界模糊。① 第五,教学论研究功能乏力。于外,教学论的实践应用不足和本土化特质不够②;于内,教学论观点歧异分化、行为抵牾趋离③等。

研究者们基于教学论在新的时代环境之下所凸显的发展问题,提出了我国教学论学科的生存之道。第一,教学论是一门以行动为取向的兼具理论属性与实践属性的学科,这就要求教学论研究必须把理论和方法论知识同教学实践的实际需要紧密结合起来。④ 第二,为防止教学论理论基础的泛化,教学论发展应当坚持学科主体意识、强化学科独立地位、提高学科理论品质、采取“渗透”的方式进行。⑤ 第三,教学论的学科发展需要以海纳百川的胸怀接纳一切教学研究者,即专业的教学论研究者与一线教师研究者并存,教学论研究者应当与教育心理学、教育社会学、教育伦理学、学科教学论和教育技术学等领域的研究者紧密合作,实现教学论与各学科的跨界融合。⑥ 第四,针对教学论研究的“泛教育化”问题,教学论要回归基础,关注教学,有其特定的共同术语体系,形成自洽的理论体系。⑦ 第五,教学论学科发展应当深入研习中国传统教学思想与实践史,从中获取教学论学科发展的本土特质。⑧

(三)教学论的研究范式

在已有的研究中,我国教学论研究范式有“目的—手段”范式、逻辑演绎范式、自然类比范式和实证分析范式等,研究者们基于教学论研究的自身特征

① 张菁、温小军:《教学论学科发展的审视与反思——中国教育学会教育学分会教学论第十一届学术年会综述》,《中国教育学刊》2008 年第 10 期。

② 王嘉毅:《从移植到创新——改革开放 30 年来我国教学论学科的发展》,《教育研究》2009 年第 1 期。

③ 容中逵:《教学论学科发展的尴尬境遇及其生存之道》,《课程・教材・教法》2012 年第 7 期。

④ 徐继存:《教学论学科的二重性及其规约》,《课程・教材・教法》2010 年第 9 期。

⑤ 张传燧:《当代课程与教学论学科发展的理论基础审思》,《湖南师范大学教育科学学报》2012 年第 2 期。

⑥ 姜振军:《中国当代教学论学科发展问题四论》,《当代教育与文化》2015 年第 5 期。

⑦ 张菁、温小军:《教学论学科发展的审视与反思——中国教育学会教育学分会教学论第十一届学术年会综述》,《中国教育学刊》2008 年第 10 期。

⑧ 容中逵:《教学论学科发展的尴尬境遇及其生存之道》,《课程・教材・教法》2012 年第 7 期。

提倡教学论研究范式的转型,然而在实际过程中,"目的—手段"、逻辑演绎为主要的教学论研究范式仍然存在,导致教学论研究范式尚未转型的真正原因是二元对立的教学论研究思维方式。例如,教学理论与教学实践的"两张皮"问题、素质教育与"应试教育"转轨问题、知识与能力的关系问题、师生关系问题、教与学关系问题等二元论问题,导致问题理解的片面化、问题解决的简单化和问题预设的重复化①;以主体与客体对立的研究思维方式,使得研究者只是作为旁观者或局外人,观察、分析作为研究对象的"教学活动"②等。事实上,教学论研究应从"二元思维"或"实体思维"转向"关系思维"③。为此,各研究者提出了以下研究范式:

第一,教学论研究范式从"单一定向"向"多元整合"转换。教学论研究是由不同范式、不同方法组成的,教学实践的丰富多样性和课堂教学的复杂性决定了研究范式的多元性,各种范式都有其存在与发展的理由,彼此间相互平等,不存在孰优孰劣的问题④,也不能将某一特定方法摆在绝对支配性的地位,而应从具体研究需要出发,综合开发和应用研究方法,从而在深厚的"具观"研究成果的基础上实现对教学论的"通观"探视⑤。

第二,教学论研究范式由"文本式"向"田野式"转换。自21世纪以来,人们开始意识到教学世界是人为的和为人的世界,是现实中的人的世界。教学世界与生活世界的结合是科学精神与人文精神的融合,是教学世界发展的必然趋势。然而,哲学思辨的教学研究范式,一定程度使教学理论游离于教学实践之外。长期通过思辨演绎所写出的教学论方面的文章,缺乏一种人文性的、精神层面的情怀⑥,"文本式"的逻辑推演教学研究范式忽视和回避了对现实教学世界的研究。而要打破这种研究范式,就需要研究者们进行"田野式"研

---

① 蔡宝来:《我国教学论研究范式转型的时代境遇与逻辑路向》,《教育研究》2010年第8期。

② 张菁:《基于过程哲学的教学论研究思维方式变革》,《中国教育学刊》2009年第8期。

③ 裴娣娜:《中国教学论学科的当代形态及发展路径》,《教育研究》2009年第3期。

④ 蔡宝来:《我国教学论研究范式转型的时代境遇与逻辑路向》,《教育研究》2010年第8期。

⑤ 唐世纲:《整体主义视域中的教学论研究》,《当代教育科学》2010年第13期。

⑥ 王鉴、田振华:《从演绎到归纳:教学论的知识转型》,《教育理论与实践》2013年第4期。

究,亲临教学现场,获取一手材料,了解真实教学世界,达成教学世界与生活世界的有机结合①。

第三,教学论研究范式从"目的—手段"向"人文价值"转换。当今,随着新课程改革、终身教育和素质教育的推行,教学活动逐渐发生变革,人们开始反思教学论为教学改革提供怎样的实践指导,于是研究者们重新审视传统教学论研究范式,发现"目的—手段"教学论研究范式实则主张对教学目标操作化、教学过程程序化和教学评价技术化的工具理性,其结果是以学生全面发展和教师专业发展为代价②。事实上,教学是生命历程和互动交往的活动,具有政治伦理性,为此,教学论研究范式应转向人文价值,具体关注教学中谁有权做决定,依据什么做决定,教学决定与社会的伦理、价值判断和权力结构之间是什么关系等问题,深入探讨教师和学生的心灵世界③,让教师与学生在教学活动中学会"说话"和"对话"④。

当然,无论是何种教学论研究范式的转型,都不是简单对原有范式的否定,而是要从教学论研究的自身特质出发,寻求不同研究范式的良性互动,遵循合目的性、合规律性和合规范性的标准,对不同的研究范式进行科学取舍。

二、教学论的基本问题

(一)教学本体认识的视角与创新

在进入 21 世纪以前,我国研究者在探讨教学相关问题时,普遍运用哲学和心理学的相关理论研究教学。进入 21 世纪以后,随着新课改的不断深入,研究者们仍然基于哲学和心理学相关理论不断深化对教学的探讨,但也有相当部分研究者们开始将目光转向其他学科的相关理论,试图探讨教师如何教和学生如何学等问题,例如文化学、语言学、社会学和生态学等。

其一,从哲学的基本理论开始探讨教学价值观、教学价值和教学价值取向

① 李定仁、纪德奎:《生活世界视野下的教学论研究范式的变革》,《高等教育研究》2006 年第 4 期。

② 熊和:《后理性主义的教学观及其教学论意义》,《高等教育研究》2004 年第 4 期。

③ 胡定荣:《论教学论发展的危机与范式转型》,《教育研究》2005 年第 7 期。

④ 熊和:《后理性主义的教学观及其教学论意义》,《高等教育研究》2004 年第 4 期。

等问题。一直以来,人们都在探讨教师教什么、学生学什么的问题,忽视了教师为什么教、学生为什么学等价值问题。为此,研究者们开始运用哲学相关理论探讨教学的价值观、价值取向等问题。学者们普遍认为,我国基础教育中课堂教学的价值观需要从单一传递教科书上呈现的现成知识,转为培养能在当代社会中主动、健康发展的一代新人①;塑造幸福的人是教学的重要价值取向②;教学价值是教学主体与满足教学主体某种需要的教学客体属性之间的一种关系③。

其二,从心理学的基本理论探索教师"教"的心理和学生"学"的心理。随着新课改的不断深入,研究者们运用心理学相关理论从学生的角度探讨学习心理,并试图提出教学有效性的措施。例如以情感教学心理学探讨教学中的情感现象、情感作用、情绪调控、学习苦乐属性等,并以情感教学理念为导向,探讨情感教学策略、情感教学模式等④;运用认知加工学习理论探讨学生的学习过程,并从帮助学生有效的认知加工、有效的自我调控、有效的问题解决等三个方面,以期为教师有效教学提供心理支撑等⑤。

其三,基于文化学的视角研究教学文化。新课程引发的新教学要求教学中的学生是具有主观能动性的生命体,是可以与教师共同合作构建教学文化的人的存在。基于此,研究者们关注教学文化,在方法层面提出各自的观点,力图促进学生整全生命的成长。宏观上,在全球化的时代语境下,我国教学文化传统与世界上所有优秀教学文化传统对话,使我国教学文化传统最终走向"文化自觉"⑥。中观上,教学文化是教师与学生在教与学的互动过程中逐步形成的思维方式、价值观念和行为倾向的范式,其职能是解放人和完善学生文化,师生对话是达成此目的的重要手段⑦。微观上,教学目标应重视整全生命

① 叶澜:《重建课堂教学价值观》,《教育研究》2002年第5期。

② 李世讴、周先进:《论教学价值的幸福取向》,《高等教育研究》2008年第2期。

③ 王彦明:《教学价值:一种本体论视角》,《湖南师范大学教育科学学报》2010年第1期。

④ 卢家楣:《情感教学心理学研究》,《心理科学》2012年第3期。

⑤ 吴增强:《论有效教学的心理学支持——信息加工学习论的启示》,《教育发展研究》2011年第4期。

⑥ 王洪席:《中国教学文化传统的创造性转化》,《教育发展研究》2016年第12期。

⑦ 黄秀兰:《从适应走向引导:教学文化生成的时代意蕴》,《教育理论与实践》2015年第19期。

的培育,教学资源应扎根生活世界,注重身心交融,教学评价应关注整全生命在教学过程的体验与成长①。

其四,基于语言学的视角研究教学话语。研究者认为,学生是一个拥有话语权的生命体,教学话语具有保障教学质量的价值②。在后现代语境下,教学话语要充满人文关怀、科学意识、多元意识、个体意识等③,要求课堂教学中的教学主体通过解构权威、知识语境化、知识多维动态、积极的情感参与等,使知识具有对话性、参与性和情感性④。

其五,基于社会学的视角研究教学交往。教学是师生之间以交流、对话、合作为基础进行文化传承和创新的特殊交往活动⑤,要保证教学交往的有效性,教师必须走进学生的文化活动之中⑥。随着信息技术的发展,人们重新思考教学交往的内涵、特征与有效策略。如网络环境中的教学交往应该是师生在网络环境中为了实现教学目标所进行的活动,而计算机网络的引入,使教学交往摆脱了时空的限制,将远程交往与间接交往变成现实。网络具有交往场景的异时空性、交往手段的多样性、交往信息的丰富性和交往内容的开放性等特征⑦,提出基于博客构建学习共同体⑧,这就需要培养学生的交往意识和技能,关注学生的生活世界,建立师生间民主、平等的对话关系,创设有利于交往的多样化教学组织形式等⑨。

其六,基于生态学的视角研究教学生态。21世纪以来,信息技术与课堂教学的融合,改变了课堂教学的生态系统,于是研究者们开始基于生态学理

---

① 周海涛、冼俊峰:《离身教学文化的批判及其超越——具身认知理论的视角》,《教育理论与实践》,2016年第22期。

② 刘桂影、李森:《论课堂教学话语的实质、价值与优化》,《教育研究与实验》2012年第6期。

③ 韩立福:《后现代语境下的教学话语转型研究》,《教育理论与实践》2007年第21期。

④ 闻人行、庞继贤:《知识亲和力的教学话语建构》,《浙江大学学报(人文社会科学版)》2012年第6期。

⑤ 李森:《教学交往观的确立与基础教育课程改革》,《教育研究》2002年第9期。

⑥ 唐勇:《论教学交往的有效性》,《中国教育学刊》2003年第6期。

⑦ 李芒等:《论网络环境中教学交往的含义与策略》,《电化教育研究》2005年第7期。

⑧ 陈维超、李芒:《促进网络支持的面授教学交往的有效性——运用博客建构学习共同体》,《电化教育研究》2007年第4期。

⑨ 和学新、陈晖:《论有效教学交往的实现机制》,《教育科学研究》2011年第5期。

论,审视信息技术应用所构成的教学系统中各要素的关系。例如,信息技术与学习者/教师、知识、外部体制机制一同构成了教学生态系统①,此教学生态表征为:整体开放的生态环境;互利共生的师生关系;以学生为本的价值导向②。基于此,从教师的角度,应以系统观为指导,注重网络教学的整体性建设;以人本观为指导,确立学生中坚种群的地位;以互动观为指导,各要素共生共进;以平衡观为指导,保持需求供给平衡;以循环观为指导,加速信息流动,提高系统效率。③ 此外,教师教学决策的精神内核是教师、学生与教学生态系统的和谐共存,这就要求教师的教学决策应遵循整体性原则和双赢原则等生态理性原则。④

(二)教学有效性的本质与实现

有效性是课堂教学的"命脉"⑤,是课堂教学质量的一个重要突破口⑥。我国在2001年进行基础教育课程改革之后,有效教学方面的研究层出不穷,有效教学逐渐成为我国教学研究的热点问题之一,研究也从国外有效教学理论的引介发展到了理论本土化建构阶段。我国在有效教学研究取得丰富成果的同时也出现了一些问题,例如基于"效率取向""认知取向"等研究教学有效性,实则是一种"技术取向"的教学有效性研究。因此,在教育改革深入发展的大背景下,研究者们从本体论层面和方法论层面分别探讨教学的"有效"表征和"有效"策略等问题。

首先,探讨教学的有效性本质,实则探讨教学的"有效"问题。何为教学的"有效"?有研究者认为教学是一个复杂系统,教学有效性内隐着教学目标达成的效果、教学投入减少的效率、教学期望实现的效益、教学组织优化的效

---

① 张喜艳:《网络教学信息生态系统的构建与优化》,《中国电化教育》2010年第6期。

② 尹恩山、邱婷:《信息技术支持下的教学生态重构及教师角色嬗变》,《中国电化教育》2010年第2期。

③ 张喜艳:《网络教学信息生态系统的构建与优化》,《中国电化教育》2010年第6期。

④ 陆明玉、李森:《论"生态理性"视域中的教师教学决策》,《教育研究与实验》2012年第2期。

⑤ 余文森:《有效性是课堂教学的"命脉"》,《教育理论与实践》2008年第6期。

⑥ 王鉴:《课堂教学的有效性问题研究》,《宁夏大学学报(人文社会科学版)》2006年第1期。

能和教学动力增强的效应等“五效”表征[①]。从教学目标达成的效果来看,教育目的是评判教育质量和教学有效性的出发点[②]。基于这一观点,教学的“有效”表现在教师的课堂教学把科学的态度、情感和价值观复制到学生的身上[③]。从教学投入减少的效率来看,“有效教学”强调师生用最少的投入取得最优化的效率,有效教学技术能够构筑学生基于学习方式变革的终身学习[④],能够帮助教师实现从“爱岗敬业”到“行之有道”“行之有效”“技高一筹”直至“艺不压身”的能力提升[⑤]。从教学期望实现的效益来看,有效教学的价值取向不同,其所认定的育人目标和有效教学方式便会存在巨大差异。例如,科学主义的有效教学关注接受学习、反复训练,以使学生迅速高效地掌握基础知识和基本技能;建构主义的有效教学关注探究、发现,以发展学生的高阶思维能力和创造性;人本主义的有效教学关注创造良好的学习氛围,引发学生的情感体验,以唤醒学生的灵魂与精神。[⑥] 从教学组织优化的效能来看,教学“有效”与否不在于教学的结果,而在于教学过程[⑦],因为有效教学过程培养学生浓厚的教学兴趣,激发学生的求知欲,提高学生对教学的利用度,促进学生的发展[⑧]。从教学动力增强的效应来看,教学是一个带有社会性意义的交往结构,教学合作可以产生较强的问题解决动力,而教学竞争能够产生压力动力和表现动力[⑨]。从整体来看,教学的“有效”并非无效,而是相对于低效与高效,是效果、效率、效益、效能和效应的整合。

其次,关于课堂教学的“有效”策略。理想的有效教学是“整体性”有效、

---

① 朱德全、李鹏:《课堂教学有效性论纲》,《教育研究》2015年第10期。

② 陈云奔、刘东华:《有效教学:概念澄清与研究定位》,《教育理论与实践》2016年第16期。

③ 王晓云:《为“教学有效性”和“有效性教学”辩》,《当代教育科学》2010年第16期。

④ 晋银峰:《翻转课堂:从有效教学到优效教学》,《黑龙江高教研究》2016年第3期。

⑤ 曲中林、胡海建:《教学技术是有效教学的“利器”——与叶波博士商榷》,《中国教育学刊》2015年第2期。

⑥ 岳欣云、董宏建:《有效教学的价值取向及其启示》,《首都师范大学学报(社会科学版)》2014年第2期。

⑦ 张治平:《有效教学之“有效”的反思与重建》,《教育理论与实践》2014年第23期。

⑧ 罗祖兵:《有效教学的过程性阐释》,《教育研究》2017年第9期。

⑨ 王升、张燕:《从有效性维度对主体教学的进一步思考》,《教育研究》2009年第4期。

“长期性”有效和“特色性”有效的统一体，是教学境界、教学过程和教学状态的有机耦合。研究者们基于不同的视角，提出各自不同的主张。一是基于教师的视角，认为教学智慧是提升课堂教学有效性的条件支撑系统，教学激情是提升课堂教学有效性的动力推进系统，教学风格是提升课堂教学有效性的品质保障系统①，不仅如此，有效教学的实现需要“有效教师”，这就要求重塑教师的自我评价、澄清教师的经验效用、养成教师反思的个性品质、形成教师的个人哲学等②。二是基于学生的视角，认为有效教学的保障机制是从重“师”到重“生”的观念变革③，从过去“学”就是学习知识的理念转变④。而要唤醒和激发学生的有效学习⑤，就要求有效教学立足学生的学习规律，以有效学习为中心，将生活人的涵养作为自己的首要目标，将快乐学习视为学习者的最高原则，将终身学习能力的培养当作学习者的最终标尺⑥。不仅如此，有效教学应遵循学生身心发展规律、构建民主和谐师生关系，要以学定教，先学后教，教学相长，把学习权还给学生，把时间还给学生，把主动权还给学生⑦，着手于学生生命意义的自由绽放，重视学生的生命体验，引导学生个性化发展，给学生带来感觉美、理性愉悦和心灵快乐，从而发展学生的自由品性、增强学生的主体性和提升学生的人生境界。⑧ 三是基于教学评价的视角。课堂教学有效性评价直接影响着师生的课堂教学行为和教学质量⑨。为此，学者们从教学评价的视角提出有效教学的提升对策。在观念上，转变教学的选拔性评价观为合格性评价观⑩；在方法上，允许学生参与学生评价、基于“掌握学习”进行评

---

① 朱德全等：《提升课堂教学有效性的实践探索》，《教育研究》2010年第4期。

② 方红：《课堂有效教学：教师的视角与建构》，《教育理论与实践》2014年第8期。

③ 晋银峰：《翻转课堂：从有效教学到优效教学》，《黑龙江高教研究》2016年第3期。

④ 杨勇：《有效教学与有效学习的方法和路径》，《课程·教材·教法》2014年第3期。

⑤ 明庆华、谷木荣：《有效学习是有效教学的出发点与归属》，《中国教育学刊》2015年第5期。

⑥ 朱文辉：《有效教学：从GDP崇拜到GNH关怀》，《全球教育展望》2014年第12期。

⑦ 杨勇：《有效教学与有效学习的方法和路径》，《课程·教材·教法》2014年第3期。

⑧ 肖庆华：《论有效教学的三重境界》，《教育理论与实践》2014年第5期。

⑨ 宋秋前、齐晶莹：《生本化课堂教学有效性评价标准建构与实施方法》，《课程·教材·教法》2011年第7期。

⑩ 杨启亮：《课堂教学有效性的几个基础问题》，《教育发展研究》2012年第8期。

价、为学生设计“分层考试”等①;在技术上,提倡课堂录像分析的混合式评价方法,即量化评价与质性评价相结合、课堂教学全貌评价与局部评价相结合的评价方法②。

(三)教学回归生活的价值与路向

以“教学论回归生活世界”为标志,当代教学论研究正呈现出“教学回归生活研究”的趋向,研究者们把教学生活视为一种人为的、为人的生命活动,并主要从教学回归生活的“价值”和“路向”两个向度探讨教学回归生活的议题。

其一,教学回归生活的“价值”。教学生活是一种关系存在,教学生活是教师和学生意义生命存在、更新与延续的历程③,有利于学生的全面发展和教师的专业发展。要追问“教学生活是什么”,首先要回答教学生活对于学生、教师的意义。因此,研究者们关于“教学生活是什么”的问题上,主要是基于功能论视角,探讨教学生活的价值。首先,从教学本身来讲,教学与生活世界结合,可以为课程建设拓宽视域,为师生共同发展提供条件,为教学活动注入人文内涵④。其次,对于学生而言,教学回归生活,就是要回到现实社会生活中,回到学生自己的、当下的生活中,实现与生活的整合,最终促进学生的发展⑤。再次,对于教师而言,教学生活是教师在特定的时空环境中,为了生命发展和完善,以及提升生命质量、实现生命价值与意义所进行的各种生命活动⑥。最后,对于师生双方而言,教学生活意在唤醒师生对智慧、审美及创造的渴望,超越本质主义对外在价值的追求,营造一种和谐共生的、感恩的、审美

---

① 吁思敏等:《从“被动学习”走向“能动学习”——记全国第十一届有效教学理论与实践研讨会》,《全球教育展望》2017 年第 7 期。

② 郭绍青等:《“有效教学”课堂录像分析方法与工具研究》,《电化教育研究》2013 年第 1 期。

③ 刘旭东:《教学生活批判与重建》,《华东师范大学学报(教育科学版)》2010 年第 3 期。

④ 刘晓伟:《消解与建构——对“教学回归生活世界”论争的思考》,《课程·教材·教法》2007 年第 2 期。

⑤ 蔡宝来、李清臣:《教学回归生活的目的:为了学生的发展》,《教育科学研究》2009 年第 2 期。

⑥ 李定仁、罗儒国:《论教学生活》,《西北师大学报(社会科学版)》2007 年第 2 期。

的教学生活①。

其二,教学回归生活的"路向"。过好的教学生活是教学的深层价值和本体价值②,而如何让学生和教师过好的教学生活,逐渐成为研究者们关注的焦点。一方面,从教学本身而言,德性实践是教学生活价值之维的内在品质,不仅仅赋予教学生活文化再生力,更在推动教学生活"内在利益"转向的同时,促进了教学生活的"制度化"规范,需要宏观的社会主义核心价值观引领、中观的课程政策本土化条件、微观的"教学研"一体化制度保障三个层面的整合。③ 另一方面,就教师而言,教学本质上是精神的而非物质的,真正的教学精神生活不是抽象的,而是有着极为现实的内容。因此,教师从"圣化"和"匠化"的角色定位回归到真实的"人"的定位④,珍视教学自由,改进教学环境,提升教学境界;拥有崇高的教学理想、健全的教学理性、积极的教学情感和坚强的教学意志⑤。具体而言,一是在教学目标上,真正体现知识、能力与态度的有机整合;二是在师生关系上,教师和学生共建"生活共同体",形成一种平等、理解、双向和互动的师生关系;三是在教学过程上,不仅要重视课程资源的开放和人的开放,还要注重知识的增值和价值的提升;四是在教学内容上,源于日常层面的生活世界和精神层面的生活世界,把课堂上的书本世界与学生的现实生活世界相贯通,兼顾师生共同的生活世界⑥;五是在教学方式上,注重尝试、探究与发现等。

(四)教师教学方式的变革与坚守

教学方式具有很强的自在性,师生自觉地发挥创造性,把变革教学方式变成自觉的行动,使教学方式的自觉性和自在性之间保持必要的张力。这就要

---

① 魏善春:《过程哲学视域中的教学生活:内涵、特质及价值诉求》,《教育理论与实践》2012 年第 34 期。

② 王爱菊、徐文彬:《教学生活的品性及其彰显》,《西北师大学报(社会科学版)》2015 年第 1 期。

③ 李志超:《德性实践:教学生活的价值之维》,《教育理论与实践》2014 年第 19 期。

④ 肖正德:《论教师教学生活中的高峰体验》,《全球教育展望》2008 年第 4 期。

⑤ 徐继存:《教学生活的精神意蕴》,《课程·教材·教法》2012 年第 3 期。

⑥ 王岳喜、李洪星:《回归生活:哲学解释学视域中的教学内容》,《教育理论与实践》2013 年第 22 期。

求师生不断改变对教学活动的认知和实践,批判地审视和超越已有的教学方式,从而使教学方式为实现特定的教学目标而与教学的过程、内容、手段等更加匹配,并且在此过程中还可能创生新的教学方式。① 随着我国信息技术的不断发展,教育信息化的不断深入,人们开始反思为何信息技术在教育中的应用并未达到"期望的明天"②,其中一个重要原因是:信息技术被视为知识传播和感官刺激的工具或是活跃课堂气氛的道具,导致信息技术的功能逐渐被边缘化。为此,研究者们开始意识到,要真正发挥信息技术在教育教学中的作用的关键在于变革教学方式。"变革"意味着有意义的转变,教学方式的变革必然会触动教育思想、教学观念以及教与学的相关理论等③,须形成从外在形式到内在本质的超越。一方面,外在形式包括教学资源形态、教学组织方式、学习活动方式与学习评价方式④,尤其是在知识内容的呈现上,教师应从"脱境"转向融入"真实境脉"的问题创设,使学生沉浸于实践共同体之中的学习场域,推动学习者认知和身份感的双重发展,以实现信息化教学与知识、社会对人的发展需求的耦合⑤。另一方面,内在形式包括转变教育理念,坚持开放原则,融入信息化元素,即从先教后学转向先学后教;从标准化转向精准化;从知识灌输转向实践创新;从注重个体学习转向协作互助⑥。

然而,信息技术在教学应用中有其边界与限度,需要在"变革"中"坚守"。例如,信息技术在教学中的应用,一定程度限制了情感教学目标的实现,这就使得教师要坚守教学活动是一种"人"的活动,要坚守教学过程中的人人互动,坚守教学过程中教师的及时反馈,坚守教师言行对学生潜移默化的作用等。这些"坚守"将是研究者们继续审视信息技术在教学中应用的重要焦点之一。

---

① 李森、王天平:《论教学方式及其变革的文化机理》,《教育研究》2010年第12期。

② 顾小清、许哲:《电子课本何以支持教学方式变革》,《现代远距离教育》2013年第2期。

③ 丁钢:《新技术与教学方式的转变——学校变革的核心》,《现代远距离教育》2013年第1期。

④ 康淑敏:《信息化背景下的教学方式变革研究》,《教育研究》2015年第6期。

⑤ 张静、陈佑清:《学习科学视域中面向深度学习的信息化教学方式变革》,《中国电化教育》2013年第4期。

⑥ 冯永华:《教育信息化促进教学方式变革》,《教育研究》2017年第3期。

(五)学生学习变革的样态与路向

在被冠名为“数字时代”或“信息时代”,抑或是“人工智能时代”的21世纪里,几乎所有的国家都期待新技术提高教学质量的“明天”。的确,信息化改变了师生之间的教育关系、知识形态和学习形态。具体而言,人机关系打破了教学中教育者与学习者之间的教育关系;知识形态由静态层级化变为动态网络化;学习形态不仅是正式学习,还包括非正式学习和微型学习等。[①] 然而“现实”与“明天”存在着一定距离,于是人们开始审视传统学校和传统教育体制面临的机遇与挑战,关注新技术带来的学习变革。学习变革主要包括学习环境的变革、学习资源的变革、学习方式的变革和学习评价的变革等。

其一,学习环境的变革。在信息技术条件下,以建构主义理念为基础的学习环境,必然是以学习者为中心的,一切将围绕学习行为而展开[②]。基于此,人们以学习者为中心,研究了基于信息技术的合作学习环境、发现式学习环境和可视化协作学习环境等,但无论是哪种类型的学习环境,都强调学习者角色的转变,即主动的学习者、建构的学习者、协作的学习者、交流的学习者、情境的学习者和反思的学习者等[③]。而要实现良好的学习环境,就需要设计能够体现以学习者为中心,支持时时、处处、人人的学习理念[④],促进学习者有意义学习,培养学习者的高阶能力、高阶思维和高阶知识的发展[⑤],因为“学习环境设计”意味着颠覆知识掌握的价值,颠覆学科教育的目标序列,颠覆传统的课堂教学设计模式,最终使课堂从“教”堂转型为“学”堂[⑥]。为此,研究者们基于情境认知理论、活动理论、分布式认知理论和生态学理论探讨学习环境的设计问题。例如,基于生态学理论,学习环境设计需考虑三个关键问题:一是硬技术问题,即与学习终端、基础支撑环境相关的问题;二是软技术问题,即与学习资源、学习服务相关的问题;三是教学法问题,即与教学模式、方法、策略等

---

① 张浩、祝智庭:《一对一环境下的学习变革》,《远程教育杂志》2008年第4期。

② 任友群:《以学习者为中心的建构主义学习环境的建构》,《教育科学》2002年第4期。

③ 刘春燕、钟志贤:《论学习环境中教师——学习者角色与关系的转型》,《电化教育研究》2005年第12期。

④ 卢方等:《开放大学视域下的无缝学习环境设计》,《远程教育杂志》2016年第2期。

⑤ 钟志贤:《论学习环境设计》,《电化教育研究》2005年第7期。

⑥ 钟启泉:《学习环境设计:框架与课题》,《教育研究》2015年第1期。

相关的问题。①

其二,学习资源的变革。数字学习资源的易获取性和易共享性等特征,为学习者学习提供了更多选择空间,促进了学习者与学习资源的交互。然而目前数字学习资源的碎片化特征,使得研究者们不仅关注学习资源的多元化,也关注如何提高学生对学习资源的有效使用率。研究者们主要从学习资源的设计和学习资源的管理等方面进行探讨。一方面,就学习资源的设计而言,从理念层面来看,向学习者推荐情境敏感的学习资源与学习路径,能够帮助学习者提高学习效率、增强学习兴趣、优化学习效果②。从技术层面来看,引入知识元构建完整的知识体系,使知识获取效率更高③;此外,基于用户相似度和基于项目的混合协同过滤方法,有利于提高学习资源个性化推荐的准确度和实用性④。另一方面,就学习资源的高效管理策略而言,轻松管理自己的碎片化知识,利用碎片化学习资源开展微型学习,利用碎片化学习资源构建社会认知网络⑤。

其三,学习方式的变革。信息技术推动了学习理念向个性化学习、持续性学习转变,学习方式也随之发生变革,出现了通式学习、跨界跨学科学习、新型自主学习、国际化学习、泛在学习等多种新型学习方式⑥。学习方式变革主要表现:知识呈现"碎片化"、知识习得"具身化"、认知过程"卷入式"等⑦,如何促进学习者学习方式变革成为研究者们关注的焦点。在硬件技术上,在大数据、人工智能、增强现实等技术的助力下,构建具有多元协同、虚实融合、精准

① 杨现民、余胜泉:《生态学视角下的泛在学习环境设计》,《教育研究》2013年第3期。

② 吴笛、李保强:《基于情境感知的学习资源关联分析与推荐模型研究》,《中国远程教育》2017年第2期。

③ 王小根等:《基于知识元的移动学习资源组织模式研究》,《电化教育研究》2017年第1期。

④ 李保强、吴笛:《基于知识关联的学习资源混合协同过滤推荐研究》,《电化教育研究》2016年第6期。

⑤ 魏雪峰等:《移动互联时代碎片化学习资源的适用场景与高效管理》,《中国电化教育》2017年第5期。

⑥ 陈琳等:《智慧学习内涵及其智慧学习方式》,《中国电化教育》2016年第12期。

⑦ 李志超、余宏亮:《微课程作为学习方式变革的新路向》,《课程·教材·教法》2016年第4期。

分析和“云网端一体化”的网络学习空间；在软件技术上，打破学校教育、社会教育和网络教育的服务壁垒和业务边界，推进学习方式供给侧改革，构筑“五维一体”的个性化学习方式，建立更加及时、精准的学习服务和评价体系①。在教学法上，遵循以本体研究为本的教学设计方法、以学习规律为本的教学实施方法、以支撑学习为本的环境设计方法，且充分利用电子教材、工具软件的支撑，为学生营造一个多维、智能的学习环境，实现“教材”变“学材”，“教室”变“学场”，“要我学”变成“我要学”。② 当然，研究者们也在反思信息技术所带来的学习方式变革中存在的问题：一方面，是对学习方式变革的错误认识；另一方面，学习方式的转变还存在预设与生成、形似与神似、泛化与异化等困境③这就要求教师正确地处理好传统的学习方式与新的学习方式的辩证关系，防止将学习方式模式化④，并且要超越技术，树立正确的学生观、重塑师生关系、实施发展性评价等⑤。

其四，学习评价的变革。要实现学习环境、学习资源和学习方式的真正变革，就需要变革学习评价。原因在于，学习评价调节学习者的学习行为，实现学习者自我意义的建构⑥。对于如何进行学习评价，研究者们提出了自己的观点。在评价理念上，学习评价应当尽可能是基于真实任务的、复杂的、能挑战学习者思维过程的，评价的标准能反映多元化的观点和多样化的问题解决方案⑦。在评价内容上，学习评价不单只关注学习结果，而是要综合学习准备、学习过程和学习结果，具体包括学习态度、学习资源、学习方法、学习互动、考试与作品等。在评价方法上，要创设情境性网络课程，开展实时学习评价；设计情境性问题，布置常规强化训练作业；搭建友好交流平台，记录学生的互

---

① 李玉斌等：《网络学习空间升级与学习方式转变》，《现代远距离教育》2017 年第 4 期。

② 田果萍、张玉生：《数学化学习方式视野下的数学阅读》，《教育理论与实践》2013 年第 2 期。

③ 马金晶等：《新课程下学习方式转变的困境及对策》，《西南大学学报（社会科学版）》2010 年第 6 期。

④ 周兴国：《反思“转变学习方式”说》，《课程・教材・教法》2006 年第 7 期。

⑤ 永军：《超越技术：学习方式转变的回家之路》，《教育发展研究》2006 年第 8 期。

⑥ 王泽钰、杨晓宏：《简论数字化学习中的学习评价》，《中国电化教育》2003 年第 4 期。

⑦ 钟志贤、张琦：《论学习环境中资源、工具与评价的设计》，《开放教育研究》2005 年第 3 期。

动过程;构建"任务—完成"模式,进行终结性评价①,还可以设计游戏式评价方法,激发学生学习积极主动性②。在评价模型上,构建以学习分析为中心,学习目标、学习过程、自我评价、同伴评价和反思改进为主体的网络学习评价模型③,并结合教育大数据、教育云服务、个性化评价模型和评价层次塔,设计个性化学习评价系统模型,包括信息采集模块、数据分析与处理模块、个性化评价模块和可视化反馈模块等④。

第三节　教学论发展的特点

自2001年以来,在知识经济日新月异的宏观社会背景下,在基础教育课程改革持续推动及各学科教育长足发展的基础上,我国教学论围绕学科定位、学科发展、研究范式、教学本体认识、有效教学、教学价值及教学方式的变革等主题展开创新性研究,成绩斐然。教学论的发展,不仅产生了一批重要的思想资源,而且对理论研究、教学实践及人才培养均产生了持续而深远的影响。

一、理论研究的特点

(一)研究广度不断拓宽

21世纪以来,随着教学论学科的不断发展,越来越多的研究者进入了理论研究队伍之中,教学论研究的广度不断拓宽。具体表现在:

第一,教学论研究的范围逐渐扩宽,除了传统的普通中小学教育教学研究外,学前教育教学研究、特殊教育教学研究、职业教育教学研究以及高等教育教学研究逐渐受到重视且研究成果不断深化。21世纪以来,在教学论的发展

---

① 黄越岭、朱德全:《情境学习理论视阈下的网络学习评价:体系与策略》,《中国电化教育》2015年第2期。

② 乜勇:《游戏式学习评价策略与方案的分析与设计》,《中国电化教育》2008年第2期。

③ 毛刚、刘清堂:《融入学习分析的网络学习评价模型与应用研究》,《远程教育杂志》2016年第6期。

④ 牟智佳:《电子书包中基于教育大数据的个性化学习评价模型与系统设计》,《远程教育杂志》2014年第5期。

过程中,研究者逐渐意识到不同学段、不同类型的教学研究的独特性和重要性,研究视野不断开阔,各学段和各类型的教学研究成果不断涌现并逐步深化。比如,自 2001 年至 2017 年,教学论研究者从教师与学生、教学方式、教学模式、实践教学、课程教学、教学有效性及个别化教学等主题对特殊教育教学进行了研究,累计发表核心期刊五百余篇;同期,从教学改革、教学模式、实践教学、校企合作、教学质量等主题对职业教育教学展开研究,累计发表核心期刊近万篇。此外,学前教育、高等教育的教学研究成果同样硕果累累。应该说,这种研究趋势一方面相应地拓宽了教学论研究的广度,另一方面也使教学论的学科体系更加完备。

第二,教学论研究领域稳步扩大,教学论研究逐步深入到具体的学科层面。长期以来,教学论研究倾向停留在宏观理论和普遍原则层面,较少深入课堂教学的实际,也难以指导具体的学科教学实践。[①] 但是,教学论研究对象和解决问题的复杂性、综合性,需要广泛吸收实际理论成果来分析,需要跨学科的合作来解决。[②] 21 世纪以来,我国学科教学论得到了较为迅速的发展,涌现出了相当多的学科教学论研究者,他们兼具学科知识和教育学知识,使得教学理论与具体学科紧密结合,教学论研究在具体的学科中得到进一步的深入,开始从建立普适性的、能解释一切教学中发生的教学现象的宏大体系为旨归转向关注课堂教学中的实际问题,从重视教学共性的一般原理发展到关注各具体学科教学的独特性的方向上[③]。

第三,教学论研究课题丰富多样。21 世纪以来,我国教学论研究者勇于创新,积极开创研究新视角,诸多崭新的研究课题不断涌现。比如:教学思想史的研究、教学论理论基础与研究范式的研究、教学论理论自觉与反思的研究、比较课程与教学论知识谱系的研究、对话教学论的研究、教学行为研究、教学质量研究等。随着教学论研究课题的不断丰富,教学论研究的广度也不断得以扩展,使得研究者将教学研究、教学改革从更大的空间、更高的层面、更深

---

① 王嘉毅:《从移植到创新——改革开放 30 年来我国教学论学科的发展》,《教育研究》2009 年第 1 期。

② 肖正德:《教学论跨学科研究检视》,《课程·教材·教法》2013 年第 5 期。

③ 王鉴、安富海:《教学论学科建设 30 年》,《当代教育与文化》2010 年第 1 期。

的基础上来加以考虑成为可能。

(二)研究角度趋向多元

研究角度是在研究之初,根据研究目的对研究所选择的一种切入点。研究角度的发展与变化不仅会为研究者认识教学论提供不同的途径,也可为教学理论的研究提供重要参考。21世纪以来,教学论在已有研究的基础上,研究角度开始趋向多元,主要体现在以下三个方面:

第一,教学论研究的视角从传统的哲学、教育学、心理学的视角开始逐渐转向文化学、语言学、社会学、生态学、信息技术等视角,研究者纷纷运用现象学、解释学、后现代哲学、文化学、生态学等理论工具开展独具特色的创新研究,研究视角多元化蔚然成风。21世纪以来,研究者日益意识到与其他人文社科相同,教学论研究不能脱离我国的具体社会情境而单独存在,也面临着复杂的文化生态环境和复杂的文化价值选择①。此外,结合当前新兴技术的迅猛发展,研究者们亦积极探索课堂教学与信息技术全新结合的可能性,探索互联网、大数据、云计算等现代信息技术对教学方式、学习方式、学习资源、学习环境、师生关系等产生的重大影响以及应对方案。

第二,教学论研究的方法从单一的哲学思维方法到具体的学科思维方法转变,宏大叙事的理论思辨和微观具体的实证、实验、数据挖掘等方式并存,教学论研究的方法逐渐多元。教学论的研究方法大体上可分为教学论研究的思维方式和这种思维方式所调遣使用的具体手段。从思维方式来看,21世纪以来教学论的研究方法突破了单一的哲学方法的使用,一般的科学方法及各种自然科学、人文社会科学的个别学科方法都被运用。从具体手段来看,21世纪以来教学论研究更多采用实验、调查的方法。另外,在大数据时代,也有部分研究者尝试通过数据挖掘的方式对教学论进行研究。

第三,教学论研究的范式从"文本式"转向"田野式",教学论研究的多元范式初步显现。在已往的教学论研究中,以演绎为主的研究范式一直居于主要地位,由此导致教学论的知识远离教学实践。近年来,随着教学实践论的兴起,归纳为主的研究范式逐渐受到重视。教学论研究者开始有意识地对教学

① 朱德全、杨鸿:《新时期教学论研究的现状与走向》,《教育研究》2009年第3期。

世界中的现象和问题进行研究,教学论研究范式也从“文本式”研究范式转向“田野式”研究范式,理论教学论也向实践教学论转向,教学世界与生活世界高度结合。①

（三）研究高度不断攀升

21 世纪以来,构建具有中国特色的教学论体系一直是教学论研究者追求的目标。在教学论学科体系科学化与中国化的道路上,研究者们基于我国的国情、文化传统和现实情境对教学理论与实践展开了广泛而深入的研究,不断提升了我国教学论研究的高度。

一是产出了一大批高水平的教学论著作,进一步充实了我国教学论的思想资源。在 2001 年至 2017 年期间,无论是老一辈的教学论研究者还是新世纪以后涌现出来的“学术新人”,他们孜孜不倦、著书立说,出版了一大批高水平的教学论著作。这些著作不仅使教学理论的研究攀升到新的高度,同时对教学改革起到了积极的推动作用,而且也成为 21 世纪以来我国教学论在科学化与本土化进程中的成果体现。表 10 为 21 世纪以来我国出版的教学论的主要著作:

表 10　2001—2017 年出版的教学论研究主要著作

作者	著作名称	出版社名称	时间
李秉德	教学论稿(修订版)	人民教育出版社	2001
钟启泉	教学原理(译著)	教育科学出版社	2001
李定仁、徐继存	教学论研究二十年	人民教育出版社	2001
蔡宝来	现代教学论的发展反思与构建	甘肃人民出版社	2001
王策三	教学认识论	北京师范大学出版社	2002
郭华	教学社会性之研究	教育科学出版社	2002
李如密	现代教学理论研究	吉林人民出版社	2003
李定仁	教学思想发展史	甘肃教育出版社	2004
裴娣娜	现代教学论	人民教育出版社	2005

① 李定仁、纪德奎:《生活世界视野下的教学论研究范式的变革》,《高等教育研究》2006 年第 4 期。

续表

作者	著作名称	出版社名称	时间
李森	现代教学论纲要	人民教育出版社	2005
熊川武	理解教育论	教育科学出版社	2005
石鸥	教学病理学基础	山东人民出版社	2005
黄甫全	现代课程与教学论学程	人民教育出版社	2006
董远骞	教学的理论与艺术	人民教育出版社	2007
张广君	当代教学的热点问题研究:价值论的视角	甘肃教育出版社	2007
赵明仁	教学反思与教师专业发展	北京师范大学出版社	2009
王本陆	教师课堂教学评价指南(第5版)	重庆大学出版社	2010
黄济、王策三	现代教育论	人民教育出版社	2012
朱德全	教学研究方法论	人民教育出版社	2012
徐学福	教学论	人民教育出版社	2012
靳玉乐	新课程下的教学方式转变	教育科学出版社	2012
胡定荣	薄弱学校的教学改进——大学与中学的合作研究	教育科学出版社	2013
王鉴	课程与教学基本原理	人民教育出版社	2014
马兰、盛群力	教师教学设计能力发展	浙江大学出版社	2016
张筱玮、纪德奎等	校本教学模式研究	天津人民出版社	2016
肖正德	教学文化变革与重构:教师发展的"灵魂"	华东师范大学出版社	2016

在2001年至2017年期间,教学论除了积累一批优秀著作之外,还出现一些高水平的学术论文,这些学术论文同样对教学理论与实践生发重大影响。比如:由王策三教授的《认真对待"轻视知识"的教育思潮——再评由"应试教育"向素质教育转轨提法的讨论》(《北京大学教育评论》2004年第3期)和钟启泉教授的《发霉的奶酪——〈认真对待"轻视知识"的教育思潮〉读后感》所引发的"钟王之争"开启了我国教学论研究"百花齐放、百家争鸣"的新篇章;《重建课堂教学价值观》(叶澜,《教育研究》2002年第5期)、《教学生活批判与重建》(朱旭东,《华东师范大学学报(教育科学版)》2010年第3期)、《教学

生活的精神意蕴》(徐继存,《课程·教材·教法》2012年第3期)等文引发了教学理论研究中关于知识与生活、教学与教师情感及自由话题等的深层次思考;再如,《"有效教学"的几个理论问题》(孔企平,《上海教育科研》2007年第2期)、《"有效教学"研究的价值》(钟启泉,《江西教育》2007年第6期)等文,则激发了研究者对于课堂教学有效性的争鸣。以上种种,不胜枚举,这些高水平的教学论学术论文,不仅在教学论学科领域,而且在整个教育学术界都引起了强烈反响,并对中小学的教学实践产生了重要影响。

二、教学实践的特点

21世纪以来,教学论研究不断创新,新的教育教学理念的提出也有力地影响到了教学实践,进一步引发了课堂教学实践中的一系列变革,实践场域的教学改革可谓"你方唱罢我登场",情境教学、主题式教学、尝试教学法、"后茶馆式"教学等特色教学模式蜂拥而出。

(一)"自上而下"的教学实验方兴未艾

在2001年至2017年期间,越来越多的教学论研究者为了探索基础教育教学改革与创新的可行性路径,从"象牙塔"走进中小学,"自上而下"地尝试开展并推行各类教学改革实验。其中,影响力较大的当属由叶澜教授及其团队开展的"新基础教育"实验与朱永新教授指导下所进行的"新教育实验"。叶澜教授以"教天地人事,育生命自觉"为核心,开展了"新基础教育"实验,在实验的基础上创立了"生命·实践"教学论流派。新世纪恰是"新基础教育"实验经过孕育后得以实行的最为重要的时期,"新基础教育"及其结晶真正体现了中国特色教学论学科既可以"上天"——能够进行抽象理论构建,又可以"入地"——能深入中小学校课堂进行实践研究的特色①。朱永新教授则以"过一种幸福完整的教育生活"为教育的核心理念,开展了"新教育实验"。据统计,截至2017年5月,该项实验现拥有75个实验区、3000多所实验学校,有300多万师生参与了核心实验项目。

---

① 王鉴、李晓梅:《当代中国特色教学论的发展历程及启示》,《社会科学战线》2016年第6期。

除了以上两种类型的大规模实验外,还有裴娣娜教授主持的“主体性教育实验”。“主体性教育实验”自 2002 年起进入了专题研究阶段,在基础教育课程改革的大背景下,构建了主体教育理论,实践了“教育主体思想”并探索了培养高度自觉能动性和创造性人才的模式和途径;另有熊川武教授的“自然分材教学”以理解教育为基本理念,探索了使课堂教学真正回归学生及有效提高教学的实效性的方式。教学论理论研究者积极走出书斋,以理论引领推动教学实验,使教学实验从最初的探索逐渐走向了区域推广。

另外,各教育科学研究所也不遗余力地积极推行各类教学实验,如由中央教科所组织实施的中学英语“1+1 教学实验”和“幼儿数学教学实验”,由武汉市教科院组织实施的“武汉市中小学翻转课堂教学模式实验”等,都取得了不错的成效。

随着各种教学实验的展开,教学论的理论研究者与一线教师的接触日益频繁,教学的行动研究也被越来越多的一线教师所接受和认同,教学实验也再次找到了新的生长点。

(二)“自下而上”的教学改革如火如荼

21 世纪以来,在基础教育课程改革的引领下,学校、区域层面的课堂教学改革可谓如火如荼,各种不同的教学模式、教学方法蜂拥而出。

一是学校层面积极构建特色教学模式。21 世纪以来,杜郎口中学、洋思中学、东庐中学等一批教学模式改革的名校在全国产生了广泛的影响,不少地区争相学习和模仿,掀起各个学校自主创新教学模式的热潮。至此,各类“先学后教”的教学模式被不断构建,讲授教学模式在教学实践领域中一枝独秀的格局被打破。随着基础教育课程改革的不断深化,新的教学理念融入教学模式,教学模式不断推陈出新。比如,21 世纪以来,探究教学、对话教学、自主学习、差异教学、合作教学、问题解决教学、主题教学等各类教学模式可谓你方唱罢我登场。而信息技术的快速发展,也使得教学实践网络和远程技术环境下的教学模式的构建成为现实,翻转课堂、智慧课堂、慕课等各种促进信息技术和学校教学深度整合的教学模式在教学实践中也已崭露头角并且取得良好成效。如北京四中的语文“双课堂”、网校翻转课堂,以及盒子鱼英语混合式教学等模式,即是在“主导—主体”教学结构理论的指导下,把基于网络平台的虚拟课堂中学生自主学习成果与基于现实课堂中教师与学生的深度学习融合在一起，有效地实现了线上与线下一体学习的设想，有效实现分层次、个性化的教学，达到提高课堂效率和教学质量的目标，成果斐然。

二是区域整体推进特色教学改革。如前述的北京四中的"双课堂"、网校翻转课堂，以及盒子鱼英语混合式教学等模式，目前已在全国 1600 余所学校进行实践，并取得显著效果。再如，以江苏省为例，近年来各个地区都在热衷建构体现区域特征或学校特点的特色教学模式，如南通、如皋等市着力推进"活动导学教学模式"，连云港市推进"六模块课堂教学"，扬州及仪征等市推进"活力探究课堂"，泰州市推行"主体参与模式"等①。各种教学模式的区域推进，展现了教学实践的新景象。

① 万伟：《三十年来教学模式研究的现状、问题与发展趋势》，《中国教育学刊》2015 年第 1 期。

第六章　新时代的教学论自觉（2017 年至今）

习近平总书记在党的十九大报告中指出:“经过长期努力,中国特色社会主义进入了新时代,这是我国发展新的历史方位。”①新时代是承前启后、继往开来的时代,处于这样的时代境遇中的教育必将肩负新的使命,并呈现新特点、新目标以及更复杂的发展态势。不仅如此,人类社会已全面进入信息化社会、“互联网+”时代,其具有泛在化、融合化、智能化、数字化等特征,深刻地影响着人们的生产与生活。所有这些给我国的教育教学提出新的挑战,也带来了新的发展机遇。我国教学论发展能不能适应时代需要,准确把握时代脉搏,有效应对时代挑战,这是关乎我国教育教学发展品质的重要问题。为此,教学论在新时代的发展走向以及指向未来的学校教学发展趋势等成为这个时期学界关注的热点与焦点,从而在前期深化改革的基础上实现新时代教学论自觉。

第一节　新时代教学论发展的背景

一、社会背景

当今时代是一个以“和平与发展”为主题的时代,特别是进入 21 世纪,和平、发展、合作更是成为时代的潮流,探索与建设中国特色社会主义强国成为

① 习近平:《决胜全面建成小康社会　夺取新时代中国特色社会主义伟大胜利——在中国共产党第十九次全国代表大会上的报告》,人民出版社 2017 年版,第 10 页。

当今时代主题。21世纪以来,国内外形势发生着深刻变化。国际上,世界经济复苏乏力,局部冲突和动荡频发,全球性问题加剧;国内方面,在改革开放的基础上,在坚定不移地走中国特色社会主义道路的前提下,20世纪末我国已经实现了邓小平同志提出的社会主义现代化建设"三步走"发展战略的前两步的发展目标,中国特色社会主义建设方面取得了可喜的成就。2012年召开的党的十八大,明确指出实现社会主义现代化和中华民族伟大复兴,是坚持和发展中国特色社会主义的总任务,中国特色社会主义是实现中华民族伟大复兴的必由之路,并进一步明确到中国共产党成立一百年时全面建成小康社会,到新中国成立一百年时建成富强民主文明和谐的社会主义现代化国家。

党的十八大以来,以习近平同志为核心的党中央坚持稳中求进工作总基调,坚持以新发展理念引领经济发展,统筹推进"五位一体"总体布局,协调推进"四个全面"战略布局,提出一系列新理念、新思想、新战略,出台一系列重大方针政策,推出一系列重大举措,推进一系列重大工作,解决了许多长期想解决而没有解决的难题,办成了许多过去想办而没有办成的大事,推动党和国家事业取得历史性成就,发生历史性变革。我国社会主要矛盾已经转化为"人民日益增长的美好生活需要和不平衡不充分的发展之间的矛盾",我国经济发展进入新常态等一系列深刻变化,社会发展面临一系列新情况新矛盾新问题。"十八大以来,国内外形势变化和我国各项事业发展都给我们提出了一个重大时代课题,这就是必须从理论和实践结合上系统回答新时代坚持和发展什么样的中国特色社会主义、怎样坚持和发展中国特色社会主义,包括新时代坚持和发展中国特色社会主义的总目标、总任务、总体布局、战略布局和发展方向、发展方式、发展动力、战略步骤、外部条件、政治保证等基本问题"①。

源于对新时代坚持和发展中国特色社会主义的这些基本问题思考与回答,基于对国际国内时代背景的准确把握,以及对我国社会发展现实的精准认识和判断,以习近平同志为核心的党中央在治国理政、领导推进中国特色社会

① 习近平:《决胜全面建成小康社会　夺取新时代中国特色社会主义伟大胜利——在中国共产党第十九次全国代表大会上的报告》,人民出版社2017年版,第18页。

主义实践中,自觉坚持以我国改革开放和社会主义现代化建设的实际问题、以我们正在做的事情为中心,着眼于马克思主义理论的运用,着眼于对实际问题的理论思考,着眼于新的实践和新的发展,以巨大的理论勇气、强烈的历史担当和非凡的政治智慧,站在历史和时代的高度,科学把握当今世界和当代中国发展大势,从坚持和发展中国特色社会主义全局出发,回答实践新要求,顺应人民新期待,集中全党智慧,大力推进理论创新。党的十八大以来,习近平总书记就哲学社会科学发展作出一系列重要论述。特别是 2016 年 5 月 17 日,习近平总书记主持召开哲学社会科学工作座谈会并发表重要讲话,明确指出要加快构建中国特色哲学社会科学,需要在“指导思想、学科体系、学术体系、话语体系等方面充分体现中国特色、中国风格、中国气派”。这是对我们的哲学社会科学和学术研究者提出的新的更高要求。

2017 年 10 月,习近平总书记在党的十九大报告中作出重大政治论断:“经过长期努力,中国特色社会主义进入了新时代。”①自此,中国发展站到了新的历史起点上,党和国家事业发生了历史性变革。我国社会主要矛盾已经转化为人民日益增长的美好生活需要和不平衡不充分的发展之间的矛盾。站在这样的时间节点上,以习近平同志为核心的党中央,坚持以马克思列宁主义、毛泽东思想、邓小平理论、“三个代表”重要思想、科学发展观、习近平新时代中国特色社会主义思想为指导,从坚持和发展中国特色社会主义全局出发,立论定向、科学运筹,周密擘画、谋篇布局,提出一系列新理念新思想新战略,出台一系列重大方针政策,开辟了中国特色社会主义新境界。习近平总书记在党的十九大报告中强调,为决胜全面建成小康社会、夺取新时代中国特色社会主义伟大胜利、实现中华民族伟大复兴的中国梦,要统筹推进经济、政治、文化、社会和生态文明建设“五位一体”的总体布局;协调推进“四个全面”战略布局,即全面建成小康社会和社会主义现代化强国、全面深化改革、全面依法治国、全面从严治党。习近平总书记指出,新时代中国特色社会主义思想的“八个明确”,即“明确坚持和发展中国特色社会主义”的“总任务”,“明确新

---

①　习近平:《决胜全面建成小康社会　夺取新时代中国特色社会主义伟大胜利——在中国共产党第十九次全国代表大会上的报告》,人民出版社 2017 年版,第 10 页。

时代我国社会主要矛盾”,“明确中国特色社会主义事业总体布局”和“战略布局”,“明确全面深化改革总目标”,“明确全面推进依法治国总目标”,“明确党在新时代的强军目标”,“明确中国特色大国外交”,“明确中国特色社会主义最本质的特征”和“中国特色社会主义制度的最大优势”。这“八个明确”其中的总任务,即“明确坚持和发展中国特色社会主义,总任务是实现社会主义现代化和中华民族伟大复兴,在全面建成小康社会的基础上,分两步走,在本世纪中叶建成富强民主文明和谐美丽的社会主义现代化强国”①。习近平总书记在党的十九大报告中,还系统地提出和阐述了新时代坚持和发展中国特色社会主义必须坚持的基本方针方略,即“十四个坚持”,如“坚持以人民为中心”,“坚持全面深化改革”,“坚持新发展理念”,“坚持社会主义核心价值体系”,“坚持人与自然和谐共生”。这是党的十九大根据我国社会主义初级阶段不断变化的特点和经济社会发展的状况作出的一个重大判断。这一重大判断,明确回答了新时代怎样坚持和发展中国特色社会主义。党的十九大把习近平新时代中国特色社会主义思想确立为我们党必须长期坚持的指导思想和行动指南,实现了党的指导思想的又一次与时俱进。以习近平同志为核心的党中央带领全党和全国各族人民,奋力开创中国特色社会主义新时代的伟大实践。“当代中国正经历着我国历史上最为广泛而深刻的社会变革,也正在进行着人类历史上最为宏大而独特的实践创新。”②

中国特色社会主义进入新时代,立足我国发展新的历史方位,面对我国社会主要矛盾的转化,要实现全面建成社会主义现代化强国和实现中华民族伟大复兴这一坚持和发展中国特色社会主义的总目标、总任务,各行各业必须根据中国特色社会主义的发展规律和实现奋斗目标的客观需要,以习近平新时代中国特色社会主义思想为指导,规划并确立科学合理的发展战略,全面而有力地推进新时代中国特色社会主义发展。教育领域概莫能外,理应很好适应当今新时代的变化特点和发展的客观需要,坚持创新、协调、绿色、开放、共享的新发展理念,坚持以人民为中心的发展思想,践行社会主义核心价值观,增

---

① 习近平:《决胜全面建成小康社会　夺取新时代中国特色社会主义伟大胜利——在中国共产党第十九次全国代表大会上的报告》,人民出版社2017年版,第19页。

② 习近平:《在哲学社会科学工作座谈会上的讲话》,《人民日报》2016年5月9日。

强国家文化软实力,不断促进人的全面发展。

当今科技进步日新月异,互联网、云计算、大数据、人工智能等现代信息与科学技术迅猛发展,人类社会已经迈入信息社会,人类的生产、生活乃至思维、学习方式、教育方式都受到信息社会巨大的影响,全球教育发展已被深深打上了信息化的烙印。如今,随着网络技术的突飞猛进,互联网已经给人类社会带来了一系列连锁反应,产生了深刻影响。尤其是互联网和各产业、领域的结合,产生了奇妙的"化学反应",催生了全新的发展理念和模式。人类进入"互联网+"时代。在我国,自 2012 年首次提出"互联网+"这一概念,至 2015 年国务院正式颁布《关于积极推进"互联网+"行动的指导意见》,我国社会全面步入"互联网+"时代。所谓"互联网+"是互联网功能增强和应用的拓展,是互联网化的新阶段[①]。李克强总理指出,"互联网+"未知远大于已知,未来空间无限。"互联网+"广泛深入推进的最终结果必将实现"万物互联",即"一切皆在互联网中",所有人、事、物都被互联网连接起来,"由此生成超大尺度、无限扩张、层级丰富、和谐运行的复杂网络系统"[②]。"互联网+"时代具有泛在化、融合化、智能化、数字化等特征,泛在化意味着无所不在,无时不在;互联网汇聚信息与数据,体现着融合性特点;互联网更具智能化、数字化特色,所有这些特点给人类社会发展带来深刻的变化,带来前所未有的挑战与机遇。伴随着"互联网+"时代的到来,教育也跨入"互联网+"时期。"互联网+教育"意味着教育利用信息通信技术和互联网平台,使互联网与教育行业进行深度融合,以创新和发展教育新生态。这种基于网络环境、依托大数据平台、指向未来的教育,打破了教育的时空限制,是更加开放的教育,是更加重视学生个性化和多样性的教育,是引导学生主动探究和快乐学习的教育,是让所有孩子都能享受到优质教育资源的教育,是更加强调终身学习的教育,是更加智慧的教育。人类社会这样的发展前景,为我国的教育提出了新要求和新挑战,也带来了更大的发展机遇。

---

① 邬贺铨:《从互联网到"互联网+"》,《人民政协报》2015 年 4 月 9 日。

② 高钢:《物联网和 web3.0:技术革命与社会变革的交叠演进》,《国际新闻界》2010 年第 2 期。

二、教育背景

(一)新时代中国特色社会主义教育理论体系确立

党的十八大以来,习近平总书记先后通过讲话、参加座谈会、给师生回信等方式发表许多关于教育的重要论述,深刻论述了新时代我国教育改革和发展的重大理论问题和实践问题,形成了新时代中国特色社会主义教育理论体系,①成为新时代中国教育改革的旗帜与方向。

第一,阐明了"立德树人"的我国教育的根本任务。党的十八大首次把"立德树人"写入党的全国代表大会报告,明确为新时期教育的根本任务。习近平总书记在八一学校考察时指出:"落实立德树人的根本任务,是新时期贯穿党的教育方针的时代要求,是教育坚持和发展中国特色社会主义的核心所在。"②并进一步阐明"基础教育是立德树人的事业,关系到每一个孩子身心成长……"③立足于建设教育强国,进一步明确了立德树人在我们党教育总政策、总要求中的地位。习近平总书记在党的十九大报告中强调:"建设教育强国是中华民族伟大复兴的基础工程,必须把教育事业放在优先位置,加快教育现代化,办好人民满意的教育。要全面贯彻党的教育方针,落实立德树人根本任务,发展素质教育,推进教育公平,培养德智体美全面发展的社会主义建设者和接班人。"④

第二,形成以"价值育人"为核心的育人观。教育是培养人的社会活动,首要解决的是为谁培养人、培养什么人、怎样培养人的问题。新修订的《中华人民共和国教育法》第五条规定:教育必须为社会主义现代化建设服务、为人民服务,必须与生产劳动和社会实践相结合,培养德、智、体、美等方面全面发

---

① 教育部课题组:《深入学习习近平关于教育的重要论述》,人民出版社2019年版,第16页。

② 《习近平在北京市八一学校考察时强调 全面贯彻落实党的教育方针 努力把我国基础教育越办越好》,《人民日报》2016年9月10日。

③ 《习近平在北京市八一学校考察时强调 全面贯彻落实党的教育方针 努力把我国基础教育越办越好》,《人民日报》2016年9月10日。

④ 习近平:《决胜全面建成小康社会 夺取新时代中国特色社会主义伟大胜利——在中国共产党第十九次全国代表大会上的报告》,人民出版社2017年版。

展的社会主义建设者和接班人。并进一步发展为“四个服务”,即“为人民服务,为中国共产党治国理政服务,为巩固和发展中国特色社会主义制度服务,为改革开放和社会主义现代化建设服务”。[①] 在此进一步明确了培养什么人的问题,即培养的是社会主义建设者和接班人。习近平总书记指出:“必须更加重视教育,努力培养出更多更好能够满足党、国家、人民、时代需要的人才。”“基础教育在国民教育体系中处于基础性、先导性地位,必须把握好定位,全面贯彻落实党的教育方针,从多方面采取措施,努力把我国基础教育越办越好。”[②]在明确了为谁培养人、培养什么人之后,习近平总书记从教育本质出发,基于对教育规律的深刻洞察,从治国理政角度,审时度势,长远谋划,提出了我国在新形势、新挑战、新任务下的“十大育人”重要论述,即“价值育人、教师育人、家庭育人、文化育人、榜样育人、健康育人、创新育人、公平育人、实践育人、开放育人”,其中“价值育人”是核心。习近平总书记强调,要从小积极培育和践行社会主义核心价值观,“一个民族的文明进步,一个国家的发展壮大,需要一代又一代人接力努力,需要很多力量来推动,核心价值观是其中最持久最深沉的力量”,“任何一个思想观念,要在全社会树立起来并长期发挥作用,就要从少年儿童抓起”。[③] 习近平总书记强调:“基础教育是立德树人的事业,要旗帜鲜明加强思想政治教育、品德教育,加强社会主义核心价值观教育,引导学生自尊自信自立自强。”[④]习近平总书记关于育人的重要论述,集中体现为“一个核心、两翼驱动、三个抓手、四个保障”。一个核心,即价值育人,培育和践行社会主义核心价值观,这是教育改革和发展的动力源与方向标;两翼驱动,即教师育人、家庭育人,这是教育改革和发展的梦之队与责任人;三个抓手,即文化育人、榜样育人、健康育人,这是教育改革和发展的关键

① 《习近平在全国高校思想政治工作会议上强调 把思想政治工作贯穿教育教学全过程 开创我国高等教育事业发展新局面》,《人民日报》2016 年 12 月 9 日。

② 《习近平在北京市八一学校考察时强调 全面贯彻落实党的教育方针 努力把我国基础教育越办越好》,《人民日报》2016 年 9 月 10 日。

③ 习近平:《从小积极培育和践行社会主义核心价值观:在北京市海淀区民族小学主持召开座谈会时的讲话》,《人民日报》2014 年 5 月 31 日。

④ 《习近平在北京市八一学校考察时强调 全面贯彻落实党的教育方针 努力把我国基础教育越办越好》,《人民日报》2016 年 9 月 10 日。

环节与着力之处；四个保障，即创新育人、公平育人、实践育人、开放育人，这是教育改革和发展的基本保障与制度基础。①

第三，夯实"以人为本"的教育本体观。党的十九大报告提出，新时代中国特色社会主义思想的"八个明确"之一就是坚持以人民为中心的发展思想，这一思想落实在教育上就是要体现"以人为本"的教育本体观。教育的本质是促使个体社会化并积极参与人类历史进程的活动，它超越了狭隘的经济理性与功利主义，以浓郁的人文主义价值来达成对人格尊严、社会正义与可持续未来发展的关注，最终达成人的全面发展。习近平总书记强调，教育要注重"以人为本、因材施教，注重学用相长、知行合一"②，认为教育要善于尊重教育发展规律、尊重人才成长规律，特别是要包容学生的缺点，尊重学生的情感，从而激发学生的天赋和潜能。强调尊重学生个性特点和认知发展规律的教育理念，提倡促进学生个性发展、差异发展、全面发展的教育思想。尊重与包容即基于事物普遍特征与发展规律的一种价值追求。习近平总书记还将是否尊重学生个性作为衡量是否为好老师的重要标准，好的老师应当具备"尊重、理解、包容、平等待人、善于发现"等教育品格。

第四，重视创新能力和创新人才的培养。当今世界，国与国之间的竞争，无论是在经济、科技、军事的竞争，还是其他领域的竞争，归根到底都是人才的竞争尤其是创新人才的竞争。而教育对于创新人才的培养、创新能力的形成具有至关重要的作用。习近平总书记基于对新时代新形势的新要求，明确指出："要深化教育改革，推进素质教育，创新教育方法，提高人才培养质量，努力形成有利于创新人才成长的育人环境。"③

总之，习近平总书记关于新时代中国特色社会主义教育的重要论述，从总体上规划了我国教育的发展前景，为我国未来教育发展指明了新的方向，为我国新时代教学论发展并达成新的自觉提供了有力的思想指导。

---

① 薛二勇、刘爱玲：《习近平关于教育的重要论述：中国教育改革的旗帜与方向》，《中国教育学刊》2017年第5期。

② 《习近平在北京市八一学校考察时强调 全面贯彻落实党的教育方针 努力把我国基础教育越办越好》，《人民日报》2016年9月10日。

③ 《习近平在中共中央政治局第九次集体学习时强调 敏锐把握世界科技创新发展趋势 切实把创新驱动发展战略实施好》，《人民日报》2013年10月2日。

(二)教育信息化进入2.0时代

实现教育现代化一直是我们教育的使命所在,教育信息化是实现教育现代化的重要手段,实现教育信息化,是加快教育现代化,建设教育强国的基础性、先导性工作。我国自2012年以来先后出台一系列政策规定以支持教育信息化建设,如2012年3月,国家出台《2011—2020年教育信息化十年发展规划》,对我国未来10年教育信息化建设进行了总体规划;随后在全国教育信息化工作电视电话会议上确定了"三网两平台"的教育信息化发展导向。习近平总书记更是十分重视教育信息化发展,他对互联网助力教育发展进行了总体分析,强调通过教育信息化扩大优质教育资源覆盖面。2015年5月,习近平在致国际教育信息化大会的贺信中指出:"当今世界,科技进步日新月异,互联网、云计算、大数据等现代信息技术深刻变革着人类的思维、生产、生活、学习方式,深刻展示了世界发展的前景。"①在党和国家领导人的关注下,在各项政策导向及支持下,我国初步形成国家及部分地方的教育资源云服务体系。教育资源的云服务形式具有海量、动态、自主、协同、演化等特性,横向上能够实现教育资源的共享,纵向上能够整合不同的教育资源,起到了信息汇聚和交换的枢纽作用。教育资源的云服务体系初步建立,为云环境下数字化教育教学活动开展奠定了基础,教育资源逐渐以云服务的形式运行在智能手机、平板电脑、电子书包等云端个人学习环境与设备当中,催生了慕课、翻转课堂、教育App、电子书包等新的教学方式与教学形式。大数据、智库、国家及地方教育资源公共服务平台的构建等充分整合现有教育资源,促进了教育资源共享、配置与服务的集约化发展。除此而外,全国各地许多省市县以建设好"三通两平台"为抓手,即"宽带网络校校通、优质资源班班通、网络学习空间人人通",并以所建设的各组教育资源公共服务平台和教育管理公共服务平台为支撑,改善网络教学环境。尽管近年来,在信息化背景下,我国加强了教育信息化建设,完善网络教学环境,并进行了微课、慕课、翻转课堂等教学变革,倡导学习者为中心,实现学习方式的转变,经过多年来的探索实践,信息技术对教育的革命性影响已初步显现,但离理想化

① 《习近平致国际教育信息化大会的贺信》,《人民日报》2015年5月24日。

的教育教学形态还尚有距离，与新时代的要求仍存在较大差距。这体现在如下方面："数字教育资源开发与服务能力不强，信息化学习环境建设与应用水平不高，教师信息技术应用能力基本具备但信息化教学创新能力尚显不足，信息技术与学科教学深度融合不够，高端研究和实践人才依然短缺。充分激发信息技术对教育的革命性影响，推动教育观念更新、模式变革、体系重构，需要针对问题举起新旗帜、提出新目标、运用新手段、制定新举措。"①

为深入贯彻落实党的十九大精神，加快教育现代化和教育强国的建设，推进新时代教育信息化发展，2018 年 4 月教育部印发《教育信息化 2.0 行动计划》，引领我国教育信息化的转段升级。自此，我国教育信息化正式从 1.0 进入 2.0 时代。教育信息化 2.0 时代是相对十九大以前我国教育信息化的发展路径特征而言的，2017 年前中国教育信息化发展的特征，可归结为"基础建设+设备配套+应用探索"，如果说教育信息化 1.0 是引入外部变量的话，那么，2.0 就是把这些外生变量转化成内在变量。进入教育信息化 2.0 时代，应"以习近平新时代中国特色社会主义思想为指导，全面贯彻党的十九大精神，围绕加快教育现代化和建设教育强国新征程，落实立德树人根本任务，因应信息技术特别是智能技术的发展，积极推进'互联网+教育'，坚持信息技术与教育教学深度融合的核心理念，坚持应用驱动和机制创新的基本方针，建立健全教育信息化可持续发展机制，构建网络化、数字化、智能化、个性化、终身化的教育体系，建设人人皆学、处处能学、时时可学的学习型社会，实现更加开放、更加适合、更加人本、更加平等、更加可持续的教育，推动我国教育信息化整体水平走在世界前列，真正走出一条中国特色的教育信息化发展路子"。② 坚持育人为本、融合创新、系统推进、引领发展等原则，达成教育信息化 2.0 行动的基本目标，即"通过实施教育信息化 2.0 行动计划，到 2022 年基本实现'三全两高一大'的发展目标，即教学应用覆盖全体教师、学习应用覆盖全体适龄学

① 《教育部关于印发〈教育信息化 2.0 行动计划〉的通知》，教技〔2018〕6 号，见 http://www.moe.gov.cn/srcsite/A16/s3342/201804/t20180425_334188.html。

② 《教育部关于印发〈教育信息化 2.0 行动计划〉的通知》，教技〔2018〕6 号，见 http://www.moe.gov.cn/srcsite/A16/s3342/201804/t20180425_334188.html。

生、数字校园建设覆盖全体学校,信息化应用水平和师生信息素养普遍提高,建成'互联网+教育'大平台,推动从教育专用资源向教育大资源转变、从提升师生信息技术应用能力向全面提升其信息素养转变、从融合应用向创新发展转变,努力构建'互联网+'条件下的人才培养新模式、发展基于互联网的教育服务新模式、探索信息时代教育治理新模式。"①为达成这一目标,应落实继续深入推进"三通两平台"、信息技术与教育深度融合、构建一体化的"互联网+教育"大平台等任务。"教育信息化 2.0"更加坚持时代引领,更加坚持应用驱动,更加坚持深度融合,更加坚持教育治理,更加兼顾探索普及,更加兼顾区域差异,更加兼顾社会各方,更加兼顾顶层基层。总之,以教育信息化全面推动教育现代化,从而开启智能时代教育的新征程。

(三)学生发展核心素养正式发布

21 世纪是全球化、信息化与知识化的时代,面对崭新且更富有挑战性的时代格局,各国教育改革面临同样的困惑,21 世纪的学生应该具备哪些核心素养,才能成功融入未来社会,进而推动整个社会健康发展?② 自经济合作发展组织(OECD)于 1997 年启动实施的大规模的跨国研究项目《素养的界定与遴选:理论框架与概念基础》,成为有关核心素养的最有代表的项目以来,学生发展核心素养问题陆续受到国际组织、国家或地区的关注,成为国际教育发展和变革的风向标。

对接教育改革的国际潮流与课程改革的世界发展趋势。2012 年,党的十八大提出要把立德树人作为教育工作的根本任务,开始从国家层面更加深入系统地考虑"教育要培养什么样的人"这一教育最根本性的问题。2014 年教育部印发《关于全面深化课程改革落实立德树人根本任务的意见》文件,组织研究制定学生发展核心素养体系和学业质量标准,提出各学段学生发展核心素养体系,明确学生应具备的适应终身发展和社会发展需要的必备品格和关键能力。

---

① 《教育部关于印发〈教育信息化 2.0 行动计划〉的通知》,教技〔2018〕6 号,见 http://www.moe.gov.cn/srcsite/A16/s3342/201804/t20180425_334188.html。

② 林崇德:《学生发展核心素养:面向未来应该培养怎样的人》,《中国教育学刊》2016 年第 6 期。

在内外动因双重作用下，北京师范大学林崇德教授领衔五所高校和 90 余名研究人员组成联合攻关项目组，共同负责研究中国学生发展核心素养的框架体系。项目组经过漫长的基础研究、实证研究过程，召开了建立学生发展核心素养思考体系研讨会，并通过意见征询，最终达成共识，并于 2016 年 9 月 13 日上午发布了中国学生发展核心素养的总框架。综合国际组织、国家和各地区对核心素养概念的界定，并结合我国现实需求和教育实际，林崇德教授将"核心素养"界定为：学生在接受相应学段的教育过程中，逐步形成的适应个人终身发展和社会发展需要的必备品格与关键能力，并在此基础上建构了中国学生发展核心素养的体系，该体系以全面发展的人为核心，从文化基础、自主发展、社会参与三个维度出发，提出了人文底蕴、科学精神、学会学习、健康生活、责任担当、实践创新六大核心素养，而每个核心素养下又有三个对应的基本指标，形成了核心素养体系的"三大维度""六大素养""十八项能力框架"，[①]由此给出了核心素养框架的中国答案。

如果说正式公布的核心素养框架完成了中国学生发展核心素养体系构建工作，解决了"教育究竟要培养什么样的人"的上位问题，那么 2016 年下半年以来关于核心素养议题的重心便转向了各学科核心素养的构建，即解决"如何将核心素养落实在课程设置与教学实践中"的下位问题。为此，学术界就核心素养的理论和实践进行了初步探索。除了教育学学者们的理论探讨和各中小学管理者的实践探索外，为突破考试文化的制约，深入推进素质教育，培养高素质人才，早在 2014 年国务院就颁布了《关于深化考试招生制度改革的实施意见》，教育部制定了与之配套的《普通高中课程方案》（2017 年版），而新课程方案之"新"正体现在进一步明确了普通高中教育定位上，其目标正是进一步提升学生综合素养，发展学生核心素养，在优化课程结构的基础上，基于各学科本质，凝练出各学科核心素养，更新教学内容，研制学业质量标准，增强课程方案的指导性。新高考制度的实行和新课程方案的出台体现的正是承接立德树人教育目标，更新我国教育观念，革新人才培养模式的时代需求，也是对我国教育考试评价制度改革的重大突破，

---

① 林崇德：《21 世纪学生发展核心素养研究》，北京师范大学出版社 2016 年版。

是核心素养时代教育的新发展。

三、学科背景

自新中国建立以来,尤其是改革开放以后,我国学者在继承我国优秀的教学思想、理论的前提下,在引进国外的先进教学理念、理论与实践的基础上,进行了教学论学科建设的发展,取得了丰硕的研究成果。但教学论学科发展仍不尽如人意。首先,教学论本土建构仍然任重而道远。尽管近年来,学者在教学论本土建构方面做了大量工作,但过于盲从、移植国外理论,缺乏对其思想及产生背景深入的理解与把握,这直接导致了实际运用中的矛盾与概念体系的混乱,教学理论及实践一直不停在左右摇摆,缺少自己的立场与观点,丧失了自身理论自信与文化自信。

其次,教学论研究实践品性缺失。近年来,我国教学论研究力求实现研究方法的多元化,但以思辨研究为主、对教学现象作静态的解释的现实未得以根本改变,传统思辨的思维方式及现实利益的纠葛让教学论研究实践品性缺失。① 这种实践品性的缺失,突出体现在教学论研究对教学实践的关注严重不够,教学实验开展不够,对已有理论的验证不足,教学论研究缺乏扎实的实践根基与事实基础。不仅如此,对已有实践中的成功经验也缺乏系统的理论提升,教学实践的优秀经验始终只能停留在经验的层面。

再次,对信息化背景下教学论学科发展缺乏深刻理解。信息化社会给当今的教育教学带来了极大的冲击和挑战,应对这一挑战,学界对信息化背景下的教学进行了积极探索,并取得了一定研究成果,如微课、慕课、翻转课堂等,但前期的研究过于偏执于技术,被技术化所绑架,在信息技术与教学深度整合方面还显不够,“互联网+”时代所面临的教学新问题层出不穷,目前的研究难以真正应对信息化社会所带来的新变化和新特点。

总之,新时代我国教学论研究者们深感我国教学论学科发展存在的单纯

---

① 陈君、张姝:《21 世纪以来我国教学论研究历程与学科发展趋势》,《西南大学学报(社会科学版)》2018 年第 3 期。

移植与借鉴国外教学理论给我国教学论发展所带来的水土不服、话语失语以及教学论实践品性缺失等问题，加之信息化时代给教学提出的新要求，力图构建根植于中国文化的本土教学论，面向中国的教育教学实践，并综合地解决当代教学实践和教学理论中提出的各种基本矛盾，建立与现代理论思维水平相适应的开放、系统、完整的综合性的教学论体系。

第二节　新时代教学论研究的主要议题

当今世界已进入“互联网+”时代，我国则迈入中国特色社会主义新时代，新使命、新目标、新任务、新特点、新路向都要求教育教学实现变革，教学论学科发展进一步完善。基于对这样的社会现实和学科发展状况的考量，学界就教学理论与实践及教学论自身的发展问题进行了一系列的探讨，新时代教学论研究的议题主要集中在基于中国学生发展核心素养的教学论探讨，以及教学与信息技术的深度融合等方面。

一、中国特色社会主义教学论体系的初步探索

党的十八大以来，确立了教育的根本任务是立德树人。习近平总书记在党的十九大报告中明确指出，要全面贯彻党的教育方针，落实立德树人根本任务。为全面贯彻落实这一教育根本任务，必须深化教育改革，并对各级各类教育深化改革的方向作出指示。改革创新是深化发展的内在诉求和必然路径，中国特色社会主义教育事业需要在改革中走向深化，在创新中实现自觉。[①]为此，在新时代的背景下，如何建构具中国特色、适应并引领新时代的教学论体系，成为当下我国教学研究的一个重要方面。这就需要对教学理论的一些基本问题进行探讨，主要涉及教学本质、教学范式、师生关系与教师行为、教学研究范式等方面的问题。

---

① 靳玉乐、张铭凯：《努力探索新时代中国特色社会主义教育思想体系》，《西南大学学报（社会科学版）》2018 年第 1 期。

(一)教学本质的再认知

1. 教学概念内涵的丰富

概念考察是一种意义的澄清,往往阐明概念所反映的活动所具有的特有属性。教学的概念是教学论的核心范畴,对教学本质的揭示是教学论作为一个学科得以独立存在的逻辑前提。伴随着 21 世纪我国新课程改革的推行及深化,教育实践强调"以生为本",突出"以学习者为中心",尝试多样的以"学习者为中心"的教学改革,但在教学实践中,教师面临诸多困惑,到底"教不教""教多少""如何教"?教学到底是什么?而学界在对教学概念进行规范定义时也一直纷争不断,这种理论纷争投射到教学实践领域,更进一步引发了教师的困惑。面对这些现实与理论困惑,以及新时代变化的新特点,学界对教学的概念及其本质问题这一教学论研究中的重要话题予以回应,从多角度多视野探讨了教学的概念的界定。

首先,充满德性意义的教学概念重塑。亚里士多德认为:"人的德性是那种既能使人成为善人,又能使人圆满地完成其功能的品性。"①基于新时代对创新人才、有德性的人才培养的现实需要,以及现代教学概念缺乏德性意义的现状,学者们从德性意义的角度,对教学概念进行重新界定。有学者指出现今教学概念自身存在局限,即我们通常把教学定义为实现一定教学目的教师教和学生学的共同活动,这一概念的表述是一种"事实的说话方式",对学生掌握知识过程中养成品德,对教师感受职业生活的意义,是"贫瘠不育"的。② 为此,在对我国古代、近代、现代教学概念变化的历史进行系统考察的基础上,基于新时代的新要求,并针对当今社会将"学"窄化为知识"学习"从而使"教学"概念内在地失去了培养学生品德意义的现实问题,对有情感的教学概念进行重塑,提出"教学是我们教师基于对学生的关切,引导学生以积极的情绪和态度投入学习,促进学生体悟有目标的、取得进步的学习生活,感受和追求教师职业生活意义的实践"③。力图使重塑的概念通过情感表达实现事实和评价的统一,使学生品德养成与知识获得融于同一过程;同时对于教师而言,

---

① [古希腊]亚里士多德:《尼各马可伦理学》,廖申白译,商务印书馆 2015 年版。

② 迟艳杰:《教学的概念考察与重塑》,《教育研究》2017 年第 10 期。

③ 迟艳杰:《教学的概念考察与重塑》,《教育研究》2017 年第 10 期。

试图把教学从一个事实的世界通过渗透教师的感受、体会，而呈现出一个事实—价值的世界，一个具有职业生活意义的世界。还有的指出，教学是指向善的活动，其目的是引人向善，“教学”首先应当具有善的特征。这是教学活动发生的前提预设。①

其次，从行为论角度强调教学即领导。有学者基于当下的信息时代和新课程改革背景，就教师在教学过程中到底应当扮演什么角色以及如何发挥作用的问题，探讨教学概念，力图厘清理论与实践的迷思。在深刻剖析教学本质的几种传统认识的基础上，指出特殊认识说、交往说和实践说分别从目的论、关系论和方式论的角度出发，对教学本质进行了界定。但三者均未能在稳定的逻辑层面，全面且深刻地同时论证教学的目的、方式以及构成要素间的关系，因而难以完整地把握教学的本质以及师生在教学过程中的关系属性，均存在一定的片面性。于是，学界试图转换思考与论证角度，从行为论的角度出发，为教学重新定义，认为“教学就是教师领导学生学习活动的过程”，简言之“教学即领导”。② 教学是教师、学生和教学活动的有机组合。在教学中，教师起着重要的“领导”作用，追求激发学生的善意，充分释放学生的潜能，也即教学实质上是教师“会领导”的过程，是极具领导艺术的科学。③

此外，学者们从多角度对教学概念及本质进行思考，如有从启发思维的角度，认为教学的直接指向是学生思维世界的开启，而启发作为教学中的重要环节，能够很好地实现这一追求。④ 另有人通过进一步反思“教学要回归生活世界”这一命题，提出教学实质上是回归自身的过程。⑤ 也有学者梳理了“教学”“有效教学”和“好的教学”三个概念之间的关系，认为“教学”“有效教学”和“好的教学”是对教学不同层次的定义。“教学”作为基本义从繁杂多样的人类社会活动中辨析出一种可以称为“教学”的活动；“有效教学”从“效果”

---

① 吴亮奎：《教学善：教学理论研究的一个应然领域》，《当代教育与文化》2017 第 3 期。

② 马健生、饶舒琪：《论教学即领导：一种教学本质的新解》，《教育学报》2017 年第 3 期。

③ 马健生、邹维：《论教学是一门领导的艺术》，《北京师范大学学报（社会科学版）》2017 年第 1 期。

④ 刘铁芳等：《从思维激活到理智兴趣培育：启发的教学意蕴及其实现》，《国家教育行政学院学报》2018 年第 11 期。

⑤ 倪晓玉等：《反思“教学要回归生活世界”》，《教学与管理》2017 年第 30 期。

或“效率”的角度研究教学问题;“好的教学”是对教学的伦理性规定。①

2. 关于教与学的关系问题的厘清

教与学的关系,是教学的一对基本矛盾,是教学必须要处理好的一组关系。在当今教学改革实践中,强调以学习者为中心,先学后教,收到良好成效,加之信息技术催生的学习方式变革,许多教育实践者及理论者对教学活动产生了一种误读,似乎重视“学”比重视“教”更重要,“教”与“学”可以分离。为了在理论上正本清源,从而有效指导教学实践,学界在探讨教学本质的前提下,对教与学的关系问题进行了进一步澄清。有学者从教学认识论的视角,对“教与学永远统一”作出了新的阐释,认为教学之为教学,在于“教”与“学”之统一。无“教”之“学”,只是“自学”;无“学”之“教”则根本不存在。教学应是教师、学生、知识三要素的有机统一。② 在如何实现教与学有机统一上,提出通过“两次倒转”的教学机制来实现。所谓“两次倒转”简言之,就是先“倒过来”再“转回去”。它的理论前提是教学认识论,即首先要确认教学过程主要是学生个体的认识过程(而非实践过程或交往过程等),学生是教学认识的主体,人类认识成果是学生认识的客体。所谓“倒过来”是指相较于人类总体认识过程,学生个体认识过程(教学过程)是“倒过来”的过程。即:学生的认识(教学)并不从实践、试误开始,而是直接从人类认识的终点开始,把人类认识的终点作为学生认识的起点。而“转回去”则要使知识变成学生主动认识的对象而不仅仅是外部的知识,真正落实学生主体的地位,使教师、学生、知识(内容)得以有机统一,使教师的“教”与学生“学”能够统一而成“教学”。③

有学者则力图突破人们多从“教”与“学”的二元或对象性关系维度上理解与研究教学关系的思维定式,尝试从本体论视野来重新定义“教学关系”,从关系视角或方法,亦即基于实践思维来理解教学关系,认为这一关系视角实

① 吴亮奎:《教学、有效教学和好的教学——教学概念的话语伦理分析》,《中小学教师培训》2018 年第 1 期。

② 郭华:《“教与学永远统一”再认识——教学认识论的视角》,《四川师范大学学报(社会科学版)》2017 年第 1 期。

③ 郭华:《“教与学永远统一”再认识——教学认识论的视角》,《四川师范大学学报(社会科学版)》2017 年第 1 期。

质就是从社会哲学、实践哲学等出发进而探讨“教学关系”的生活属性、实践规定性或讨论教学关系作为社会实践本体的存在感与意义感，认为教学乃是一个作为“一”的整体性实践，而非是作为“二”的“教”与“学”的机械相加。将教学视为一种具有现实性和情境性的多主体参与的实践活动。从作为一种教学实践本体的角度理解教学关系，强调教学即教学关系，教学的发生亦即教学关系的展开。指出教学关系形式的实践取向是自由地创造“共同生活”，教学关系构建的核心取向即主体间“内部共生”。为此，新时代中国特色社会主义教育发展，要强调作为“共同生活”形式和具有主体间“内部共生”品质的教学关系构建，重视中国优秀教育文化传统中“先验教学关系”教化实践的现代意义，确立起教学关系本身的教育价值性。① 有学者从解释学中“作者—读者—文本”三者理解关系的突破转变重新审视教育中的“教师—学生—知识”间的教学关系，阐明了教学实体间不是对立的本位关系而是双向的对话关系。②

有学者从生态美学的视角出发，认为教学关系是一种特殊的生态关系，而生态美学则是教学关系建构发展的一个基本出发点，生态美学对教学关系的改善主要是形成尊重和顺应生命的思想理念，生成生命张扬的关系追求，制定出有利于生命本色维护和彰显的关系制度，形成合乎生命本性的关系标准，即在教学关系中尊重和维护师生生命自然存在和发展。③

（二）新时代教学范式转换探索

1. 从“教”向“学”的教学范式转换

“范式”一词最早由托马斯·库恩提出，库恩认为：“一方面，范式代表着某一科学共同体的成员所共同分享的信念、价值、技术以及诸如此类东西的集合；另一方面，范式又是指集合中的一种特殊要素——作为模型或范例的具体解决问题的方法。”在库恩看来，随着时代的进步和科学研究的深入，每一种范式都

① 刘远杰：《珍视与重建教学关系：一个教育时代性命题》，《教育发展研究》2018 年第 6 期。

② 孙田琳子、沈书生等：《解释学本体论转向下的教学四重对话关系》，《安徽师范大学学报（人文社会科学版）》2018 年第 2 期。

③ 水晶：《生态美学视角下的教学关系审视》，《教育理论与实践》2018 年第 31 期。

要经历旧范式—常规科学—科学革命—新范式的变革过程,而每一阶段的核心都是围绕范式展开的。教学范式的变革概莫能外。当下伴随着我国特色社会主义建设进入新时代和信息化时代发展及科学研究的不断深入,新时代教学范式转换问题成为学界关注的焦点。向什么方向转?有学者认为,以前的教学转型都是“小转型”,要么是教导方式的转型,如由灌输式教学转向启发性教学;要么是学习方式的转型,如由记忆型的学习转向自主、合作、探究性的学习。而现在需要实现的是教学“大转型”,即由教师的教引领学生的学转向教师的教辅助学生的学,由先教后学转向先学后教,由肤浅型教学转向深度教学。① 过往我们的学校多采用“被动学习”的教学范式,“被动学习”是以教师灌输知识为中心,学生尽可能快、尽可能多、尽可能地记住知识、公式和原理、规则,旨在培养“记忆者”的一种教学范式。② 当今是一个信息化社会,新兴科学与技术日新月异,未来社会期许的教育不是“记忆答案的教育”,而是每一个人“创造答案的教育”。为此,钟启泉教授倡导,新时代必须实现教学范式的转换:即从“被动学习”走向“能动学习”。“能动学习”作为一种培养“思考者”的教学范式,是学习者彰显“主体性”“协同性”,能动地参与学习的教学方式的总称。他指出,“能动”指向两种偏向:其一,否定灌输式教学,这是一种“被动学习”;其二,否定单纯地听取,这也是一种“被动学习”。能动学习即“深层学习”,从能动学习的目标可以引申出能动学习的实践需要三大要件:探究性学习、协同性学习、反思性学习。③ “能动学习”意味着从“教”转向“学”的范式转换。④ 钟启泉教授还从认知科学的视角辨析两种不同的教学范式在观念与体制上的根本差异。从教学观念上的差别看,行为主义教学观是“记忆·再现型教学观”,认知主义教学观是“理解·思维”型教学观,同样是认知主义学习观的情境学习教学观强调“知识的情境依存性”。从教学体制的变革上,对教师主导型与学习者中心型教学体制的根本差异进行辨析,并在两者的基础上提出自

---

① 罗祖兵:《深度教学:“核心素养”时代教学变革的方向》,《课程·教材·教法》2017 年第 4 期。

② 钟启泉:《能动学习:教学范式的转换》,《教育发展研究》2017 年第 8 期。

③ 钟启泉:《能动学习:教学范式的转换》,《教育发展研究》2017 年第 8 期。

④ [日]沟上慎一:《能动学习与教学范式的转换》,东信堂 2014 年版,第 9 页。

主学习价值与培育。他认为,随着学习理论从行为主义向建构主义的转型,指向"核心素养"的教学设计也必须从行为主义转型为建构主义。这种教学范式的重要课题就在于寻求现实中真正的境脉与课题的"真实性"。①

也有学者回顾了教学范式两次重大变革的历史,即第一次是以杜威为代表的"以学生为中心"的现代教学范式对以赫尔巴特为代表的"以教师为中心"的传统教学范式的变革;第二次是信息化时代背景下以现代技术为依托的"以学为中心"的教学范式对工业化时代的"以教为中心"的教学范式的变革。并进一步指出我国传统的工业化教学范式已经不适应信息化时代发展的需要,变革势在必行。为此,倡导新型教学范式的形成,认为信息化教学范式教学理念是以"学生为中心",以人本主义、建构主义、认知主义心理学等为理论基础,采用信息化多媒体教学手段、教学方法多元化,有合作式、探究式、参与式等,注重培养学生的自主学习能力和知识的应用能力。②

2. 数据驱动教学范式形成

随着数据密集型科学的快速发展,数据成了驱动社会创新发展、综合竞争的重要指标,极大地影响和改变着社会生产与生活。以大数据、云计算、泛在网络、虚拟现实、人工智能等为代表的新技术如今在教学领域广泛运用,学习空间超越了封闭的物理空间的限制,走向虚实融合的无边界学习场域,学习过程从课堂、家庭、图书馆等断点式的学习活动,走向家校贯通、双线(线上线下)融合的学习连续体。与此同时,越来越多、越来越细的教与学的行为印记被网络教学平台、移动 App、可穿戴设备等"真实"地记录下来。教学过程与结果数据的持续采集,逐步形成教学大数据,通过教学大数据的深度挖掘和多元分析,能够将数据背后反映的教学意义与价值清晰地呈现出来,进而辅助教师进行更精准的"教",指导学生进行更精益的"学"。随着数据流在教学各个环节的生成与运行,一条具有正向反馈机制的教学链条开始形成,数据驱动教学范式开始出现。③ 为此,有学者详细探讨了数据驱动教学范式的实质及特

① 钟启泉:《从认知科学视角看两种教学范式的分野》,《中国教育学刊》2017年第2期。

② 王文丽:《试论教学范式及其变革研究》,《东北师大学报(哲学社会科学版)》2017年第1期。

③ 杨现民等:《数据驱动教学:大数据时代教学范式的新走向》,《电化教育研究》2017年第12期。

征，指出数据驱动教学具有科学化、精准化、智能化、个性化等特征，并在参考国际社会推进数据驱动教学的经验做法，结合国内教育发展的现实需求，提出五条数据驱动教学的实施建议：开展数据素养专题培训，提高教师数据意识与数据处理能力；打造基于大数据的智慧学习平台，支撑教师开展数据驱动的精准教学；开展数据驱动教学示范项目，探索数据驱动教学新模式；构建数据驱动教学实践共同体，传播数据驱动教学文化；开展数据驱动教学专题研究，引领数据驱动教学持续深入发展。①

（三）师生关系与教师角色行为的重构

1. 师生关系注重教学伦理精神的体现

师生关系一定程度上决定教学效果，更影响学生的人文精神培育。所以，教师必须努力构建和谐的师生关系，做到发自内心地热爱学生、尊重学生。教师在课堂教学互动中越尊重学生个体差异、承认学生在学习活动中的主体地位，师生之间越容易建立起良好关系。② 基于身体间性思想，当前课堂教学中的师生关系不是“宣谕—聆听”，而是师生身体之间的相遇和互动关系，是师生间的平等交往、和谐共存。不管是教师还是学生，都是身处在教育场域中有血有肉的生命个体，是互为主体的。③ 尤其在“互联网+”时代，教师独占信息局面不复存在，教师的角色与地位发生了很大变化，教师已越来越少地传递知识，越来越多地激励思考，成为促使学习的一位顾问，一位交换意见的参考者，一位帮助发现矛盾论点而不是拿出现成真理的人。信息技术时代教师从教学者向助学者的转变，师生间施教与受教、管理与被管理、支配与从属关系逐渐瓦解，取而代之的将是平等合作的关系。因此，要以关爱、人道、平等为核心概念的教学伦理重构“互联网+”时代的师生关系，要避免通过人工智能来强化自身的权威、对学生施加严格控制，在教学中运用人工智能为学生的自主发展提供更多的途径；教师不能把自己在师

① 杨现民等：《数据驱动教学：大数据时代教学范式的新走向》，《电化教育研究》2017年第12期。

② 朱伟强等：《教学中的人际关系与师生课堂互动、学习结果的相关性研究》，《全球教育展望》2017年第12期。

③ 鹿星南：《论课堂教学中身体的缺失与回归》，《中国教育学刊》2018年第6期。

生关系中的角色与责任让渡给人工智能，要树立智能时代的人学观，打造智能时代的教师的"信商""爱商"，建设人工智能课程与教学论，构建人工智能哲学。① 新教育时代深度学习的三大核心要素之一是教师和学生之间应该建立伙伴关系。教师与学生一起积极学习，学生在学习过程中贡献自己的想法、经验和专业知识。② 尤其是在翻转课堂教学模式下，教师应成为教学信念的革新者、教学活动的翻转者、学生深度学习的激发者、教学评价的辅助者及新型师生关系的重构者。③

2. 教师教学决策的伦理性追求

已往的教学理论研究主要从技术性操作并追求其有效性的角度探讨教师的教学决策问题，而较少关注其伦理特性以及伦理方面的影响因素，教学决策的伦理迷失严重威胁着其专业品质，同时也游离了教学的伦理本性。随着新时代对教学的伦理本性的重视，教学决策的伦理审视成为学者们关注的重要视域。

教学的根本目的是教学生成人、成事。这既是教学教育性的体现，也是立德树人的根本之所在。从这种意义上讲，教学就是一种道德活动和道德努力④。由于其内在于活动自身的善，可以说，教学就是麦金泰尔意义上道德的实践⑤，它是一个以善至善的过程。基于从德性意义对教学的理解，并以新时代立德树人的教育根本目标为旨归，有学者从微观层面的教学实践出发，探究教师教学道德决策的理论与实践问题。他们认为，教师教学道德决策是指教师在教学这一道德性实践过程中，为解决特定的道德问题，依据一定的道德规范，借助某种或某些价值理据，结合自身及教学情境中的主客观因素，作出道德判断并选择道德行为方案的动态思维过程，在这一过程中实现着师生的共

① 高建波、苏丹兰：《"互联网+"背景下课程与教学论建构——第七届教学论常务理事会学术研讨会综述》，《课程·教材·教法》2018第9期。

② 詹青龙等：《新教育时代的深度学习：迈克尔·富兰的教学观及启示》，《中国电化教育》2017年第5期。

③ 杨鑫等：《翻转课堂教学模式下教师角色重构及实现路径》，《当代教育与文化》2018年第6期。

④ D.T.Hansen, "Teaching as a moral activity", in *The Handbook of Research on Teaching* (4th ed), V.Richardson, Washington: American Educational Research Association, 2001, p. 828.

⑤ 程亮：《教学是麦金泰尔意义上的实践吗?》，《教育研究》2013年第5期。

同发展和以精神自由为前提的德性生活的构建。① 并指出教师教学道德决策过程包含两层含义。首先,教师教学道德决策的内容是教学过程中与学生相关的道德问题,教师需要对这些问题进行价值判断与选择,决策的主体是教师。其次,道德决策的独特之处在于对决策本身的道德辩护,教师教学道德决策本身需要进行是否合德性的价值判断,这一判断的主体为教师、学生、同行、专家、教学管理者等相关决策主体。因此,教师教学道德决策本身的德性包括两层含义。一是教师教学道德决策要符合相关的道德规范,它既包括一般的社会道德规范,也包括教师作为专业人士需要遵守的职业道德规范。二是教学道德决策的主体及相关主体要具有德性,教师的德性是保证决策道德性的关键。② 教师教学道德决策具有复杂性与整体性、主观向善性与实践指向性、预设性与动态生成性等基本特征。基于对教师道德决策的实质及特征的认识,提出了无意识道德决策、规避、寻找庇护、独揽、不完全言谈等实施策略。另有学者指出,教学决策的伦理迷失会消解其正当性并引发相应的教学伦理危机,教学决策因而需要通过发挥伦理的调节功能与规约作用来彰显一定的伦理精神。由此,在决策目的、决策问题、决策交往以及决策失误等方面,教师教学决策都应当遵从伦理要求或给予伦理观照,实现伦理价值的回归,从而改善教学决策的专业品质。在此基础上提出为了实现教学决策与伦理的有机结合,需要构筑生态化的条件体系,具体包括:增强教师的专业道德信念,提升教师的道德能动品质,完善教学决策的外在伦理条件,营造积极的教学心理环境。③

(四)新型教学理论探寻

1. 深度教学

当今时代,是急需创新人才及领袖人才的时代,过去那种浅层学习已越来越难以适应社会发展需求。近年来,深度学习成为人们关注的热点。深度学

---

① 李森、陈君:《教师教学道德决策的意蕴、特征及实践策略》,《课程·教材·教法》2018 年第 4 期。

② 李森、陈君:《教师教学道德决策的意蕴、特征及实践策略》,《课程·教材·教法》2018 年第 4 期。

③ 凌鹏飞:《教学决策的伦理诉求及其实现条件》,《中国教育学刊》2017 年第 6 期。

习是一个知识的迁移过程，这个过程有助于学习者提高解决问题并做出决策的能力。[①] 学者们在引进、介绍国外有关深度学习理论的基础上，结合我国实际对深度学习的概念、特征及策略等理论问题进行了探究。有学者在前期国内外学者的研究基础上，更深入地探讨了深度学习的内涵与特征，指出深度学习具有理解认知、高阶思维、整体联通、创造批判等特征。从深度学习的特征可以看出，深度学习强调教育的理解性和联系性；强调学科、专业之间的整合学习；强调思维和学习是一个系统的过程。它能使学习者获得系统性知识、批判性精神、创造性思维等，是一种充分挖掘个人潜能以培养完整人格的学习。[②] 学校教育中学生的学总是同教师的教密切相关，对深度学习的关注必然引起对深度教学的探索。从深度学习走向深度教学，是教与学的一致性与相融性所决定的必然选择。深度教学不是一种教学策略或教学手段，是真正能够提升课堂教学发展性的教学理念，是教学发展性的呼唤，是理解性教学、反思性教学和体验性教学。[③] 深度教学不是指无限增加知识难度和知识量，是克服对知识的表层学习、表面学习和表演学习，以及对知识的简单占有和机械训练的局限性，基于知识的内在结构，通过对知识完整深刻的处理，引导学生从符号学习走向学科思想和意义系统的理解和掌握，并导向学科素养的教学。它要求学习者深度理解知识的内涵，主动构建个性化的知识系统和意义系统，并有效迁移运用于解决真实情境中的问题，追求在获得知识意义、建立学科思想、发展学科能力、丰富学科经验的基础上养成学科核心素养。深度教学以知识观和学习观的重建为根本基础。[④] 有学者提出深度学习的教学范式，指出这种教学范式以"生成性学习"为教学过程导向，以"基于设计的学习"为教学活动创设根本，以"SOLO 学习结果分类"为教学评价模式。[⑤] 深度教学是让学生深度参与教学过程且深刻把握学习内容的教学。要实现学生在教学过程中的深度参与和对教学内容的深刻把握，在教学中必须进行"有限

---

① 何玲等：《促进学生深度学习》，《计算机教与学》2005 年第 5 期。
② 付亦宁：《深度学习的教学范式》，《全球教育展望》2017 年第 7 期。
③ 伍远岳：《论深度教学：内涵、特征与标准》，《教育研究与实验》2017 年第 4 期。
④ 郭元祥：《论深度教学：源起、基础与理念》，《教育研究与实验》2017 年第 3 期。
⑤ 付亦宁：《深度学习的教学范式》，《全球教育展望》2017 年第 7 期。

教导”,让学生充分地参与教学;进行“多元教导”,让学生生动活泼地学习;进行“情感教学”,激发学生的积极情感体验;提供“全景立场”,让学生形成自己的理性。① 在深度教学的实践探索中关注课堂文化的敏感性和包容性,关注知识背后隐含的学科思想和方法,关注学校层面的课程制度建设,为教师的专业成长与发展创设多维空间等。② 努力寻找培养学生关键能力的方法,完善教学评价机制,优化学校课程制度的建设是未来深度教学的发展方向。

2. 循证教学

在大数据、云计算的背景下,数据成为重要的教学资源,无论是学习者的背景、人格特质、学习风格,还是学习过程中的经历、事件,以及学习的结果等都能够转化为学习者的数据。适应当下时代背景,教师应突破经验型教学、主观性教学的弊病,充分利用现代信息技术,基于学习者、教学内容、教学情境所获取的数据进行教学决策、教学实施,实现个性化、差异化、精准化教学,以充分满足学习者的发展需求。为此,循证教学作为一种新型的教学形态开始受到学界关注。有学者探讨了“互联网+教育”下循证教学的理念与路径,指出循证教学即是基于证据的教学,是教师个体经验、教学智慧与教学证据有机融合的教学形态,亦是教师主体基于证据开展教学活动的过程。其最核心的构成要素包括教学主体、教学证据和教学情境,它们共同构成循证教学的基本结构。循证教学秉持的理念:个性化和差异化的教学旨趣,学习者中心的教学主体观,基于证据的教学过程,循重结果与过程的发展性教学评价。③

(五)新时代教学研究范式的转型

伴随着社会的发展,技术的革新,范式会发生根本性的变革。教学研究范式也同样如此,在不同的历史时期和特定的发展阶段,教学研究呈现出不同的范式。正是教学研究范式的更替、转型和创新推动着教学研究的进步,使教学论的发展呈现出各具特色的流派和精彩纷呈的思想。一直以来,教学论较多

---

① 罗祖兵:《深度教学:“核心素养”时代教学变革的方向》,《课程·教材·教法》2017 年第 4 期。

② 李新、杨莹莹:《深度教学十年研究的进展与反思——全国深度教学实验联盟第三届年会综述》,《教育研究与实验》2017 年第 6 期。

③ 郑红苹、崔友兴:《“互联网+教育”下循证教学的理念与路径》,《教育研究》2018 年第 8 期。

地采用演绎的研究,运用思辨的研究方法,强调对本质、规律、原则等基础问题的思辨,旨在建立普适性的、能解决一切场域中发生的教学问题宏大体系,这种研究方法只能揭示静态的、线性的教学问题,不能解决不断变化发展的教学实践问题,研究的过程也多是借用其他学科的概念、术语、理论、方法来研究自己的问题,尽管这种教学研究范式对教学论学科建设做出了极大的贡献,但由于缺乏体现学科特色的概念范畴和言说方式,难以形成相对统一的逻辑结构,致使课程与教学论学科体系较为混乱,也使得课程与教学论长期以来受到合法性的拷问。① 当下,在互联网、大数据、人工智能的时代背景下,社会发展给教学研究提供了新的视角,人们对教育发展提出了新的诉求,教学研究范式急需进行根本性变革。因此,为了在理论上进一步揭示教学研究范式转型和创新的内在机理和深层机制,同时能够为推动教学研究的发展和教学实践的变革提供启示和借鉴,有学者就教学研究范式变革的内涵、特征和机理等问题进行了深入探讨。他们指出,教学研究范式变革的特征主要体现为历史性、文化性和境遇性,知识型的转换、教学思想的引导、教学研究问题域的突破、教学研究方法的革新和教学技术的变革是推动教学研究范式变革的内在机理。②

近年来,国内学界受国外教学研究推崇"证据为本"的方法论影响,尤为关注基于证据的教学研究,倡导教学研究应该向基于证据的研究范式转型,强调基于证据的、面向实际问题解决的研究新生态的形成,以变革我国长期以来形成的凭借经验、直觉和理念等进行教学研究的弊端,从而促使我们的教学研究走向更科学的道路。什么可以作为教学研究的证据,其表现形式又有哪些?学者们重点探讨了教学研究领域中历史事实、大型教育研究调查数据、教学视频以及课例经验等几类证据,诠释了证据的多元化,更为重要的是传达证据价值性的理念,探讨基于何种证据有利于支撑研究者的观点,基于何种证据有利于判断和决策。③ 基于证据的教学研究的效用,在于以价值引领实现教学行

① 王鉴等:《"互联网+"背景下课程与教学论研究的进展与反思》,《教育研究》2017年第11期。

② 张鸿翼等:《论教学研究范式变革的机理》,《西南大学学报(社会科学版)》2018年第3期。

③ 虞天意等:《基于证据的课程与教学研究范式转型——第十四届上海国际课程论坛综述》,《全球教育展望》2017年第2期。

动的改善。但也有学者对此进行了理性的审思,提醒所有的教育学者都应该关注“证据为本”所蕴含的两个问题:其一,“证据为本”清晰地反映了美国政府及其代理机构对教育学术的直接而粗暴的干预;其二,尽管“证据为本”有其合理性,我们必须警惕其中将研究窄化为实验,将科学文化等同于实证主义的倾向。[①] 为避免“证据为本”可能出现的偏执,研究倡导用“教育实证研究”来统称那些借助量化或质性研究方法,对所关心的研究对象进行系统探究之后获得有证据支持的认识的教育研究。认为任何一项完整的教育实证研究,都要经历回顾(Re-View)、反复搜寻(Re-Search)和再概念化(Re-Conceptualization)的“3R”之旅。[②]

20 世纪早期,国外的课堂教学研究已开始作为教育研究的一个重要内容,发展至今已形成了较完备的体系与方法,但在我国,课堂教学研究方法无论是在理论上还是在实践中,其有效性与创新性都较欠缺。有学者从范式视角透视中小学课堂教学研究的问题,发现它们普遍存在于中小学校的两种研究活动之中:一是经验—解释取向的课堂诊断;二是指标—诊断取向的课堂诊断。认为这两种研究活动皆存在着明显的缺陷,无法实现教师专业化发展、提升教学质量等价值追求。适切中小学课堂教学研究范式的特征是:研究主体应是理论工作者与实践工作者结合成的研究共同体;诊断工具应兼顾科学与实用的要求;教师典型教学经验的归纳应成为中小学教学诊断的重要结果。[③]

二、指向学生核心素养发展的教学理论与实践探寻

早在 2012 年,党的十八大提出要把立德树人作为教育工作的根本任务;2014 年,教育部颁发了《教育部关于全面深化课程改革落实立德树人根本任务的意见》,明确指出“立德树人是发展中国特色社会主义教育事业的核心所在,是培养德智体美全面发展的社会主义建设者和接班人的本质要求”,立德

---

① 尹弘飚:《教育实证研究的一般路径:以教师情绪劳动研究为例》,《华东师范大学学报(教育科学版)》2017 年第 3 期。

② 尹弘飚:《教育实证研究的一般路径:以教师情绪劳动研究为例》,《华东师范大学学报(教育科学版)》2017 年第 3 期。

③ 魏宏聚:《中小学课堂教学研究范式分类及适切性判断》,《河南大学学报(社会科学版)》2018 年第 4 期。

树人成为新时代追求的教育发展目标。为更好落实立德树人根本任务，具体化、细化我国学校的育人目标，2016 年下半年教育部发布了中国学生发展核心素养的总框架，对核心素养进行了明确的界定，即学生应具备的适应终身发展和社会发展需要的必备品格和关键能力。随着《中国学生发展核心素养》的正式出台，“核心素养”这个广受人们青睐的热词被推向新的高度，成为新时代学校教育的主流话语。课程与教学是教育思想、教育目标与内容的主要载体，是学校教育教学活动的基本依据，直接影响人才培养质量。自此，核心素养与课程教学的关系成为教学领域研究的热点话题，新时代教学研究从核心素养视域出发，重点探讨了教学目标、教学设计、教学模式、教学评价等方面问题。

（一）发展学生核心素养的教学目标定位

2001 年实施基础教育新课程改革以来，确立了知识与技能、过程与方法、情感态度与价值观三维教学目标。然而，由于教学评价的研究相对滞后，如何实现三维目标的方法论问题并没有解决，学业成绩依然是评价学生学习的主渠道，加之“知识与技能”与传统意义上的“双基”同源，从而教学的重心整个向第一维度倾斜，同时教师的课程意识、教学观念、教学行为、教学评价经过长期的思维定式已经形成一种惯性，更促使了三维目标向知识与技能一维目标的蜕变，二、三维目标形同虚设。为此，学校的教学目标该如何定位，成为学术界关注的焦点。一些学者就三维目标自身的理论局限性着手，探寻学校的教学目标定位——素养发展。有学者指出其所依据的理论基础缺少一致性，将三维目标作为并列的要素看待，元素并列就会显示出各自的独立性，实现这三个目标就成了各自相对独立的行为；因此，主张三维目标应当是分层次的，“知识与技能”是最低层面，而“过程与方法”和“情感态度与价值观”在上位层面，这种关系可以用核心素养概念统一整合。① 在钟启泉看来，“核心素养”是一个四层的同心圆结构，由内而外分别是：核心层，即价值的形成；内层，即各方面的关键能力；中层，指各个学科的学习领域以及跨学科学习领域；外层，

---

① 喻平：《发展学生学科核心素养的教学目标与策略》，《课程 · 教材 · 教法》2017 年第 1 期。

指体制内外的政策性、技术性支持系统。[①] 为厘清三维目标自身的关系及与核心素养的关联，学术界还有学者专门探讨了核心素养的内涵和结构，阐明了核心素养的三层架构。第一层是“双基”，以基础知识和基本技能为核心；第二层是“问题解决”，以解决问题过程中所获得的基本方法为核心；第三层是“学科思维”，指在系统的学科学习中通过体验、认识及内化等过程逐步形成的相对稳定的思考问题、解决问题的思维方法和价值观，实质上是初步得到学科特定的认识世界和改造世界的世界观和方法论。三层架构形成一个完整系统，三层有内在的密切联系。其中“双基”层最为基础，学科思维层最为高级，而问题解决层发挥着承上启下的作用。三层架构可解读为，问题解决以“双基”为基础，学科思维以“双基”和问题解决为基础。学科思维层是学科课程的灵魂，也是学科课程与“人的内在品质”相应的本质之所在。[②]

在教学目标定位方面，究竟是从知识中心转向以素养为中心，还是知识与素养兼顾协调、不应截然对立，一些学者从知识与素养的关系着手进行了探讨。在核心素养提出的前期，许多学者极力主张学校的教学目标应从知识中心转向素养中心，呈现出一种力图以素养取向知识的倾向。如有学者主张教育应该由“知识中心”转向“能力（素养）中心”，培养学生形成高于学科知识的学科素养[③]。还有学者指出聚焦学生发展核心素养就应克服学科知识本位[④]，更有学者旗帜鲜明指出，我们将以核心素养向知识本位宣战[⑤]。这种主张与近年来伴随着人文主义、建构主义、后现代主义兴起而对知识的价值解构的思想有关，理论界甚至对知识产生了一种误解。进入新时代，有异于前期将知识与素养割裂的观点，一些学者更理性地思考知识与素养的关系问题，认为素养和知识并非二元对立，知识应是素养的必要元素、基础性的元素，素养的

---

① 钟启泉：《基于核心素养的课程发展：挑战与课题》，《全球教育展望》2016年第1期。

② 李艺、钟柏昌：《谈“核心素养”》，《教育研究》2015年第9期。

③ 姜宇、辛涛等：《基于核心素养的教育改革实践途径与策略》，《中国教育学刊》2016年第6期。

④ 柳夕浪：《从“素质”到“核心素养”——关于“培养什么样的人”的进一步追问》，《教育科学研究》2014年第3期。

⑤ 石鸥：《核心素养的课程与教学价值》，《华东师范大学学报（教育科学版）》2016年第1期。

提升有赖知识的帮助。知识和素养之间根本就不是此消彼长、相互制约的关系,而是“水涨船高”“共同进退”。只有知识掌握得越丰富,才有可能获得越高的“素养”。[①] 在对核心素养的各种解读中,更多的学者基本达成共识,即核心素养不单单指人的知识或能力或态度,而是人的知识、能力与态度的综合体现。在知识与能力、态度的关系中,倘若没有一定的知识作为支撑,能力与态度也就失去了根基。[②] 因此,素养的发展不可能依靠知识的“让位”而“让”出来,甚至,有些素养都不是能够像知识一样由老师“教”给学生的,而是学生在掌握了知识的基础之上自然而然地“生成”出来的。要发展学生的核心素养,正确的途径不在于知识的放逐,而在于知识的回归。我们应该做的,不是在素养和知识之间进行二选一,而是要让知识和素养共同发展,让知识学习为素养提升奠定一个坚实的基础,[③]从而更强调核心素养视域下的知识教学。

为适应新时代对人才培养新要求,在克服三维目标自身局限性、重新定位知识观、厘清知识与素养的关系基础上,在充分探寻与研究核心素养内涵与结构的前提下,学术界及教育部门确立了我国基础教育以发展学生学科核心素养的教学目标定位,从而为新时代的学校教学规定了发展方向。

(二)探寻教学方式的现代转型

全面深化教育改革背景下,要培育学生核心素养,亟须推进教学改革,尤其是教学方式的改进。在飞速发展的全球化时代以及充满不确定性和变革性的信息化环境中,社会对人才素养的要求已远远不同于往昔,基于这样的时代背景,有学者认为,课堂讲授在培养学生的质疑能力、协作能力、交往技能、实践能力、批判性思维以及创新精神等方面已是捉襟见肘、力不从心。因此,培育学生核心素养,提升学生综合素质,需要在适当使用课堂教授,发挥其积极功能的同时,促进教学方式的现代转型,根据不同的教学对象、教学内容和教学情境合理运用合作教学方式、探究教学方式。[④] 21 世纪以来,课堂教学的实

---

① 周序:《核心素养:从知识的放逐到知识的回归》,《课程 · 教材 · 教法》2017 年第 2 期。
② 李润洲:《核心素养视域下的知识教学》,《教育发展研究》2017 年第 8 期。
③ 周序:《核心素养:从知识的放逐到知识的回归》,《课程 · 教材 · 教法》2017 年第 2 期。
④ 崔友兴、李森:《基于学生核心素养培育的教学变革》,《当代教育与文化》2017 年第 1 期。

然状态发生了很大改变，但从备受批评的“满堂灌”到“满堂问”再到“满堂转”，似乎都与人们预期相差甚远。尽管实施了自主学习、合作教学、探究教学等多种教学方式，但并没有通过教学方式的变革真正培养学生发散性思维和创造性思维的能力，遑论动手实践能力和创新精神的培养。为此，有学者基于实践活动具有综合性、发展性、情境性等特点，认为实践活动是培育学生核心素养的有效途径，也是转变教学方式的重要转向，主张教学方式的实践取向应从单向传递到建构分享，并进一步指出，追求教学方式的实践取向，可从课堂权力下放与倡导任务驱动式学习两个层面展开。① 还有学者提出，教师教学方式转变存在三个基本指向，即教学内容组织指向“核心能力”，教学主体定位于“师生双主体”，教学时空向“课外”延伸。② 有学者认为，核心素养的养成要求课堂教学中知识观及教学观的转型，使学生达到能动学习，而学生的能动学习可以通过深度教学的教学方式得以实现。③ 更多学者则从深度学习、深度教学的角度探寻教学方式的变革。深度教学涉及学生在教学过程中的投入程度、认知状态、情感状态和思维层次等问题。④ 深度学习是促进学生核心素养发展的智慧之旅。⑤ 有学者借鉴国际上先进的教育经验，从教学目标、教与学的关系、教学内容的选择、教师角色等角度出发对传统教学方式与基于核心素养的教学方式进行了比较，认为核心素养时代的教学方式，一定是从学习者的角度去研究教学，从个体发展的角度探讨教学，是服务于“以人为本”的教育目标的教学方式。⑥ 此外，新时代核心素养视域下的教学方式研究还对“议题式”教学、情景教学、体验教学、关联性教学等教学方式以及特定学

---

① 李煜晖、郑国民：《核心素养视域下的中小学课堂教学变革》，《教育研究》2018 年第 2 期。

② 张云丽、段兆兵：《基于核心素养培育的教学方式变革：挑战、指向与路径》，《教育评论》2017 年第 10 期。

③ 刘克平：《新时代背景下基于核心素养的教学方式变革探究》，《教学与管理》2018 年第 33 期。

④ 罗祖兵：《深度教学：“核心素养”时代教学变革的方向》，《课程 · 教材 · 教法》2017 年第 4 期。

⑤ 郑葳、刘月霞：《深度学习：基于核心素养的教学改进》，《教育研究》2018 年第 11 期。

⑥ 许祎玮、刘霞：《基于核心素养的课程教学改革——基本模式、国际经验及启示》，《北京师范大学学报（社会科学版）》2017 年第 5 期。

科的课堂教学方式进行了一系列的探讨。

（三）转识成智的教学设计

全面深化教育改革背景下，学生核心素养的培育对教学设计提出了新的要求，教学设计本身需要转型。基于核心素养的教学设计改革的必要性可以从课程改革、教学改革、教学设计改革三者间的联动性方面做出某种证成。① 适应当今时代对人才质量的新需要，人们的知识观发生了很大变化，知识不再只具有客观的、普遍的、中立的特性，更具有文化性、境域性、价值性特点；知识不仅类型多样，而且知识水平具有了层级性。因此，知识的掌握不应仅停留于知识理解水平，更应关注知识的迁移、知识的创新。有学者揭示了现行学校盛行的“知识理解”的教学所具有的特征，即偏重传承知识而忽视渗透文化，偏重接受知识而忽视创新知识，偏重理论知识而忽视实践知识，偏重显性知识而忽视隐性知识，偏重证实性知识忽视证伪性知识等，针对“知识理解”教学固有弊端，指出发展学生的学科核心素养，关键是要走出“知识理解”的教学围栏，由“知识理解”向“知识迁移”过渡，再向“知识创新”提升。② 基于对知识运用与创新的关注，学者们十分强调以生为本，促进智慧生成的教学设计。有学者认为，指向学科核心素养的教学设计是育人为本、转识成智与情境嵌入的教学设计。其路径至少有三：首先，以育人为本的教学设计，其着眼点需要从“教师之教”转变为“学生之学”，这种遵循学习思路的依学定教就是要学会逆向教学设计，即从“终点”（学生的学习结果）出发，逆推教学活动，一直逆推到学生已有的学习经验。二是洞察知识三重意蕴，践行深度教学设计。学科知识虽然不是学科核心素养，但学科知识具有知识内容、知识形式与知识旨趣三重意蕴，蕴含着学科核心素养。因此，应践行立足各学科的方法、思想与思维及其价值旨趣来统筹、贯通各学科的概念、命题与理论的深度设计。三是创设问题情境，实践单元教学设计。学科核心素养不可能像传递学科的概念、命题与理论那样，能通过简单地告知方式来习得，而是需要创设问题情境，让学生亲身经历学科的概念、命题与理论创生的过程，并从中体验、感悟学科概念、命

① 马骎：《基于核心素养的教学设计改革》，《教育理论与实践》2018 年第 17 期。

② 喻平：《发展学生学科核心素养的教学目标与策略》，《课程 · 教材 · 教法》2017 年第 1 期。

题与理论背后所隐藏的学科核心素养。因此,创设问题情境,实践单元(基于一定的主题和目标所构成的知识与经验的模块)教学设计,就成了指向核心素养的教学设计的必选。① 面向核心素养的教学设计应做到:教学目标要体现生成性;教学过程应彰显知识的创造;教学资源要注重与信息技术的融合;教学方式要采用项目教学;学习方式要立足于深度学习;学习环境要基于学习共同体;教学评估要凸显以学习为中心。② 有学者从威金斯和麦格泰(G. Wiggins & J.McTighe)所理解的大观念(指向思想或看法)的视角出发,对如何设计指向核心素养的教学方案进行了探讨。③ 大观念可归纳为:是一种有焦点的观念“透镜”,透视任何要学习的内容;通过联结及组织许多事实信息、技能、经验,来提供意义的广度,以作为理解之关键;需要“超越内容”的教学,因为单纯的内容教学对学习者而言其意义或价值极不明显;有很大的学习迁移价值:在一段时间之内,可应用到许多其他探究主题或问题上。④ 依据此微观层面的大观念设计指向核心素养的教学方案,离不开如下五项关键行动:选择核心素养等既有目标,从既有目标中确定大观念,依托大观念形成一致性的目标体系,基于大观念的学习要求设计评价方案,围绕主要问题创设与组织学习活动。⑤ 此外,新时代核心素养视域下的教学设计研究还对数学、语文、物理、化学等具体的学科教学设计进行了一系列的探讨。

(四)以人为本的个性化、综合性评价

教学评价具有甄别、诊断和反馈作用,而且还发挥着导向功能,是检验教学目标达成与否的重要手段,同时也为教学内容的确认与选择提供客观依据。历来教学评价都遵循客观性、真实性的原则,以标准化的测验技术作为评定教学质量的重要途径。然而当今的教育现实却是,不同教师面对的是不同学龄

① 李润洲:《指向学科核心素养的教学设计》,《课程·教材·教法》2018年第7期。

② 胡燕红:《面向核心素养的教学设计转型》,《教学与管理》2017年第34期。

③ 邵朝友、崔允漷:《指向核心素养的教学方案设计:大观念的视角》,《全球教育展望》2017第6期。

④ 威金斯、麦克泰,《重理解的课程设计(第三版)》,赖丽珍译,心理出版社2011年版,第71页。

⑤ 邵朝友、崔允漷:《指向核心素养的教学方案设计:大观念的视角》,《全球教育展望》2017第6期。

而又个性各异的学生，标准化的评价工具难以呈现教学过程中学生真实的、动态的行为结果，更难以全面地探寻学生学业表现与外在影响因素的关系，易于使教学过程简单化。因此教学评价的内容和方式应加以调整和改革，以便人们在教学实践中努力建构适应学生身心发展规律的、满足学生个性需求的评价系统，从而使以核心素养培养为旨归的教学评价体现出鲜明的个性取向。具体而言，这种个性取向的教学评价，更关注学习者的整体发展，强调根据学习者的发展需求选取恰当的评价方式，即关注学习者在评价过程中的收获，以及是否能够在真实而富有意义的评价任务中展现自身的思维过程；秉持以评促学、学会自主评价的教学评价理念，倡导终结性评价、表现性评价、过程性评价等多元评价方式的有机结合；充分利用档案袋、成长记录册等评价方式，关注学生核心素养发展的动态过程。①

过去的教学评价多实行单一评价，单一性评价即以结果性评价为目的，以知识的获得和应试技能的掌握为对象，评价主体以教师为主，采取的评价方法以终结性评价为主。单一性的教学评价由于其目的的畸形、对象的窄化、主体的限制和方法的偏颇，往往使得教学评价仅仅是一叶障目，难以对整个教学活动作出全面的认定和判断，因而不利于学生核心素养的培育。为此，学者们主张在大数据充斥的现代社会，实施教学变革，培育学生核心素养，需要推进教学评价从单一性评价走向综合型评价。② 秉持多元视角和全息思维，进行多维度、立体化对教学活动的整体性评价。也有学者就学科素养培育中课堂教学评价的问题进行探讨，认为以“学科素养为本”的课堂教学其评价方式注重思维方式和思维过程，关注学生认识问题的视角、思考问题的方式和解决问题的能力。③ 更有学者深入教学评价教育方面，认为教学评价教育能为中国学生发展的核心素养评价提供评价知识、评价方法、评价理念以及评价标准的制定等方面的指导。合理实施教学评价教育的路径有三：首先，以顶层设计为先

① 李煜晖、郑国民：《核心素养视域下的中小学课堂教学变革》，《教育研究》2018 年第 2 期。

② 崔友兴、李森：《基于学生核心素养培育的教学变革》，《当代教育与文化》2017 年第 1 期。

③ 姜显光、郑长龙：《“学科素养为本”的课堂教学特征、挑战及策略》，《教育理论与实践》2017 第 17 期。

导，通过对教学评价教育理论的设计，深入分析教学评价教育的理论基础；其次，走向实践、落实核心素养视域中教学评价教育的行动；再次，规划未来导向，发展核心素养视域中的教学评价教育以更好改善教学评价落实核心素养。[①] 也可以课堂教学过程中的教学目标、环境设置、教学过程、教学方式、教学内容、教学效益诸要素建构评价标准体系。[②] 同时，在这个过程中，要注意提升教师课堂教学评价力。[③] 总之，围绕核心素养的评价改革要始终以关注学生的全面发展为旨归，要努力做好对原有评价内容、方法和手段的扬弃与创新。[④] 此外，还有学者针对核心素养视域下特定学科教学评价进行了一系列的探讨。

三、教学与信息技术的深度融合

信息技术的快速发展为教学发展带来了新的可能性。以信息化支撑引领教学现代化，是新时代我国教学改革发展的战略选择，对于构建教育强国和人力资源强国具有重要意义。进入新时代，为主动应对教育信息化背景，我国的教学论研究着重于深入探寻教学与信息技术深度融合的理论与路径。

（一）基于“互联网+”的新兴教学模式深层次探索

当今人类社会已全面进入“互联网+”时代，信息技术迅猛发展，深刻影响着人们的生产、生活与教育。自 2015 年我国明确提出实施“互联网+”行动计划以来，“互联网+教育”成为教育界关注的焦点，基于“互联网+”的新兴教学模式的研究层出不穷，如微课、慕课、翻转课堂等，探讨信息技术背景下的教学模式变革与创新，强调技术与教育的融合以推进教育信息化。但在实践中，更多的是技术对教育的“单向融合”，而非技术与教育的“双向融合”。某种程度而言，这种融合的结果实际上是进一步强化了传统的教育逻辑，从其他领域的

---

① 李如密等：《核心素养视域中的教学评价教育：原因、价值与路径》，《当代教育与文化》2017 年第 6 期。

② 夏心军：《课堂教学评价：学生发展核心素养取向》，《中小学教师培训》2018 第 7 期。

③ 沈玉红：《基于“核心素养”培育提升教师课堂教学评价力》，《中小学教师培训》2018 年第 11 期。

④ 赵婧：《在持守中求索：“核心素养”时代的教学路向探微》，《当代教育科学》2018 年第 2 期。

发展历程来看,要推动领域全方位的跨越式变革,仅仅依靠"单向融合"是远远不够的,相反"从技术本身入手"通过对其可能性的充分评估,转而以"技术逻辑"对领域原有的运行逻辑进行改造,才有可能实现领域的整体"革命"。教育领域应真正从相"加"阶段迈入相"融"阶段。① 进入新时代,学者们在前期教学模式技术化研究的基础上,对新兴教学模式进行了深层次的探索,更加理性对待这些新教学模式,思考其优劣以及与传统教学模式的关系,探索更加科学完善的理论及有效的实践路径,以促进信息技术与教学的深度融合。有学者在详细比较了基于"互联网+"的新兴模式与传统课堂教学模式的基础上,指出借助互联网技术和平台而产生的微课、慕课、翻转课堂等新兴教学模式,尽管其体现出有别于传统课堂教学的巨大优势,如开放性、资源广阔性、选择多样性、即时性等优点,但是微课、慕课、翻转课堂等教学模式依然存在着课程选择随意性、教学体系没有课堂教学严谨、缺乏对学生自主学习的监管、人—机交互过多等问题。而这些恰恰是课堂教学的长处。所以微课、慕课、翻转课堂等教学模式无法完全取代传统课堂教学,而且它们之间也不是"你死我活"的绝对对立关系,完全可以融合它们的优点,兼容并包,在"互联网+"的大背景下,充分利用网络教学平台和课堂教学平台,整合各种教学资源,探索基于"互联网+"智慧教学的新型教学模式。②

近年来,旨在解决慕课教学中出现的学生参与度不够、不利于个性化学习、辍学率高等问题的SPOC(Small Private Online Course)——小规模私密在线课程,进入人们的研究视野,探索SPOC有效教学已经成为专家和学者们关注的热点问题,尤其是2015年达至高涨时期。有学者在对前期研究分析的基础上,发现目前关于SPOC的教学实践和研究大多仅限于对SPOC本身进行探讨,即根据SPOC的核心特征,进行包括课前、课中和课后的混合式教学的设计和应用。这在本质上只是单方面注重SPOC教学流程的呈现形式,缺乏重要教学原理的指导,没有从学生的角度进一步细化课前、课中和课后的学习

① 任友群:《走进新时代的中国教育信息化——〈教育信息化2.0行动计划〉解读之一》,《电化教育研究》2018年第6期。

② 许文虎、钟敏:《基于"互联网"智慧教学的新型教学模式研究与实践》,《职教论坛》2017年第32期。

任务和具体流程,各个环节不能有效衔接,影响了 SPOC 实际教学效能的发挥。为了更科学、有效地设计 SPOC 教学流程,真正体现以学生为中心的教学理念,发挥 SPOC 的实际教学效能,在五星教学原理的指导下,结合 SPOC 教学设计的一般流程,尝试构建一个基于五星教学原理的 SPOC 教学设计模式,即在对学习者特征、教学目标、教学内容等进行分析以及教学资源设计与制作的基础上,以问题为核心和出发点,把课前活动、课中活动与课后活动看作一个系统的整体,提出从“划分小组”“激活旧知”“展示新知”“具体应用”“融会贯通”“课堂评价”“线上评价”到“总结反思”八个层层递进且循环往复的学习阶段。① 有学者在详细比较翻转课堂 1.0 与翻转课堂 2.0 的基础上,指出翻转课堂 2.0 实现了角色、认知、技术、评估方式转变,并进行基于 SPOC 的翻转课堂 2.0 教学模式设计,即教学目标与内容体系设计、个性化教学策略的设计、学习活动设计及教学评价体系设计。②

新时代,为有效培养学生的信息意识与创新素养,满足 21 世纪信息社会对创新型人才的需求,创客教学模式也深受学者关注。有学者针对前期创客教学研究较少关注网络空间在中小学创客教学中的支持作用的研究现状,对创新教育、项目化学习、设计型学习理论进行研究,概括出创客作品包括创意构思、迭代设计、作品制作和发布分享等创作过程,在此基础上提出以创意构想(Thinking)、迭代设计(Designing)、作品创作(Creating)、发布分享(Sharing)(即“TDCS”)为核心环节的中小学创客教学“七步”流程(创设情境、确定主题、创意构想、迭代设计、作品创作、发布分享、评价反思),并构建了网络空间支持的中小学创客教学模式(即 CMT 模式)。③ 也有学者结合“创客”教学实践,提出了基于课程整合的“创客”教学设计与应用模式。④ 有学者将创客与

① 秦瑾若、傅钢善:《基于五星教学原理的 SPOC 教学设计模式构建研究》,《中国远程教育》2017 年第 6 期。

② 丁永刚等:《基于 SPOC 的翻转课堂 2.0 教学模式设计与实施路径》,《中国电化教育》2017 年第 6 期。

③ 杨晓彤等:《网络空间支持的中小学创客教学模式研究》,《电化教育研究》2017 年第 1 期。

④ 董黎明、焦宝聪:《基于课程融合的“创客”教学设计与应用模型研究》,《中国电化教育》2018 第 3 期。

STEM 教育学科融合，构建了创客—STEM 教学模式。① 除此而外，有学者提出了云端一体化教学场域下促进深度学习的教学模式。② 有学者基于已有未来课堂研究成果以及最新科技趋势，构建了基于未来课堂环境的"VaA"教学模式。③ 此外，一些学者基于微信、云平台、智能手机、微课、课程网站、电子书包等对教学模式创新进行了一系列的探讨。总而言之，这些新型教学模式的共性特征就是力求重返学生主体地位，以学生的学为中心；坚持继承与创新并举，既立足当下更注重面向未来。

（二）从外饰走向内蕴的教学方式创新

随着信息技术的快速发展，AR、人工智能、微信、智能手机等技术工具、平台越来越多地融入课程教学中，教育得以超越时间和空间的限制，教学方式更加灵活。教育信息化构建了以开放、共享、交互、协作为核心的新文化，在教育信息化营造的新文化形态下，探索教学方式创生与超越的趋向，是新时代我们必须自觉思考、回答的问题。学者们以教育信息化的新文化作为重新思考教学方式变革的基点，指出教育信息化的发展对教学方式变革的影响正从外饰走向内蕴：从先教后学转向先学后教、从标准化转向精准化、从知识灌输转向实践创新、从注重个体学习转向协作互助，促进教与学的内在融合，形成新文化渗透。④ 于是，信息技术运用下的先学后教、精准化教学、实践创新走向的教学等问题成为此时期关注的重点问题。首先，为有效实现先学后教，学者们探讨了关于信息化背景下自主学习环境的构建。如具有体验性、开放性、用户中心等特性的虚拟仿真、增强现实、教学游戏等自主学习空间的创设，实现自主参与的在线学习、移动学习等学习方式的研究，增加自主选择机会的视频公开课、慕课等学习资源的探讨。除此而外，为更好促进先学后教的教学方式实现，以混合理念促进课堂翻转仍然是新时代探讨的重要话题之一，深入探讨课

① 赵呈领等：《一种整合创客和 STEM 的教学模型建构研究》，《电化教育研究》2018 第 9 期。

② 俞淑燕：《云端一体化教学场域下深度学习的教学模式研究》，《教育评论》2018 年第 10 期。

③ 刘勉、张际平：《虚拟现实视域下的未来课堂教学模式研究》，《中国电化教育》2018 年第 5 期。

④ 冯永华：《教育信息化促进教学方式变革》，《教育研究》2017 年第 3 期。

下自主学习与课上教师引导相混合的课堂翻转的有效路径。其次,网络化的教学环境突破了传统教学时空的约束与限制,打破原有统一的秩序,学生可自定时空、自主选择,自定学习进度、自我决策,这种开放而灵活的学习环境使个性化按需学习成为可能。依托数字化平台、大数据等信息技术手段,利用学习分析技术有助于教师提供精准化教学决策。因此,精准化教学研究成为新的关注点。再次,智慧学习环境、开放社区、3D 打印技术、开源硬件平台、开源软件等创设了人、新技术、实践场域等相互关联的教学情境,更加注重行动与创造,推动了创新模式的发展,促进教学方式向实践创新发展。智慧型学习环境促进"知行创"的融合。智慧型学习环境集云技术、物联网传感技术、虚拟仿真技术、大数据等于一体,实现了物理环境与虚拟环境的融合,搭建了人、资源、技术关联的空间,促进实践主体的具身参与以及知识、实践与创造的融合。因此,智慧课堂引起学术界普遍关注。

(三)走出技术化误区的智慧课堂研究

21 世纪初,伴随马克斯·范梅南的《教学机智——教育智慧的意蕴》的问世,教育智慧与智慧教育便逐渐成为热点,学术界主要从教育学的视角关照教师的教学设计智慧、教学实践智慧、师生关系的智慧化处理、教学策略与方法的智慧化选择与制定等问题,探寻善于导入、走向生活、注重体验、强调问题发现与解决、重视开放合作、积极探究等特性的课堂智慧化变革。2008 年,IBM 公司基于智能技术正快速应用到生活的各个方面,率先提出"智慧地球"的概念,将智慧课堂的研究推进到一个新的节点,智慧课堂开始以教育信息化为主导。学术界多从信息技术的视角揭示出智慧课堂应具有"资源分层共享""实时内容推送""即时反馈评价""过程追踪记录""协作互动交流"和"移动通信互联"等信息化和智能化的特征。智慧课堂是采用智能形态的技术构建富有智慧的课堂教学环境以满足学习者个性化学习需求的课堂。① 随着互联网、大数据、云计算、人工智能等科技的不断发展,"互联网+"时代的到来,推动了智慧课堂的深化发展。在我国,进入新时代以来,人们在前期关于智慧课

---

① 刘军:《智慧课堂:"互联网+"时代未来学校课堂发展新路向》,《中国电化教育》2017 年第 7 期。

堂研究基础上，开始从智慧生成视角探寻以数据智慧为主导的智慧课堂，摆脱智慧课堂前期存在的技术化的偏向，消融技术本身的显性化特征，重新界定智慧课堂的功能价值，回归智慧教学的本质，凸显出一条以数据智慧贯通的学习者持续的、全面的、个性化的发展需求不断被尊重、被支持、被满足的智慧生成路径。揭示技术与教学双向深度融合基础上的实现教学流程再造与智慧生成，真正为教师与学生提供无限参与和自我价值提升的发展空间。如有学者依据国外学者 Ackoff 的人类意识的智慧生成的认知理论和 DIKW 层级决策的金字塔模型，从数据生成智慧的视角，基于当前智慧课堂的教学实践，提出了智慧课堂发展的关键路径①：一是课堂环境的智慧升级，通过提升智慧教学系统的技术智能性而拓宽数据的广度，更重要的是实现数据的通路、引进大数据分析方法以及通过认知工具支持课堂智慧化的教学活动而挖掘数据的深度，从而构建未来课堂环境及教学发展的数据智库。二是课堂教学的智慧重构，实现零散的、内隐的、感性的、不稳定的个体教学经验固化，进行教学流程再造，学习历程的智慧优化，课堂评价的智慧发展。

为促进师生交流互动、学生合作及自主学习，有学者将前沿的信息技术（如云计算、移动互联网、数据挖掘等）融入教学场景中，致力于为所有教学过程提供数据化、智能化的信息支持，从而进行雨课堂的理论与实践探寻。一方面进行理念创新，倡导移动互联网背景下的“双通道教学”，即在移动互联网和智能终端设备的支持下，通过信息技术手段在教学过程中建立起“同步”和“异步”这样两条师生交流的通道，让所有的教学内容和形式在最适宜的通道得以开展；不仅如此，强调面向教学大数据的“全景式记录”。另一方面，进行课堂的实践探索。雨课堂可以类比为一个智慧教学的工具箱，教师可以从中选择、搭配自己感兴趣的工具，来影响和促进自己的课堂教学，并实现“课前—课上—课后”三者的有机联系。具体而言，雨课堂的功能涉及以下 5 个要点，即幻灯片同步与“不懂”反馈、课堂习题应答系统、“手机课件”推送、“弹

① 刘军：《智慧课堂：“互联网+”时代未来学校课堂发展新路向》，《中国电化教育》2017 年第 7 期。

幕式”课堂讨论、数据采集与分析①。有学者提出了与智慧课堂发展阶段相适应的智慧课堂教学模式的进阶式设计进路,并以探究式教学模式为例,对智慧课堂教学模式进行了进阶式设计与实施,并给出了应用示例。② 如今,虚拟现实教学正通过充分的交互活动转变着传统的教育教学方式,虚拟现实教学引起人们的广泛关注,并在实践中尝试运用,为对其有一科学而理性的认识,使其有效发挥应有的作用,有学者专门探讨了虚拟现实与教学深度融合的机理以及困境突破。③

(四)倡导可视化和精准性教学评价

随着“互联网+”时代的到来,云计算、大数据等新兴技术的迅猛发展,为教学评价的方式与手段的变革提供了可靠的技术支持,催生教学评价的方式与手段改进与创新。基于这样的新形势,学界就教学评价如何有效运用现代信息技术以提升评价的有效性、精准性进行了理论与实践探索。有学者指出,在“互联网+教育”背景下,教师可借助现代信息技术,实现对学习者学习过程、学习情境和学习结果的全程监控和全面监测,在此基础上,充分采集过程性和结果性数据,并利用学习分析技术,实现对学习数据的精准分析,进而基于海量数据形成对教学成效的可视化和精准性评价。④ 就评价旨趣而言,在应用互联网进行教学评价时,应努力实现技术与目的的统一,坚持立德树人,将学生培养成为有理想、有道德、有文化、有纪律的一代新人。⑤ 在现代信息技术背景下,推进课堂教学形式从“他组织”到“自组织”的转向,需要整合教学评价,统整评价的科学与人文向度。⑥ 更多学者就嵌入信息技术的新型教

---

① 王帅国:《雨课堂:移动互联网与大数据背景下的智慧教学工具》,《现代教育技术》2017 年第 5 期。

② 于颖、陈文文:《智慧课堂教学模式的进阶式发展探析》,《中国电化教育》2018 年第 11 期。

③ 吴传刚:《虚拟现实与教学深度融合的机理认知与困境突破》,《中国教育学刊》2017 年第 9 期。

④ 郑红苹、崔友兴:《“互联网+教育”下循证教学的理念与路径》,《教育研究》2018 年第 8 期。

⑤ 缪华:《互联网助力教学新境界》,《思想政治课教学》2018 年第 4 期。

⑥ 吴支奎、魏文静:《从“他组织”走向“自组织”:论技术嵌入背景下课堂教学形式变革的路向》,《中国教育学刊》2018 年第 10 期。

学模式与技术支持的教学评价方式如何有机结合进行研讨。如有学者结合混合式教学设计和实施的流程，构建了混合式教学质量评价体系，并进行了初步的实践应用。[①] 有学者通过分析背景、投入、过程、成果四个评价过程与翻转课堂教学评价的适切性，构建了基于CIPP模型的翻转课堂教学评价体系。[②] 有学者认为，"翻转课堂"对教学评价的"生成"以综合评价作为落脚点，秉持整体、和谐、开放、发展性的评价思路，主要通过师生、生生互动沟通，师生主体生命意义生成、发展等方式实现。[③] 有学者借鉴美国北卡罗来纳州中学STEM学校的相关经验，提出提高STEM教学效果，需要在技术支持下构建多元化、真实性的评价体系，强调在完成任务或作品的过程中评价学生的表现，注重评价学生创新能力、实践能力和团队协作能力。[④]

此外，在信息化的背景下，新时代教学研究还对教学管理、教师信息化能力等方面进行了一系列的探讨。

第三节　新时代教学论探索的成就及影响

新时代教学论研究以习近平新时代中国特色社会主义思想为指导，以立德树人为根本任务取得了丰硕的成果。研究内容不断扩展，研究深度不断加深，特别是在教学与核心素养的关系，信息技术与教学的深度融合上取得了重大进展。在这个跨入中国特色社会主义新时代并向未来社会迈进的转折点，我国教学论发展起着承前启后的重要作用，对我国教学论学科发展、教育实践及人才培养产生了重大影响。

---

① 李逢庆、韩晓玲：《混合式教学质量评价体系的构建与实践》，《中国电化教育》2017年第11期。

② 谢娟等：《基于CIPP的翻转课堂教学评价体系构建》，《现代远程教育研究》2017年第5期。

③ 张晓洁、张广君：《教学认识论的当代转向：从知识论到生成论——生成论教学哲学的认识论镜像》，《教育研究》2017年第7期。

④ 赵慧臣：《美国北卡罗来纳州中学STEM学校的教学设计及其启示》，《中国电化教育》2017年第2期。

一、推动了教学论学科建设的纵深发展

中国特色社会主义进入新时代,学界围绕如何建设具中国特色社会主义教育教学体系做出了不懈努力,研究成果导出不穷。从研究内容来看,着重围绕教学与核心素养的关系、信息技术与教学的深度融合展开,并对教学研究中的一些基本问题等方面进行了探讨。研究视角更加多元,研究内容不断丰富,研究领域极大拓展。作为学科存在的教学论,为继续立于理论学科之林,在学科建设上力求做到与时俱进,不断完善和提高自身理论思维水平,构建基于本土实践、具有时代特征的学科体系,所有这些研究对新时代教学论学科发展产生了重大影响。

首先,加强基本、核心问题研究,构建现代教学论学科体系。教学论要解决的首要问题是教师为什么教、学生为什么学、教什么学什么、怎样教怎样学以及教和学的效果如何等基本问题,要构建新时代教学论学科体系,就有必要对新时代教学论的内涵特征有清晰的把握和认识。基于新时代倡导的服务于人的新理念,教学论研究确立了以人为本的教学论学科性质,教学理论的研究力求充分体现人的主体性、德性、价值性和生态性。人是不断变化和发展的,培养人的教学活动也是一个动态、变化的过程,因此,现代教学论体系构建被视为一个过程而不是一种结果,教学理论不再仅停留在对教学现象作静态的解释,而是着重对教学的内在机理作动态把握,力图建立与现代理论思维水平相适应的开放、系统、完整的综合性的教学论体系,从而综合地解决当代教学实践和教学理论中提出的各种基本矛盾。

其次,批判继承传统文化,进行教学论本土化建构。改革开放以来,我国的教学论从最初以引进介绍和借鉴移植国外教学理论与实践为主,发展到对教学问题反思、进行自主构建为主,如今则发展到新时代教学论学科体系的自觉探索阶段。教学论研究者们在反思对其他国家教学理论单纯移植与借鉴给我国教学论发展所带来的水土不服、话语失语等问题基础上,试图构建中国特色的教学论。每一种教学理论都生长在一定的文化土壤之中,都有其适用范围,新时代教学论注定是在传统文化的背景下进行的,必然受到传统文化的影响和制约。因而在实现本土化建构过程中,学者们一个重要路径是寻根传统

文化，对中国传统文化如何适应新时期教育的发展进行现代解读，对传统文化的重新评价和批判继承，深入挖掘、取其精华，以处理好传统文化与现代化、民族性与时代性的关系。如迟艳杰认为，当代我们把教学定义为实现一定教学目的教师教和学生学的共同活动，这一概念的表述是一种"事实的说话方式"，对学生掌握知识过程中养成品德，对教师感受职业生活的意义，是"贫瘠不育"的。而在这方面，中国古代的"教"和"学"却有着丰富的资源。① 因此，从我国古代"教"和"学"的考察中去挖掘教学概念深层意义，重塑新时代教学本质。郭华也从我国先秦儒家对教学的理解中去探寻教学的丰富内涵。

再次，加强信息化时代教学论新特征的研究，促进教学论跨学科、融合式发展。信息化已经成为这个时代的最强音，它改变和影响着人类生活的方方面面。信息化时代打破了传统的教学结构，挑战了标准化的教学规则；实现了教师教学方式的变革；撼动了以教为中心的课堂教学模式，促进学生的学习方式发生转变；冲击着现行的教学评价方式，从而引发教学领域许多观念、认识和做法深刻变化。教学论学科所关注的问题，或者说所关注问题的角度也在发生较大的变化。在新的时代背景下，教学论研究者已经深刻感受到信息化时代对过去教学论学科发展带来的巨大挑战，开始正视并重新思考信息化对教学化理论与实践的双重影响，对"互联网+"时代的教学论学科新体系的构建问题进行了深层次探索，将信息技术作为一个重要元素，落实在学科体系的重建过程中，从学科性质、研究对象、核心问题、研究方法等设计学科发展的主要内容，克服了过去对信息技术背景下教学论学科发展路径、变革方式等问题的关注不多的局限。不仅如此，注重厘清教学技术化与去技术化等理论问题，潘新民等主张"教学合理技术化"观点，所谓教学合理技术化是指工具的结构、功能等技术因素被引入教学中来，促使教学工艺发生变化，推动教学发生系统变革。教学合理技术化既是一种过程，是一种结果，也是一种状态。过程是技术工具革新促进着教学工艺演化；结果是教学工艺是以技术工具遮蔽为前提，工具越是隐而不现，教学工艺越能发挥出好的教学效能；状态是指教学合理技术化始终处于"未完成状态"，促使技术工具及工艺的更新与保留，推

① 迟艳杰：《教学的概念考察与重塑》，《教育研究》2017 年第 10 期。

动着教学系统走向,由稳定走向失衡,再由失衡走向稳定的发展之路。

二、促进了教育实践的深层变革

教学论的发展离不开鲜活的教学实践。新时代,教学论研究者们更加注重以教学现实问题为导向,深入一线教学,与实践者共同参与到如火如荼的中小学教学改革之中,形成研究共同体,探究、概括、凝练出为解决具体教学问题的一般规律性知识、教学模式,从而极大地推动了当今学校教学实践的深化发展。

首先,推动了核心素养的落地。2016 下半年中国学生发展核心素养正式发布后,人们普遍达成共识,核心素养作为学生的必备品格和关键能力不能束之高阁,必须以学科教学和课程建设作为依托探寻核心素养的落地问题。我国学生发展核心素养的主要研究者林崇德教授提出了三个落实途径,一是通过课程改革落实,二是通过教学实践落实,三是教育评价落实。① 而作为新课程改革的参与者们也认为学生应该将学科学习转化为学科探究与创造并由此发展核心素养。由此可见,核心素养和学科课程与教学筋骨相连。在核心素养和学科核心素养对接问题上,要将核心素养所涉及的关键能力和必备品格进行梳理,寻找核心素养和学科三维目标的关系,找准核心素养在课堂教学上的落脚点。② 基于前期关于核心素养基本理论及如何落实等问题的探索,各级学校依托课程与教学改革,开展了积极且富有成效的核心素养落地实践。如清华大学附属小学从学校课程顶层设计的层面思考核心素养落地问题,使课程真正为学生的成长服务。在校长窦桂梅的带领下根据学生特点和学校百年文化和办学历史,拟定了身心健康、成志与学、天下情怀、审美情趣、学会改变等五大核心素养,并设计实施了“1+X”课程。③ 并在新时代背景下,进行完善。重庆的谢家湾小学也从改革课程与教学入手,进行核心素养的落地实践,取得了令人瞩目的成效。

---

① 林崇德、刘霞等:《努力提升学生发展核心素养——访林崇德先生》,《当代教师教育》2017 年第 2 期。

② 任艳华:《核心素养与学科核心素养的有机对接》,《中国教育学刊》2016 年第 2 期。

③ 窦桂梅、胡兰:《基于学生核心素养发展的“1+X 课程”建构与实施》,《课程·教材·教法》2015 年第 1 期。

其次,打破学校樊篱,拓展了学习空间。数字化时代突破了时空限制,信息的获取变得更加便捷,人际交往互动更加容易,随着"互联网+教育"时代的到来,教育技术的重大变革,各种信息技术的大量运用,如各种学习网站的建立,大规模网络在线课程的推出,网上虚拟学习型组织的构建等,使得学习突破了封闭的空间,走向了个性化、泛在化、交互化与合作化,学习发生了质的变化,这使得"教育无所不在,知识随处可得",从而极大地拓展了学生的学习空间。

再次,实践多样的课堂教学模式,提高教学质量。教学模式是对各种具体有效的教学活动方式的选择、抽象和概括,往往通过简明扼要的解释或象征性的符号,反映出其所内涵的教学理论或教学思想的基本特征,比一般的教学理论更接近于教学实践,不再是空洞的思辨,为教师从模仿进入创造提供若干范式。新时代,为适应时代新特点和信息化社会发展,教学理论工作者与教学实践工作进行了多样的课堂教学实践探索,如基于 SPOC 的翻转课堂 2.0 教学模式、雨课堂、网络空间支持的中小学创客教学模式(即 CMT 模式)等,这些新型的教学模式在一定程度上压缩了以讲授法为核心的授受教学方式方法,采取自主、合作、探究等教学方式方法,强化学生中心地位,凸显学生的学习主体性,体现深度学习思想,彰显了混合式学习的优势;这种新型的教学模式实践,一方面注重师生互动交往和意义生成,另一方面也推动了个性化学习的实践,有效提升了学校课堂教学质量。这些新型教学模式通过一些学校实践探索,取得显著成效,并在一定范围内予以推广。

最后,改变学校评价方式,实现精准教学。伴随着云计算、大数据等现代信息技术的出现,为教学评价的方式与手段的变革提供了前提条件。新时代,基于新兴信息技术的评价思想与理论的引领,我国着手进行了学校教学评价的改革实践与创新,更新评价系统,搭建数字化评价平台,有效发挥数字化的评价功能与价值。学校教师借助现代信息技术,实现对学习者学习过程、学习情境和学习结果的全程监控和全面监测,充分采集过程性和结果性数据,依托海量信息,并利用学习分析技术,实现对学习数据的精准分析,为教学诊断提供科学依据,为教学成效提供准确评价。不仅如此,大数据能够通过技术化的手段把经验性的主观感受行为变为数据化的客观科学结论,教师能充分利用大数据的技术化实现技术性教学。

参考文献

一、中文著作

中共中央马克思恩格斯列宁斯大林著作编译局编译:《列宁全集》第 38 卷,人民出版社 1959 年版。

中共中央马克思恩格斯列宁斯大林著作编译局编译:《列宁全集》第 31 卷,人民出版社 1985 年版。

中央文献研究所编:《建国以来毛泽东文稿》第 11 册,中央文献出版社 1966 年版。

《毛泽东文集》第七卷,人民出版社 1999 年版。

《邓小平文选》第二卷,人民出版社 1994 年版。

《邓小平文选》第三卷,人民出版社 1993 年版。

习近平:《在哲学社会科学工作座谈会上的讲话》,《人民日报》2016 年 5 月 9 日。

《习近平致国际教育信息化大会的贺信》,《人民日报》2015 年 5 月 24 日。

《习近平在北京市八一学校考察时强调　全面贯彻落实党的教育方针　努力把我国基础教育越办越好》,《人民日报》2016 年 9 月 10 日。

《习近平在全国高校思想政治工作会议上强调　把思想政治工作贯穿教育教学全过程　开创我国高等教育事业发展新局面》,《人民日报》2016 年 12 月 9 日。

习近平:《决胜全面建成小康社会　夺取新时代中国特色社会主义伟大胜利——在中国共产党第十九次全国代表大会上的报告》,人民出版社 2017 年版。

(一)著作

北京师范大学编:《教育学教学大纲》修订稿,北京师范大学出版社 1958 年版。

北京师范大学教育系教育学教研室编:《教育学讲义》(上、中册),北京出版社 1957 年版。

蔡君启:《怎样运用教学原则》,山东人民出版社 1954 年版。

陈必祥:《中国现代语文教育发展史》,云南教育出版社 1987 年版。

陈元晖:《教学法原理》,湖北人民出版社 1957 年版。

程晋宽:《教育革命的历史考察 1966—1967》,福州教育出版社 2001 年版。

董远骞:《中国教学论史》,人民教育出版社 1998 年版。

方晓东等:《中华人民共和国教育史纲》,海南出版社 2002 年版。

傅统先:《教学方法讲话》,山东人民出版社 1954 年版。

高奇:《新中国教育历程》,河北教育出版社 1996 年版。

广东师范学院教育学教研组编:《中国教育学讲义》,广东师范学院 1959 年版。

贵阳师范学院教育课教研组编:《教育学学习资料》第二分册,贵阳人民出版社 1958 年版。

郭思乐:《教育走向生本》,人民教育出版社 2001 年版。

国务院学位委员会办公室、国家教委研究生工作办公室编:《一九九八年学位与研究生教育统计资料》,西苑出版社 2002 年版。

国务院学位委员会办公室、国家教委研究生工作办公室编:《一九九七年学位与研究生教育统计资料》,中国档案出版社 1999 年版。

国务院学位委员会办公室、国家教委研究生工作办公室编:《一九九一年学位与研究生教育统计资料》《一九九二年学位与研究生教育统计资料》《一九九三年学位与研究生教育统计资料》《一九九四年学位与研究生教育统计资料》,中国档案出版社 1995 年版。

何昌东主编:《中华人民共和国重要教育文献(1949—1975)》,海南出版社 1998 年版。

河北北京师范学院教育教研室编:《教育学讲义》,河北人民出版社 1959 年版。

华东师范大学教育学教研组、上海师范学院教育学教研组编:《教育学讲义》上册,华东师范大学教材出版供应所 1959 年版。

华南师范学院教育系教育学教研组编:《教育学讲授提纲》,华南师范学院 1963 年版。

华中师范学院教育系教育学教研室编:《教育学》,华中师范学院教务处出版科 1962 年版。

黄甫全、王本陆主编:《现代教学论学程(修订版)》,教育科学出版社 2003 年版。

霍秉坤、黄显华:《课程范式:意涵、应用和争议》,香港教育研究所 2004 年版。

吉林师范大学教育系教育学教研室编:《共同课教育学》,吉林师范大学出版社 1963 年版。

纪尽善:《中国知识经济发展战略》,经济科学出版社 2002 年版。

教育部课题组:《深入学习习近平关于教育的重要论述》,人民出版社 2019 年版。

徐继存:《教学理论反思与建设》,甘肃教育出版社 2000 年版。

金铁宽主编:《中华人民共和国教育大事记》,山东教育出版社 1995 年版。

金一鸣:《中国社会主义教育的轨迹》,华东师范大学出版社 2000 年版。

靳玉乐等:《中国新时期教学论的进展》,重庆出版社 2001 年版。

李秉德、李定仁主编:《教学论》,人民教育出版社 2000 年版。

李秉德:《教学论》,人民教育出版社 2001 年版。

李定仁、徐继存主编:《教学论研究二十年》,人民教育出版社 2001 年版。

李其龙编著:《德国教学论流派》,陕西人民教育出版社 1993 年版。

李玉峰:《知识经济学》,南开大学出版社 2003 年版,第 5 页。

廖其发主编:《当代中国重大教育改革事件专题研究》,重庆出版集团 2007 年版。

廖其发主编:《教育学部史》,西南师范大学出版社 2016 年版。

林崇德:《21 世纪学生发展核心素养研究》,北京师范大学出版社 2016 年版。

刘佛年主编:《教育学》,人民教育出版社 1964 年版。

刘克兰编著:《教学论》,西南师范大学出版社 1988 年版。

刘舒生主编:《教学法大全》,经济日报出版社 1990 年版。

刘英杰主编:《中国教育大事典(1949—1990)》,浙江教育出版社 1993 年版。

陆有铨:《躁动的百年》,山东教育出版社 1997 年版。

路冠英等:《教学论》,河北教育出版社 1987 年版。

罗景濂编:《教育学讲义》(上册),华中师范学院出版社 1957 年版。

毛礼锐、沈灌群主编:《中国教育通史》(第六卷),山东教育出版社 2005 年版。

毛李锐:《中国教育通史》,山东教育出版社 1995 年版。

孟彩云编著:《中国社会主义精神文明建设研究》,河南大学出版社 2004 年版。

南京师范学院《教育学》编写组编:《教育学》,江苏人民出版社 1959 年版。

瞿葆奎主编:《教学》(上、中册),人民教育出版社 1988 年版。

沈阳师范学院教育教研室教育学教研组编:《教育学讲义》,沈阳师范学院出版社 1956 年版。

盛群力、李志强编著:《现代教学设计论》,浙江教育出版社 1998 年版。

施良方、崔允漷:《教学理论:课堂教学的原理、策略与研究》,华东师范大学出版社 1999 年版。

唐文中:《教学论》,黑龙江教育出版社 1990 年版。

田慧生、李如密:《教学论》,河北教育出版社 1996 年版。

王炳照、阎国华主编:《中国教育思想通史》第八卷,湖南教育出版社 1994 年版。

王策三:《教学论稿》,人民教育出版社 2005 年版。

王鉴主编:《教学论热点问题研究》,广西师范大学出版社 2008 年版。

王静:《学习苏联课堂教学》,大众出版社 1954 年版。

吴德刚:《中国教育改革发展研究》,教育科学出版社 2011 年版。

吴也显主编:《教学论新编》,教育科学出版社 1991 年版。

新华书店东北总分店编审部编:《怎样向苏联学习教育》,新华书店东北总分店 1950 年版。

熊明安主编:《中国近现代教学改革史》,重庆出版社 1999 年版。

亚里士多德:《尼各马可伦理学》,廖申白译,商务印书馆 2015 年版。

杨启亮:《困惑与抉择——20 世纪的新教学论》,山东教育出版社 1995 年版。

杨小微、张天宝:《教学论》,人民教育出版社 2007 年版。

杨小微:《现代教学论》,山西教育出版社 2010 年版。

杨小微主编:《现代教学论》,山西教育出版社 2004 年版。

杨雄:《巨变中的中国社会》,上海人民出版社 2017 年版。

杨银付等编:《中国教育的改革和发展》,北京大学出版社 1999 年版。

叶澜主编:《"新基础教育"探索性研究报告集》,上海三联书店 1999 年版。

张楚廷:《教学原则今论》,湖南师范大学出版社 1993 年版。

张传燧:《中国教学论史纲》,湖南教育出版社 1999 年版。

张广君:《教学本体论》,甘肃教育出版社 2002 年版。

张民选、丁念金主编:《中国教育改革大系(中小学教育卷)》,湖北教育出版社 2016 年版。

郑金洲等:《中国教育学百年》,教育科学出版社 2002 年版。

中共中央党史研究室编:《中国共产党党史(第二卷)》上册,中共党史出版社 2011 年版。

中共中央文献室:《〈关于建国以来党的若干历史问题的决议〉注释本》,人民出版社 1983 年版。

中国教育年鉴编辑部编:《中国教育年鉴(1949—1981)》,中国大百科全书出版社 1984 年版。

中国教育年鉴编委会:《中国教育年鉴(1949—1981)》,中国教育出版社 1981 年版。

中华人民共和国教育部计划财务司编:《中国教育成就统计资料(1949—1983)》,人民教育出版社 1984 年版。

中央教育科学研究所编:《中华人民共和国教育大记事(1949—1982)》,教育科学出版社 1984 年版。

中共中央党史研究室:《中国共产党简史》,中共党史出版社 2010 年版,第 103—107 页。

周全华:《"文化大革命"中的"教育革命"》,广东教育出版社 1999 年版。

朱小蔓、梅仲荪:《儿童情感发展与教育》,江苏教育出版社 1998 年版。

《无产阶级教育革命破浪前进》,人民教育出版社 1976 年版。

《中国教育年鉴》(1949—1981),中国大百科全书出版社 1984 年版。

《教育部面向二十一世纪教育振兴行动计划》,中共中央文献研究室编:《十五大以来重要文献选编》(中),人民出版社 1997 年版。

《中共中央关于全面深化改革若干重大问题的决定》,人民出版社 2013 年版。

《中共中央、国务院关于深化教育改革,全面推进素质教育的决定》,教育部法制办公室编:《学前教育政策法规规章汇编》,首都师范大学出版社 2014 年版。

(二)译著

[美]布卢姆等编:《教育目标分类学(第一册:认知领域)》,罗黎辉等译,华东师范大学出版社 1986 年版。

[苏]杜贺夫内伊:《教学法原理》,方德厚译,作家书屋 1952 年版。

[苏]冈察洛夫:《教育学原理》初译稿,郭从周等译,人民出版社 1951 年版。

[德]赫尔巴特:《普通教育学》,李其龙译,人民教育出版社 2015 年版。

[德]黑格尔:《哲学史讲演录(第 4 卷)》,贺麟、王太庆译,商务印书馆 1978 年版。

经济合作与发展组织(OECD):《以知识为基础的经济》,杨宏进、薛澜译,机械工业出版社 1997 年版。

[苏]凯洛夫:《教育学》(上册),沈颖、南致善等译,新华书店 1950 年版。

[苏]凯洛夫:《教育学》(下册),沈颖、南致善等译,人民教育出版社 1951 年版。

[苏]凯洛夫:《教育学》,沈颖、南致善等译,人民教育出版社 1953 年版。

[美]克拉斯沃尔等编:《教育目标分类学(第二册:情感领域)》,施良方等译,华东师范大学出版社 1989 年版。

[美]Bruce Joyce 等:《教学模式》,荆建华等译,中国轻工业出版社 2002 年版。

[美]威金斯、麦克泰,《重理解的课程设计(第三版)》,赖丽珍译,心理出版社 2011 年版。

[日]沟上慎一:《能动学习与教学范式的转换》,东信堂 2014 年版。

[苏]斯卡特金主编:《中学教学论——当代教学论的几个问题》,赵维贤等译,人民教育出版社 1985 年版。

[美]托马斯·库恩:《科学革命的结构》,李宝恒、纪树立译,上海科学技术出版社 1980 年版。

[苏]叶希波夫、冈查洛夫:《教育学》(上册),于卓、王继麟等译,东北教育出版社 1952 年版。

[苏]赞可夫:《教学论与生活》,余翔辉、杜殿坤译,教育科学出版社 1984 年版。

(三)期刊

安富海、王鉴:《近年来我国课程与教学论研究的回顾与展望》,《教育研究》2016 年第 1 期。

安徽省芜湖一中:《端正办学思想搞好教学管理——全面贯彻党的教育方针的几点体会》,《人民教育》1982 年第 1 期。

蔡宝来、李清臣:《教学回归生活的目的:为了学生的发展》,《教育科学研究》2009 年第 2 期。

蔡宝来:《我国教学论研究范式转型的时代境遇与逻辑路向》,《教育研究》2010 年第 8 期。

曹光章:《新一届党中央推进文化体制改革的新发展》,《毛泽东邓小平理论研究》2017 年第 9 期。

陈桂生:《重评凯洛夫〈教育学〉》,《河北师范大学学报(教育科学版)》1998 年第 1 期。

陈君、张姝:《21 世纪以来我国教学论研究历程与学科发展趋势》,《西南大学学报(社会科学版)》2018 年第 3 期。

陈琳等:《智慧学习内涵及其智慧学习方式》,《中国电化教育》2016 年第 12 期。

陈鹏:《中国社会治理 40 年:回顾与前瞻》,《北京师范大学学报(社会科学版)》2018 年第 6 期。

陈维超、李芒:《促进网络支持的面授教学交往的有效性——运用博客建构学习共同体》,《电化教育研究》2007 年第 4 期。

陈侠:《中小学教材建设的回顾和建议》,《南京师院学报(社会科学版)》1981 年第 2 期。

陈勇、李森:《范式迷茫与走出:教学论学科发展的再思考》,《湖南师范大学教育科学学报》2014 年第 2 期。

陈玉琨、李如海:《我国教育评价发展的世纪回顾与未来展望》,《华东师范大学学报(教育科学版)》2000 年第 1 期。

陈云奔、刘东华:《有效教学:概念澄清与研究定位》,《教育理论与实践》2016 年第 16 期。

陈重穆、曾宗教、宋乃庆:《减轻负担、提高质量——GX(提高课堂效益)实验简介》,《数学教育学报》1994 年第 2 期。

程亮:《教学是麦金泰尔意义上的实践吗?》,《教育研究》2013 年第 5 期。

迟艳杰:《教学的概念考察与重塑》,《教育研究》2017 年第 10 期。

迟艳杰:《教学论研究范式探析》,《教育研究》1997 年第 4 期。

崔友兴、李森:《基于学生核心素养培育的教学变革》,《当代教育与文化》2017 年第 1 期。

崔允漷、汪贤泽:《基础教育课程改革的意义、进展及问题》,《全球教育展望》2006 年第 1 期。

戴景曦:《教学原则的阶级性及其体系的构成》,《福建师范学院学报》1962 年第 1 期。

丁钢:《新技术与教学方式的转变——学校变革的核心》,《现代远距离教育》2013 年第 1 期。

丁润生:《试论教学原则中的对立统一》,《高等教育研究》1984 年第 4 期。

丁永刚等:《基于 SPOC 的翻转课堂 2.0 教学模式设计与实施路径》,《中国电化教育》2017 年第 6 期。

董黎明、焦宝聪:《基于课程融合的“创客”教学设计与应用模型研究》,《中国电化教育》2018 第 3 期。

董愚得、陈皓兮:《对中学生物学课程、教材改革的几点意见》,《课程·教材·教法》1981 年第 4 期。

董远骞等:《要有一本新的〈教学论〉》,《中国教育学刊》1980 年第 2 期。

窦桂梅、胡兰:《基于学生核心素养发展的“1+X 课程”建构与实施》,《课程·教材·教法》2015 年第 1 期。

方红:《课堂有效教学:教师的视角与建构》,《教育理论与实践》2014 年第 8 期。

方均斌:《克服“两种病态情结”,推动学科教学论建设》,《中国教育学刊》2014 年第 12 期。

冯建军:《改革开放 40 年中国德育事业的发展历程》,《中国德育》2018 年第 20 期。

冯永华:《教育信息化促进教学方式变革》,《教育研究》2017 年第 3 期。

付亦宁:《深度学习的教学范式》,《全球教育展望》2017 年第 7 期。

高宝立、王磊:《整体改革区域推进全面实施素质教育——山东省烟台市实施素质教育的经验及启示》,《教育研究》1997 年第 8 期。

高钢:《物联网和 web3. 0:技术革命与社会变革的交叠演进》,《国际新闻界》2010 年第 2 期。

高建波、苏丹兰:《“互联网+”背景下课程与教学论建构——第七届教学论常务理事会学术研讨会综述》,《课程 · 教材 · 教法》2018 第 9 期。

高世楫等:《改革开放 40 年生态文明体制改革历程与取向观察》,《改革》2018 年第 8 期。

高天明:《学科教学论与教学论的关系再论》,《课程 · 教材 · 教法》2001 年第 10 期。

高文:《问题教学——苏联当代教学论流派研究之一》,《外国教育资料》1988 年第 2 期。

高向斌:《教学本质研究与中国新世纪教学论学科建设》,《课程 · 教材 · 教法》2007 年第 10 期。

宫夏屹等:《大数据平台技术综述》,《系统仿真学报》2014 年第 3 期。

顾明远:《论苏联教育理论对中国教育的影响》,《北京师范大学学报(社会科学版)》,2004 年第 1 期。

顾明远:《中国教育科学走向现代化之路纪实——纪念共和国建国 60 周年》,《北京师范大学学报(社会科学版)》2009 年第 4 期。

顾小清、许哲:《电子课本何以支持教学方式变革》,《现代远距离教育》2013 年第 2 期。

郭华:《“教与学永远统一”再认识——教学认识论的视角》,《四川师范大学学报(社会科学版)》,2017 年第 1 期。

郭坪新:《对我国教学过程的本质的初探——兼与陈觐熊同志商榷》,《黄冈师专学报》1982 年第 1 期。

郭绍青等:《“有效教学”课堂录像分析方法与工具研究》,《电化教育研究》2013 年第 1 期。

郭元祥:《论深度教学:源起、基础与理念》,《教育研究与实验》2017 年第 3 期。

国家教委教育体制专题调研组:《社会主义市场经济与教育体制改革》,《教育研究》1994 年第 1 期。

韩立福:《后现代语境下的教学话语转型研究》,《教育理论与实践》2007 年第 21 期。

郝克明、杨银付:《改革开放以来我国教育改革发展的若干启示》,《教育研究》2010 年第 3 期。

何高翔:《教学管理刍议》,《教育科研通讯》1985 年第 3 期。

何克抗:《21 世纪新兴信息技术对教育深化改革的重大影响》,《中国现代教育装备》2018 年第 16 期。

何克抗:《建构主义的教学模式、教学方法与教学设计》,《北京师范大学学报(社会科学版)》1997 年第 5 期。

何玲等:《促进学生深度学习》,《计算机教与学》2005 年第 5 期。

何玉芳:《40 年政治体制改革的发展脉络》,《人民论坛》2018 年第 28 期。

和学新、陈晖:《论有效教学交往的实现机制》,《教育科学研究》2011 年第 5 期。

和学新:《教学主客体关系的层次分析》,《上海教育科研》1998 年第 1 期。

洪光理:《改革〈教学论〉之我见》,《四川师范学院学报》1984 年第 3 期。

胡定荣:《论教学论发展的危机与范式转型》,《教育研究》2005 年第 7 期。

胡燕红:《面向核心素养的教学设计转型》,《教学与管理》2017 年第 34 期。

黄甫全:《新中国课程研究的回顾与展望》,《教育研究》1999 年第 12 期。

黄秀兰:《从适应走向引导:教学文化生成的时代意蕴》,《教育理论与实践》2015 年第 19 期。

黄越岭、朱德全:《情境学习理论视阈下的网络学习评价:体系与策略》,《中国电化教育》2015 年第 2 期。

吉标、徐继存:《我国课程与教学论专业研究生培养 30 年:历史、现状与思考》,《中国高教研究》2012 年第 10 期。

吉标:《改革开放 40 年我国课程与教学论学术交流的历程、问题与应对》,《课程・教材・教法》2018 年第 7 期。

吉标:《改革开放以来我国课程与教学论学科建制的历程》,《西南大学学报(社会科学版)》2016 年第 1 期。

贾韫武:《有关教学过程理论的研究》,《河北师范大学学报(哲学社会科学版)》1984 年第 4 期。

江怡:《如何理解哲学与哲学史的关系》,《哲学分析》2010 年第 1 期。

姜乐仁:《关于小学算术教学中的精讲多练问题》,《科学研究论文集》1963 年第 3 期。

姜文闵:《赫尔巴特教学理论浅议》,《河北师范大学学报(哲学社会科学版)》1986 年第 3 期。

姜显光、郑长龙:《"学科素养为本"的课堂教学特征、挑战及策略》,《教育理论与实践》2017 第 17 期。

姜宇、辛涛等:《基于核心素养的教育改革实践途径与策略》,《中国教育学刊》2016 年第 6 期。

姜振军:《中国当代教学论学科发展问题四论》,《当代教育与文化》2015 年第 5 期。

焦炜、徐继存:《百年教学论教材发展的回顾与思考》,《课程・教材・教法》2012 年第

10 期。

晋银峰:《翻转课堂:从有效教学到优效教学》,《黑龙江高教研究》2016 年第 3 期。

靳玉乐、张铭凯:《努力探索新时代中国特色社会主义教育思想体系》,《西南大学学报(社会科学版)》2018 年第 1 期。

康淑敏:《信息化背景下的教学方式变革研究》,《教育研究》2015 年第 6 期。

柯政:《从整齐划一到多样选择:改革开放 40 年中国课程改革之路》,《全球教育展望》2018 年第 3 期。

黎鹏生:试谈考试命题难度的设计,《江西教育科研》1985 年第 Z1 期。

李保强、吴笛:《基于知识关联的学习资源混合协同过滤推荐研究》,《电化教育研究》2016 年第 6 期。

李定仁、纪德奎:《生活世界视野下的教学论研究范式的变革》,《高等教育研究》2006 年第 4 期。

李定仁、罗儒国:《论教学生活》,《西北师大学报(社会科学版)》2007 年第 2 期。

李定仁、徐继存:《我国教学论研究的进展与走向分析》,《西北师范大学学报(社会科学版)》2001 年第 4 期。

李逢庆、韩晓玲:《混合式教学质量评价体系的构建与实践》,《中国电化教育》2017 年第 11 期。

李吉林:《情境教学的探索过程及其理论依据》,《江苏教育》1987 年第 23 期。

李吉林:《为全面提高儿童素质探索一条有效途径——从情境教学到情境教育的探索与思考》,《教育研究》1997 年第 3—4 期。

李进启:《浅谈教学质量的模糊综合评价》,《宁夏教育》1986 年第 12 期;席家焕:《课堂教学质量的综合评价》,《湖南教育》1987 年第 4 期;等。

李凯音:《谈中学语文教材的编排体系》,《甘肃师大学报》1980 年第 1 期。

李芒等:《论网络环境中教学交往的含义与策略》,《电化教育研究》2005 年第 7 期。

李如密等:《核心素养视域中的教学评价教育:原因、价值与路径》,《当代教育与文化》2017 年第 6 期。

李润洲:《核心素养视域下的知识教学》,《教育发展研究》2017 年第 8 期。

李润洲:《继承与超越——“三维目标”与“核心素养”的异同辨析》,《当代教育科学》2016 年第 22 期。

李润洲:《指向学科核心素养的教学设计》,《课程·教材·教法》2018 年第 7 期。

李森、陈君:《教师教学道德决策的意蕴、特征及实践策略》,《课程·教材·教法》2018 年第 4 期。

李森、崔友兴:《论教学研究范式的历史变革及其当代走向——一种知识型的视角》,《当代教育与文化》2012 年第 3 期。

李森、王天平:《论教学方式及其变革的文化机理》,《教育研究》2010 年第 12 期。

李森、赵鑫:《20 世纪中国教学论的重要进展和未来走向》,《教育研究》2009 年第

10 期。

李森:《教学交往观的确立与基础教育课程改革》,《教育研究》2002 年第 9 期。

李世讴、周先进:《论教学价值的幸福取向》,《高等教育研究》2008 年第 2 期。

李贤达:《试论教学方法和课时安排改革对学生生理负担的影响》,《上海师范大学学报(哲学社会科学版)》1982 年第 3 期。

李新、杨莹莹:《深度教学十年研究的进展与反思——全国深度教学实验联盟第三届年会综述》,《教育研究与实验》2017 年第 6 期。

李怡明:《教学论研究问题的方法论审视》,《课程・教材・教法》2011 年第 10 期。

李怡明:《论教学论研究的方法论意识》,《西南大学学报(社会科学版)》2013 年第 6 期。

李艺、钟柏昌:《谈"核心素养"》,《教育研究》2015 年第 9 期。

李玉斌等:《网络学习空间升级与学习方式转变》,《现代远距离教育》2017 年第 4 期。

李煜晖、郑国民:《核心素养视域下的中小学课堂教学变革》,《教育研究》2018 年第 2 期。

李长吉:《对"教学论研究范式"的研究》,《教育评论》1999 年第 2 期。

李志超、余宏亮:《微课程作为学习方式变革的新路向》,《课程・教材・教法》2016 年第 4 期。

李志超:《德性实践:教学生活的价值之维》,《教育理论与实践》2014 年第 19 期。

李志厚:《论教学文化的性质》,《课程・教材・教法》2008 年第 3 期。

梁伯奇:《教学管理的任务》,《教学与进修》1983 年第 1 期。

廖哲勋:《论当代课程论与教学论的关系》,《教育研究》2007 年第 11 期。

林崇德、刘霞等:《努力提升学生发展核心素养——访林崇德先生》,《当代教师教育》2017 年第 2 期。

林崇德:《学生发展核心素养:面向未来应该培养怎样的人》,《中国教育学刊》2016 年第 6 期。

林斯坦:《教育评价的一个重要的形式与内容——论教师的自我评价》,《教育理论与实践》1987 年第 3 期。

凌鹏飞:《教学决策的伦理诉求及其实现条件》,《中国教育学刊》2017 年第 6 期。

刘春燕、钟志贤:《论学习环境中教师——学习者角色与关系的转型》,《电化教育研究》2005 年第 12 期。

刘桂影、李森:《论课堂教学话语的实质、价值与优化》,《教育研究与实验》2012 年第 6 期。

刘军:《智慧课堂:"互联网+"时代未来学校课堂发展新路向》,《中国电化教育》2017 年第 7 期。

刘克平:《新时代背景下基于核心素养的教学方式变革探究》,《教学与管理》2018 年第 33 期。

刘勉、张际平:《虚拟现实视域下的未来课堂教学模式研究》,《中国电化教育》2018 年第 5 期。

刘清华、靳玉乐:《教学研究方法论的回顾与前瞻》,《课程·教材·教法》2001 年第 7 期。

刘舒生:《教师主导作用和学生主体作用》,《课程·教材·教法》1984 年第 5 期。

刘松涛等:《教育科学的生命在于教育实验——提高教育质量,实验必须先行》,《教育研究》1980 年第 2 期。

刘铁芳等:《从思维激活到理智兴趣培育:启发的教学意蕴及其实现》,《国家教育行政学院学报》2018 年第 11 期。

刘晓伟:《消解与建构——对"教学回归生活世界"论争的思考》,《课程·教材·教法》2007 年第 2 期。

刘旭东:《教学生活批判与重建》,《华东师范大学学报(教育科学版)》2010 年第 3 期。

刘旖洁、陆明玉:《从方法论的角度看教学论发展的基本规律》,《西南大学学报(社会科学版)》2013 年第 3 期。

刘远杰:《珍视与重建教学关系:一个教育时代性命题》,《教育发展研究》2018 年第 6 期。

柳斌:《基础教育 40 年》,《中国教育学刊》2018 年第 12 期。

柳夕浪:《从"素质"到"核心素养"——关于"培养什么样的人"的进一步追问》,《教育科学研究》2014 年第 3 期。

卢方等:《开放大学视域下的无缝学习环境设计》,《远程教育杂志》2016 年第 2 期。

卢家楣.:《情感教学心理学研究》,《心理科学》2012 年第 3 期。

陆定一:《教学必须改革》,《人民教育》1960 年第 4 期。

陆国志:《高师学科教学论中"教学论"的弱化及扭转对策》,《课程·教材·教法》2006 年第 6 期。

陆明玉、李森:《论"生态理性"视域中的教师教学决策》,《教育研究与实验》2012 年第 2 期。

鹿星南:《论课堂教学中身体的缺失与回归》,《中国教育学刊》2018 第 6 期。

罗儒国:《世纪初我国教学论学科发展的问题与走向》,《教育学报》2007 年第 2 期。

罗祖兵:《深度教学:"核心素养"时代教学变革的方向》,《课程·教材·教法》2017 年第 4 期。

罗祖兵:《有效教学的过程性阐释》,《教育研究》2017 年第 9 期。

马健生、饶舒琪:《论教学即领导:一种教学本质的新解》,《教育学报》2017 年第 3 期。

马健生、邹维:《论教学是一门领导的艺术》,《北京师范大学学报(社会科学版)》2017 年第 1 期。

马金晶等:《新课程下学习方式转变的困境及对策》,《西南大学学报(社会科学版)》2010 年第 6 期。

马骎:《基于核心素养的教学设计改革》,《教育理论与实践》2018 年第 17 期。

马芯兰:《构建新的知识结构培养学生思维能力》,《人民教育》1995 年第 5 期。

麦曦:关于课堂教学评价若干问题初探,《广州教育》1985 年第 5 期。

毛刚、刘清堂:《融入学习分析的网络学习评价模型与应用研究》,《远程教育杂志》2016 年第 6 期。

孟宪承等:《为繁荣教育科学创造有利条件上海南京高等师范院校部分教授对教育科学研究工作的意见》,《人民教育》1957 第 7 期。

苗敏达:《既要管教又要管学——搞好教学管理的一点体会》,《江西教育》1982 年第 9 期。

明庆华、谷木荣:《有效学习是有效教学的出发点与归属》,《中国教育学刊》2015 年第 5 期。

缪华:《互联网助力教学新境界》,《思想政治课教学》2018 年第 4 期。

牟映雪:《日本九十年代的新教学观:培养生存能力》,《外国中小学教育》1999 年第 1 期。

牟智佳:《电子书包中基于教育大数据的个性化学习评价模型与系统设计》,《远程教育杂志》2014 年第 5 期。

南京市第二十九中学:《加强教学管理提高教学质量》,《江苏教育》1982 年第 7 期。

倪晓玉等:《反思"教学要回归生活世界"》,《教学与管理》2017 年第 30 期。

乜勇:《游戏式学习评价策略与方案的分析与设计》,《中国电化教育》2008 年第 2 期。

潘懋元、王增炳:《少而精教学原则初探》,《厦门大学学报(社会科学版)》1964 年第 2 期。

裴娣娜:《发展性教学与学生主体性发展》,《河南教育》1999 年第 1 期。

裴娣娜:《教育实验评价体系的建立及其方法论思考——构建少年儿童主体性发展测评体系研究的初步报告》,《教育改革》1996 年第 1 期。

裴娣娜:《论我国教学论学科建设与发展》,《中国教育学刊》1998 年第 6 期。

裴娣娜:《中国教学论学科的当代形态及发展路径》,《教育研究》2009 年第 3 期。

裴娣娜:《主体参与的教学策略——主体教育・发展性教学实验室研究报告之一》,《学科教育》2000 年第 1 期。

秦瑾若、傅钢善:《基于五星教学原理的 SPOC 教学设计模式构建研究》,《中国远程教育》2017 年第 6 期。

邱学华:《尝试教学研究 50 年》,《课程・教材・教法》2013 年第 4 期。

瞿葆奎:《中国教育学百年(中)》,《教育研究》1999 年第 1 期。

曲中林、胡海建:《教学技术是有效教学的"利器"——与叶波博士商榷》,《中国教育学刊》2015 年第 2 期。

全国教育科学规划领导小组办公室:《我国教育学学科研究现状与发展趋势调查报告(一)》,《教育研究》1995 年第 9 期。

任宝贵、陈晓端:《课程与教学论专业博士学位论文研究方法运用的现状与趋势——基于对 2000~2008 年期间 218 篇学位论文的分析》,《教育研究与实验》2010 年第 3 期。

任艳华:《核心素养与学科核心素养的有机对接》,《中国教育学刊》2016 年第 2 期。

任友群:《以学习者为中心的建构主义学习环境的建构》,《教育科学》2002 年第 4 期。

任友群:《走进新时代的中国教育信息化——〈教育信息化 2.0 行动计划〉解读之一》,《电化教育研究》2018 年第 6 期。

容中逵:《教学论学科发展的尴尬境遇及其生存之道》,《课程·教材·教法》2012 年第 7 期。

邵朝友、崔允漷:《指向核心素养的教学方案设计:大观念的视角》,《全球教育展望》2017 第 6 期。

社论:《进一步学习苏联的先进教育经验——迎接中苏友好月》,《人民教育》1952 年第 11 期。

沈玉红:《基于"核心素养"培育提升教师课堂教学评价力》,《中小学教师培训》2018 年第 11 期。

施南君:《论考试科学的崛起发展与流向》,《华中师范大学学报(人文社会科学版)》1992 年第 5 期。

石鸥:《核心素养的课程与教学价值》,《华东师范大学学报(教育科学版)》2016 年第 1 期。

史国雅:《课程论的研究范围及指导原则》,《山西教育科研通讯》1984 年第 2 期。

水晶:《生态美学视角下的教学关系审视》,《教育理论与实践》2018 年第 31 期。

司徒汉贤:《教学原则的心理依据》,《华南师范学院学报(社会科学版)》1958 年第 2 期。

宋秋前、齐晶莹:《生本化课堂教学有效性评价标准建构与实施方法》,《课程·教材·教法》2011 年第 7 期。

孙田琳子、沈书生等:《解释学本体论转向下的教学四重对话关系》,《安徽师范大学学报(人文社会科学版)》,2018 年第 2 期。

唐世纲:《整体主义视域中的教学论研究》,《当代教育科学》2010 年第 13 期。

唐文中,赵鹤龄:《关于教学过程本质、规律、原则及其体系》,《东北师大学报(教育版)》1985 年第 4 期。

唐勇:《论教学交往的有效性》,《中国教育学刊》2003 年第 6 期。

陶鼎辉:《试论教学规律及社会主义的教学原则》,《成都大学学报》1984 年第 2 期。

田果萍、张玉生:《数学化学习方式视野下的数学阅读》,《教育理论与实践》2013 年第 2 期。

田慧生:《对教学论学科性质、地位与研究对象的再认识》,《教育研究》1997 年第 8 期。

涂茶:《杜威的教学认识论述评》,《教育研究与实验》1988年第1期。

万伟:《三十年来教学模式研究的现状、问题与发展趋势》,《中国教育学刊》2015年第1期。

汪潮、吴奋奋:《“双基论”的回顾与反思》,《课程·教材·教法》1996年第12期。

汪凌:《法国中小学教学内容革新的基本原则》,《外国教育资料》1992年第1期。

王爱菊、徐文彬:《教学生活的品性及其彰显》,《西北师大学报(社会科学版)》2015年第1期。

王策三:《简谈教学论的研究对象、任务和方法》,《教育研究》1985年第9期。

王策三:《教学论学科发展三题》,《北京师范大学学报(社会科学版)》1992年第5期。

王策三:《论教师的主导作用和学生的主体地位》,《北京师范大学学报》1983年第6期。

王飞、丁邦平:《苏联教学论与美国课程论:在中国的误读与误解》,《比较教育研究》2013年第1期。

王飞:《教学论传统的流变》,《国家教育行政学院学报》2013年第8期。

王光明:《也谈课程论与教学论的关系》,《教育理论与实践》2003年第2期。

王洪席:《中国教学文化传统的创造性转化》,《教育发展研究》2016年第12期。

王家禄、邬玉娥:《课堂教学管理抓“四性”》,《人民教育》1985年第3期。

王嘉毅:《从移植到创新——改革开放30年来我国教学论学科的发展》,《教育研究》2009年第1期。

王鉴、安富海、李泽林:《“互联网+”背景下课程与教学论研究的进展与反思》,《教育研究》2017年第11期。

王鉴、安富海:《教学论学科建设30年》,《当代教育与文化》2010年第1期。

王鉴、李晓梅:《当代中国特色教学论的发展历程及启示》,《社会科学战线》2016年第6期。

王鉴、田振华:《从演绎到归纳:教学论的知识转型》,《教育理论与实践》2013年第4期。

王鉴:《课堂教学的有效性问题研究》,《宁夏大学学报(人文社会科学版)》2006年第1期。

王升、张燕:《从有效性维度对主体教学的进一步思考》,《教育研究》2009年第4期。

王帅国:《雨课堂:移动互联网与大数据背景下的智慧教学工具》,《现代教育技术》2017年第5期。

王伟怀:《浅谈调动学生学习主动性——教学方法改革刍议》,《课程·教材·教法》1984年第3期。

王文丽:《试论教学范式及其变革研究》,《东北师大学报(哲学社会科学版)》2017年第1期。

王小根等:《基于知识元的移动学习资源组织模式研究》,《电化教育研究》2017年第

1 期。
王晓云:《为“教学有效性”和“有效性教学”辩》,《当代教育科学》2010 年第 16 期。
王彦明:《教学价值:一种本体论视角》,《湖南师范大学教育科学学报》2010 年第 1 期。
王岳喜、李洪星:《回归生活:哲学解释学视域中的教学内容》,《教育理论与实践》2013 年第 22 期。
王泽钰、杨晓宏:《简论数字化学习中的学习评价》,《中国电化教育》2003 年第 4 期。
王正平:探讨新的考试方法,《人民教育》1981 年第 2 期。
韦力:《建立“分类推进”的教学管理体制》,《人民教育》1983 年第 5 期。
魏宏聚:《中小学课堂教学研究范式分类及适切性判断》,《河南大学学报(社会科学版)》2018 年第 4 期。
魏善春:《过程哲学视域中的教学生活:内涵、特质及价值诉求》,《教育理论与实践》2012 年第 34 期。
魏雪峰等:《移动互联时代碎片化学习资源的适用场景与高效管理》,《中国电化教育》2017 年第 5 期。
闻人行、庞继贤:《知识亲和力的教学话语建构》,《浙江大学学报(人文社会科学版)》2012 年第 6 期。
吴传刚:《虚拟现实与教学深度融合的机理认知与困境突破》,《中国教育学刊》2017 年第 9 期。
吴笛、李保强:《基于情境感知的学习资源关联分析与推荐模型研究》,《中国远程教育》2017 年第 2 期。
吴亮奎:《教学、有效教学和好的教学——教学概念的话语伦理分析》,《中小学教师培训》2018 年第 1 期。
吴亮奎:《教学善:教学理论研究的一个应然领域》,《当代教育与文化》2017 第 3 期。
吴文侃:《巴班斯基论教学过程最优化的概念、标准和方法体系》,《教育评论》1986 年第 2 期。
吴增强:《论有效教学的心理学支持——信息加工学习论的启示》,《教育发展研究》2011 年第 4 期。
吴支奎、魏文静:《从“他组织”走向“自组织”:论技术嵌入背景下课堂教学形式变革的路向》,《中国教育学刊》2018 年第 10 期。
伍远岳:《论深度教学:内涵、特征与标准》,《教育研究与实验》2017 年第 4 期。
夏心军:《课堂教学评价:学生发展核心素养取向》,《中小学教师培训》2018 第 7 期。
肖庆华:《论有效教学的三重境界》,《教育理论与实践》2014 年第 5 期。
肖正德、卢尚建:《改革开放 30 年我国教学论学科建设的成就和经验》,《课程·教材·教法》2009 年第 10 期。
肖正德:《教学论跨学科研究检视》,《课程·教材·教法》2013 年第 5 期。

肖正德:《论教师教学生活中的高峰体验》,《全球教育展望》2008 年第 4 期。

肖宗六:《教学原则要体现我国的特色》,《课程・教材・教法》1982 年第 4 期。

谢娟等:《基于 CIPP 的翻转课堂教学评价体系构建》,《现代远程教育研究》2017 年第 5 期。

谢至平:《马芯兰的四性教学法》,《湖南教育》1987 年第 9 期。

辛安亭:《谈编写教材的原则》,《陕西师大学报(哲学社会科学版)》1979 年第 4 期。

辛彦怀等:《课堂教学质量评估初探》,《河北师范大学学报(社会科学版)》1989 年 4 期;等。

邢清泉:《改革教学方法发展学生的思维能力》,《课程・教材・教法》1982 年第 4 期。

熊和:《后理性主义的教学观及其教学论意义》,《高等教育研究》2004 年第 4 期。

吁思敏等:《从"被动学习"走向"能动学习"——记全国第十一届有效教学理论与实践研讨会》,《全球教育展望》2017 年第 7 期。

徐继存、吉标:《我国教学论研究三十年的回顾与反思》,《中国教育科学》2014 年第 4 期。

徐继存、李定仁:《我国教学理论建设存在的问题及反思》,《教育理论与实践》2001 年第 8 期。

徐继存、赵昌木:《教学本质追问的困惑与质疑——兼论教学论研究思维方式的变革》,《教育理论与实践》2002 第 11 期。

徐继存:《"后模式时代"课堂教学的选择与重建》,《当代教育科学》2013 年第 23 期。

徐继存:《教学论学科的二重性及其规约》,《课程・教材・教法》2010 年第 9 期。

徐继存:《教学生活的精神意蕴》,《课程・教材・教法》2012 年第 3 期。

徐继存:《教学研究意味什么——兼论教学论研究者的责任与使命》,《课程・教材・教法》2015 年第 2 期。

徐继存:《我国教学论方法的反思与前瞻》,《西北大学学报(哲学社会科学版)》1997 第 1 期。

徐继存等:《高师院校课程与教学论团队建设的理论思考与实践探索》,《当代教育与文化》2018 年第 1 期。

徐家杰:《对教学原则若干争论问题的看法》,《武汉体育学院学报》1962 年第 1 期。

徐勋:《关于教学论的研究对象、任务、方法之我见》,《教育研究》1986 年第 3 期。

许文虎、钟敏:《基于"互联网"智慧教学的新型教学模式研究与实践》,《职教论坛》2017 年第 32 期。

许祎玮、刘霞:《基于核心素养的课程教学改革——基本模式、国际经验及启示》,《北京师范大学学报(社会科学版)》2017 年第 5 期。

许宗实:《理论联系实际是教学的根本性原则》,《人民教育》1961 年第 7 期。

许宗实:《冒牌的马克思主义教学论》,《人民教育》1965 年第 2 期。

杨启亮:《课堂教学有效性的几个基础问题》,《教育发展研究》2012 年第 8 期。

喻立森:《试论我国社会主义学校的教学原则体系》,《教育研究》1984 年第 5 期。

杨启亮:《为教学的评价与为评价的教学》,《教育研究》2012 年第 7 期。

杨清:《后模式时代的学校课堂教学变革:从标签化多样到内涵式多元》,《中国教育学刊》2016 年第 9 期。

杨现民、余胜泉:《生态学视角下的泛在学习环境设计》,《教育研究》2013 年第 3 期。

杨现民等:《数据驱动教学:大数据时代教学范式的新走向》,《电化教育研究》2017 年第 12 期。

杨小微:《从复杂科学视角反思教育研究方法》,《教育研究与实验》2000 年第 3 期。

杨小微:《教学论是一门什么样的学问?——兼论教学论与课程论的关系》,《课程·教材·教法》2002 年第 12 期。

杨晓彤等:《网络空间支持的中小学创客教学模式研究》,《电化教育研究》2017 年第 1 期。

杨心德等:《教师的评价方式对教学效果的影响》,《宁波大学学报(教育科学版)》1987 年第 4 期。

杨鑫等:《翻转课堂教学模式下教师角色重构及实现路径》,《当代教育与文化》2018 年第 6 期。

杨勇:《有效教学与有效学习的方法和路径》,《课程·教材·教法》2014 年第 3 期。

叶澜:《更新教育观念,创建面向 21 世纪的新基础教育》,《中国教育学刊》1998 年第 2 期;

叶澜:《重建课堂教学价值观》,《教育研究》2002 年第 5 期。

尹恩山、邱婷:《信息技术支持下的教学生态重构及教师角色嬗变》,《中国电化教育》2010 年第 2 期。

尹弘飚:《教育实证研究的一般路径:以教师情绪劳动研究为例》,《华东师范大学学报(教育科学版)》2017 年第 3 期。

尹慧茹:《赫尔巴特教学论评述》,《教育科学研究》1987 年第 1 期。

永军:《超越技术:学习方式转变的回家之路》,《教育发展研究》2006 年第 8 期。

于光远:《教育认识现象学中的“三体问题”》,《中国社会科学》1980 年第 3 期。

于光远:《评赞可夫“以高难度进行教学”的原则》,《外国教育动态》1989 年第 1 期。

于颖、陈文文:《智慧课堂教学模式的进阶式发展探析》,《中国电化教育》2018 年第 11 期。

余文森:《有效性是课堂教学的“命脉”》,《教育理论与实践》2008 年第 6 期。

俞红珍:《课程内容、教材内容、教学内容的术语之辨——以英语学科为例》,《课程·教材·教法》2005 年第 8 期。

俞淑燕:《云端一体化教学场域下深度学习的教学模式研究》,《教育评论》2018 年第 10 期。

虞天意等:《基于证据的课程与教学研究范式转型——第十四届上海国际课程论坛综

述》,《全球教育展望》2017年第2期。

喻平:《发展学生学科核心素养的教学目标与策略》,《课程·教材·教法》2017年第1期。

袁锐锷:《杜威的教学方法论探讨》,《华南师范大学学报(社会科学版)》1987年第2期。

岳欣云、董宏建:《有效教学的价值取向及其启示》,《首都师范大学学报(社会科学版)》2014年第2期。

詹青龙等:《新教育时代的深度学习:迈克尔·富兰的教学观及启示》,《中国电化教育》2017年第5期。

张传燧、石雷:《论课程与教学论的本土化》,《教育研究》2012年第3期。

张传燧:《当代课程与教学论学科发展的理论基础审思》,《湖南师范大学教育科学学报》2012年第2期。

张大玲:《课程论与教学论关系之探讨》,《高等理科教育》2003年第S2期。

张广君《教学论研究与发展的困境、盲点和误区》,《教育研究》1998年第11期。

张海生、范颖:《"互联网+教育"时代的学习新形态:主要类型、共性特征与有效实现》,《中国远程教育》2018年第10期。

张浩、祝智庭:《一对一环境下的学习变革》,《远程教育杂志》2008年第4期。

张鸿翼等:《论教学研究范式变革的机理》,《西南大学学报(社会科学版)》2018年第3期。

张化:《二十年后"文化大革命"的再思考——从〈"文化大革命"简史〉谈起》,《中共党史研究》1998年第2期。

张菁、温小军:《教学论学科发展的审视与反思——中国教育学会教育学分会教学论第十一届学术年会综述》,《中国教育学刊》2008年第10期。

张菁:《基于过程哲学的教学论研究思维方式变革》,《中国教育学刊》2009年第8期。

张静、陈佑清:《学习科学视域中面向深度学习的信息化教学方式变革》,《中国电化教育》2013年第4期。

张良:《反思我国教学实践变革中的简单性思维——以杜郎口中学为个案》,《中国教育学刊》2012年第9期。

张世贡:《电化教育理论的新发展——教学设计》,《江西教育科研》1990年第5期。

张思中:《适当集中,反复循环,阅读原著,因材施教——介绍中学外语十六字教学法》,《人民教育》1990年第9期。

张天明等:《1980年以来我国教学理论本土化研究:回顾、问题与展望》,《课程·教材·教法》2014年第1期。

张玺恩、蔡上鹤:《当前中小学数学教材改革中需要深入研究的几个问题》,《课程·教材·教法》1981年第1期。

张喜艳:《网络教学信息生态系统的构建与优化》,《中国电化教育》2010年第6期。

张晓洁、张广君:《教学认识论的当代转向:从知识论到生成论——生成论教学哲学的认识论镜像》,《教育研究》2017 年第 7 期。

张欣、侯怀银:《近 10 年中国教学论学科建设的本土探索》,《当代教育与文化》2011 年第 4 期。

张永年:《改革教学方法培养学生的自学能力和创造能力》,《中学政治课教学》1985 年第 11 期。

张云丽、段兆兵:《基于核心素养培育的教学方式变革:挑战、指向与路径》,《教育评论》2017 年第 10 期。

张治平:《有效教学之"有效"的反思与重建》,《教育理论与实践》2014 年第 23 期。

张忠华:《教育学中国化百年反思》,《高等教育研究》2006 年第 6 期。

张卓元:《确立建立社会主义市场经济体制改革目标的重大实践和理论意义》,《新视野》2012 年第 4 期。

章陆:《试论我国古代儒家的教学原则思想》,《浙江师范学院学报》1963 年第 1 期。

长春市第 45 中学:《加强教学管理提高教学质量》,《江苏教育》1982 年第 7 期。

赵呈领等:《一种整合创客和 STEM 的教学模型建构研究》,《电化教育研究》2018 第 9 期。

赵慧臣:《美国北卡罗来纳州中学 STEM 学校的教学设计及其启示》,中国电化教育,2017 年第 2 期。

赵婧:《在持守中求索:"核心素养"时代的教学路向探微》,《当代教育科学》2018 年第 2 期。

赵鑫、李森:《教学论研究实践转向和理论创新的历史自觉——兼谈"教学论就是教学论史"》,《西南大学学报(社会科学版)》2013 年第 3 期。

赵鑫、李森:《中国教学论科学化的意蕴和路径》,《课程 · 教材 · 教法》2012 年第 7 期。

郑红苹、崔友兴:《"互联网+教育"下循证教学的理念与路径》,《教育研究》2018 年第 8 期。

郑葳、刘月霞:《深度学习:基于核心素养的教学改进》,《教育研究》2018 年第 11 期。

钟启泉:《从认知科学视角看两种教学范式的分野》,《中国教育学刊》2017 年第 2 期。

钟启泉:《基于核心素养的课程发展:挑战与课题》,《全球教育展望》2016 年第 1 期。

钟启泉:《能动学习:教学范式的转换》,《教育发展研究》2017 年第 8 期。

钟启泉:《学习环境设计:框架与课题》,《教育研究》2015 年第 1 期。

钟志贤、张琦:《论学习环境中资源、工具与评价的设计》,《开放教育研究》2005 年第 3 期。

钟志贤:《论学习环境设计》,《电化教育研究》2005 年第 7 期。

周谷平、徐立清:《凯洛夫〈教育学〉传入始末考》,《浙江大学学报(人文社会科学版)》2002 年第 6 期。

周海涛、冼俊峰:《离身教学文化的批判及其超越——具身认知理论的视角》,《教育理论与实践》2016 年第 22 期。

周姣姣:《二十世纪六十年代中国高等教育的调整》,《红河学院学报》2014 年第 6 期。

周兴国:《反思“转变学习方式”说》,《课程·教材·教法》2006 年第 7 期。

周序:《核心素养:从知识的放逐到知识的回归》,《课程·教材·教法》2017 年第 2 期。

周学海:《数学教学评价的基本理论》,《东北师范大学学报(社会科学版)》1985 年第 3 期。

周远清:《确保教学改革的核心地位》,《教学与教材研究》1994 年第 1 期。

朱德全、李鹏:《课堂教学有效性论纲》,《教育研究》2015 年第 10 期。

朱德全、杨鸿:《新时期教学论研究的现状与走向》,《教育研究》2009 年第 3 期。

朱德全:《基于行为的问题诊断式教学设计的表征》,《教育研究》2011 年第 2 期。

朱德全等:《提升课堂教学有效性的实践探索》,《教育研究》2010 年第 4 期。

朱伟强等:《教学中的人际关系与师生课堂互动、学习结果的相关性研究》,《全球教育展望》2017 第 12 期。

朱文辉:《有效教学:从 GDP 崇拜到 GNH 关怀》,《全球教育展望》2014 年第 12 期。

朱小蔓:《当代情感教育的基本特征》,《教育研究》1994 年第 10 期。

《补好真理标准讨论这一课教育问题要来一次大讨论》,《教育研究》1979 第 4 期。

《华南师院讨论教学原则的阶级性问题》,《人民教育》1961 年第 8 期。

《上海等地讨论“量力性原则”》,《人民教育》1961 年第 8 期。

《为加强无产阶级专政改革大学教育——认真学习朝阳农学院的新鲜经验》,《教育革命通讯》1975 年第 2 期。

《一九五四——一九五五学年度中、小学校教学与教育工作的基本任务》,《人民教育》1954 年第 11 期;

《一九五五——一九五六学年度俄罗斯苏维埃联邦社会主义共和国小学、七年制学校、中学新的教学计划、教学大纲和课本及采用办法》,《人民教育》1955 年第 11 期。

(四)学位论文

陆明玉:《教学论发展的方法论研究》,博士学位论文,西南大学 2012 年。

张瑞:《理解与超越:情境适应性教学评价研究》,博士学位论文,西南大学 2011 年。

(五)报纸

程谪凡:《对教育学教学大纲的意见》,《光明日报》1956 年 11 月 26 日。

《教师报》1957 年 11 月 8 日。

《促进全国教育大跃进》,《教育报》1958 年 3 月 25 日。

《论当前教育战线上的两条路线争斗》,《人民日报》1976 年 3 月 15 日。

刘西尧:《在全国教育工作会议上的总结》,1978 年 5 月 16 日。

李乾明:《教学理论要讲中国气派》,《光明日报》2014 年 6 月 3 日。

邬贺铨:《从互联网到"互联网+"》,《人民政协报》2015 年 4 月 9 日。

卫兴华、田超伟:《深入认识社会主义初级阶段的理论与实践意义》,《北京日报》2017 年 7 月 3 日。

(六)网络资料

国家统计局:《全国年度统计公报》,见 http://www.stats.gov.cn/tjsj/tjgb/ndtjgb/。

国家信息中心:《2017 全球、中国信息社会发展报告》,2017 年 12 月 26 日,见 http://www.sic.gov.cn/archiver/SIC/UpFile/Files/Default/20171226154905961079.pdf。

中国电子技术标准化研究院:《人工智能标准化白皮书(2018 版)》,2018 年 1 月 24 日,见 http://www.cesi.ac.cn/images/editor/20180124/20180124135528742.pdf。

教育部:《教育部关于印发〈教育信息化 2.0 行动计划〉的通知》,见 http://www.moe.gov.cn/srcsite/A16/s3342/201804/t20180425_334188.html。

中华人民共和国教育部:《2017 年全国教育事业发展统计公报》,2018 年 7 月 19 日,见 http://www.moe.edu.cn/jyb_sjzl/sjzl_fztjgb/201807/t20180719_343508.html。

中华人民共和国教育部:《全国教育经费执行情况统计公告》,2018 年 10 月 15 日,见 http://www.moe.gov.cn/jyb_xxgk/zdgk_sxml/sxml_zwgk/zwgk_jytj/jytj_jftjgg/。

(七)会议论文

裴娣娜:《少年儿童主体性发展八年研究进程及其反思》,全国教育学会教学论专业委员会第七届学术年会论文,1999 年 8 月。

二、英文文献

Hansen D.T,"Teaching as a moral activity",in The Handbook of Research on Teaching(4th ed),V.Richardson,Washington: American Educational Research Association,2001,p. 828.

后　记

本书是西南大学课程与教学研究院长期从事相关研究的教师集体合作而成。在学科带头人、西南大学副校长、博士生导师靳玉乐教授的指导下，主编朱德全、徐学福教授撰写提纲和写作要求后，组织参与人员讨论、修改、完善。全书分总论与分论两部分，分论有六章，每章主要围绕发展背景、主要议题、重要影响三个方面开展论述。发展背景主要讨论不同时期的社会政治经济文化建设重心与取向，教育实践发展现状与趋势，教学论学科建设要求，它们呼唤、推动教学论研究，影响教学论发展的方向、方法与重心；主要议题包括教学论学科自身建设问题与教学论关注的重要问题，尽力体现它们与时代背景的联系；重要影响旨在公正、合理分析讨论不同时期教学论发展取得的成就与存在的问题，对教学实践以及教育专业人才培养的影响。承担撰写任务的作者分别为：总论，朱德全教授；第一章　从“以苏为师”走向独立的教学论探索（1949—1965年），胡绪博士；第二章　教学论在曲折中徘徊（1966—1976年），张家军教授；第三章　教学论在恢复中重建（1977—1985年），王天平副教授；第四章　教学论在开放中繁荣（1986—2000年），赵鑫副教授；第五章　教学论在变革中创新（2001—2016年），林克松副教授；第六章　新时代的教学论自觉（2017年至今），刘茜教授。全书由主编统稿、定稿。

在撰写过程中我们尽力做到资料翔实，观点鲜明，有史有论，史论结合。书中参考了大量他人相关研究成果，在此表示衷心感谢！由于我们的视域和水平所限，不当之处在所难免，敬请读者批评指正。

编　者

2019年9月

责任编辑:翟金明
封面设计:周方亚

图书在版编目(CIP)数据

新中国教学论发展70年/朱德全,徐学福 主编. —北京:人民出版社,2020.7
ISBN 978-7-01-021869-4

Ⅰ.①新…　Ⅱ.①朱…②徐…　Ⅲ.①教学理论-研究-中国　Ⅳ.①G42

中国版本图书馆CIP数据核字(2020)第021152号

新中国教学论发展70年
XINZHONGGUO JIAOXUELUN FAZHAN 70NIAN

朱德全　徐学福　主编

人民出版社 出版发行
(100706　北京市东城区隆福寺街99号)

中煤(北京)印务有限公司印刷　新华书店经销

2020年7月第1版　2020年7月北京第1次印刷
开本:710毫米×1000毫米 1/16　印张:18
字数:275千字

ISBN 978-7-01-021869-4　定价:69.00元

邮购地址 100706　北京市东城区隆福寺街99号
人民东方图书销售中心　电话 (010)65250042　65289539